COLLECCAO
DE
TRATADOS E CONCERTOS DE PAZES

COLLECCAO

de

TRATADOS E CONCERTOS DE PAZES

que o

Estado da India Portugueza

fez

com os Reis e Senhores com quem teve relacoes
nas partes

da Asia e Africa Oriental
desde
O principio da conquista ate ao fim do seculo XVIII
por

Julio Firmino Judice Biker

Primeiro Official e Chefe de Reparticao aposentado
da Secretaria d'Estado dos Negocios Estrangeiros, Socio
correspondente do Instituto de Coimbra,
e da Real Academia de Historia de Madrid,
e Official da Academia em Franca

Tomo IX

GYAN

Published by

Gyan Publishing House
5, Ansari Road
Daryaganj, New Delhi-110002
Phone: 011-47034999, 9811692060
E-mail: books@gyanbooks.com

Distribution Network
gyanbooks.com
India, USA, Canada, UK, Australia, France

ISBN : 978-81-212-3260-9 (Set)
ISBN : 978-81-212-4781-8 (HB)
First Published, 1885

2nd Impression 2020

Printed at: Gyan Press, Delhi.

Colleccao de Tratados e Concertos de Pazes Tomo IX
Author: Julio Firmino Judice Biker

Collecção

de

Tratados e concertos de pazes

que o

Estado da India Portugueza

fez

com os Reis e Senhores com quem teve relações

nas partes

da Asia e Africa Oriental

desde

o principio da conquista até ao fim do seculo XVIII

por

Julio Firmino Judice Biker

Primeiro Official e Chefe de Repartição aposentado
da Secretaria d'Estado dos Negocios Estrangeiros, Socio correspondente
do Instituto de Coimbra,
e da Real Academia de Historia de Madrid,
e Official da Academia em França

Tomo IX

Lisboa—Imprensa Nacional—1885

Condições com que o Magestoso Estado recebe debaixo da sua protecção a Mahé Gaunço, Dessay da Provincia de Manarim (Uspá), formadas por ordem do Ill.mo e Ex.mo Sr. Francisco da Cunha e Menezes, Governador e Capitão General, pelo Illustre Secretario do Estado Sebastião José Ferreira Barroco.

(Arch. da India, livro 2.º de Pazes, fol. 348.)

1.ª

Que o dito Dessay Mahé Gaunço se obriga a fazer effectivamente não passem pelas terras da dita provincia os Dessays rebeldes Sidobá Rau, Hiriá Porobu, e Chandrogi Rane, nem os seus sipaes, nem outra qualquer pessoa, que intentar fazer furtos, ou hostilidades nas terras do Magestoso Estado, a cujo fim dará o mesmo Dessay todas as ordens e providencias que julgar necessarias. 1790 Fevereiro 26

2.ª

Que o mesmo Dessay Mahé Gaunço se obriga a entregar a provincia de Manerim ao Magestoso Estado, logo que o mesmo Magestoso Estado julgar conveniente o empossar-se claramente della.

3.ª

Que o Magestoso Estado dará logo a seu filho Ariá Gaunço hum partido de 100 homens para servir no Magestoso Estado, como servem os outros partidos delle, jurando o mesmo Ariá Gaunço fidelidade á muito alta e muito poderosa Senhora Rainha de Portugal, e servindo onde se lhe mandar, cujo partido terá tres Cabos menores, nomeados ao arbitrio do mesmo Ariá Gaunço, de que se lhe não passará revista, e hum Bragmane.

4.ª

1790 Fevereiro 26 Que se o dito Dessay Mahé Gaunço for inquietado pelo Bounsuló, ou pelos Dessays rebeldes acima nomeados, ou por outro qualquer Dessay, será protegido pelo Magestoso Estado do mesmo modo que o são os mais Dessays, que tem partidos no Magestoso Estado.

5.ª

Que em o Magestoso Estado entendendo que tem chegado occasião opportuna de tomar publicamente posse da provincia de Manerim, conservará o mesmo Magestoso Estado ao dito Dessay todas as rendas, que legitimamente forem do seu Dessayado, e alem disso lhe dará hum partido de 100 homens. Goa, 26 de Fevereiro de 1790.—Sebastião José Ferreira Barroco.

Texto maratha, fl. 349.

Francisco da Cunha e Menezes, do Conselho de Sua Magestade Fidelissima, Governador e Capitão General da India, etc.

Por quanto o Desembargador Secretario do Estado Sebastião José Ferreira Barroco me tem apresentado as condições, com que o Magestoso Estado recebe debaixo da sua protecção, pelo modo nellas declarado, o Dessay da provincia de Manerim Mahé Gaunço, e as ditas condições, que contém cinco artigos, se acham formadas segundo os poderes e instrucções que lhe dei; concedo ao mesmo Desembargador Secretario do Estado os poderes necessarios para assignar as ditas condições. Goa, 26 de Fevereiro de 1790. —Francisco da Cunha e Menezes.

(Arch. da India, livro 2.º de Pazes, fol. 347.)

Auto de juramento de vassalagem, obediencia, e fidelidade, que faz á Rainha nossa Senhora Ariá Gaunço, filho e successor do Dessay da Provincia de Manerim (Uspá) Mahé Gaunço

(Arch. da India, livro 2.º de Pazes, fol. 351.)

Anno do nascimento de Nosso Senhor Jesus Christo de 1790 aos 8 de Março do dito anno, em Pangim, no palacio da residencia do Ill.mo e Ex.mo Senhor Francisco da Cunha e Menezes, Governador e Capitão General da India, estando o dito Senhor debaixo do seu docél na sala da audiencia, se apresentou ao mesmo Senhor Ariá Gaunço, filho e successor do Dessay da provincia de Manerim (Uspá) Mahé Gaunço, para prestar, como presentemente presta, de sua livre e espontanea vontade, perpetua vassallagem, obediencia e fidelidade á muito alta e muito poderosa Senhora Rainha de Portugal, Nossa Senhora, e aos seus Governadores e Capitães Generaes da India, tanto ao dito Ill.mo e Ex.mo Senhor Francisco da Cunha e Menezes, que actualmente governa, como os seus Ex.mos Successores, aos quaes todos protesta firmemente obedecer como Locotenentes e representantes da dita Senhora, cuja alta protecção implora, e a quem promette servir como fiel e honrado vassallo de hoje em diante, visto que o dito Ill.mo e Ex.mo Senhor Francisco da Cunha e Menezes, Governador e Capitão General do Estado, lhe tem feito a honra de o admittir ao serviço do Magestoso Estado com as condições assignadas pelo dito seu pae em data de 26 de Fevereiro proximo precedente, as quaes elle dito Ariá Gaunço ratifica, e promette observar pela parte que lhe tocar; e para firmeza de tudo o que acima fica dito, presta o maior juramento do seu rito, que he pôr a mão solemnemente na sua espada, como fez com effeito ao tempo de se pronunciarem estas palavras; em fé do que inviolavelmente cumprirá tudo o que promette, sob pena de que a mesma sua espada se torne contra elle a qualquer tempo que faltar ao promettido, o 1790 Março 8

1790 Março 8 que deseja que Deus não permitta, porque a sua tenção e firme vontade he de cumprir sempre pontualmente tudo o que assim promette, de que se fez este auto, em que assignou o Illmo e Exmo Senhor Governador e Capitão General, e assignou tambem o referido Ariá Gaunço. E eu Ignacio Sebastião, official da Secretaria do Estado, o escrevi. O Secretario Sebastião José Ferreira Barroco o fez escrever — Francisco da Cunha e Menezes — Assignado maratha de Ariá Gaunço, Dessay da provincia de Manerim — Assignado maratha do Bragmane Sadassiva Ganês[1].

(Sêllo das armas Reaes de Portugal em lacre vermelho.)

Tratado de perpetua amizade e alliança, ajustado entre o Illmo e Exmo Sr. Francisco da Cunha e Menezes, Governador e Capitão General da India, e o Magnifico Savai Bassavá Linga, Rey de Sunda, conferido pelo Illustre Secretario do Estado Sebastião José Ferreira Barroco, e os Honrados Vir Vodder, e Govindá Naique, Sar Dessay, Ministros Deputados pelos seus respectivos Poderes, em 17 de Janeiro de 1791.

(Arch. da India, livro 2.º de Pazes, fol. 363.)

1791 Janeiro 17 O Illmo e Exmo Senhor Francisco da Cunha e Menezes, Governador e Capitão General da India, sendo instantemente rogado pelo Magnifico Rey de Sunda para que por effeito da antiga alliança e amizade, que os seus maiores tiveram com o Magestoso Estado, e da generosa protecção, com que o mesmo Magestoso Estado amparára o Magnifico Rey seu pae, quando foi expulso do seu reino por Aidar Aly, e continua a amparar a elle dito Magnifico Rey, o auxiliasse, e patroci-

[1] Veja-se a carta do Governador da India ao Secretario de Estado Martinho de Mello e Castro, datada de 13 de Março de 1790, a pag. 363 do tomo antecedente; e a de 21 de Abril de 1791, a pag. 365, idem.

4.°

Todos os soldados, escravos, ou outras quaesquer pestan embaraçado actualmente em guerra, e lhe haverem levantado a obediencia os povos do seu reino, chamando o Magnifico Rey para os dominar como seu verdadeiro e legitimo senhor; houve por bem estipular com o mesmo Magnifico Rey de Sunda o presente Tratado, pelo qual renovando os antecedentes, lhe concede a pedida protecção e auxilio debaixo das condições declaradas nos artigos seguintes. 1791 Janeiro 17

1.°

Haverá huma paz e amizade firme, sincera e inalteravel entre o Magestoso Estado e o Magnifico Rey de Sunda, e seus successores, propria do reconhecimento que ao Magestoso Estado deve o Magnifico Rey pela protecção, que do mesmo Magestoso Estado tem recebido a sua Real Casa, e bem conforme á alliança e amisade antiga, que subsistiu por muitos annos entre o Magestoso Estado e os predecessores do Magnifico Rey.

2.°

Servirão de base ao presente Tratado os Tratados, que se acham estipulados entre o Magestoso Estado, e os predecessores do Magnifico Rey de Sunda, especialmente os de 16 de Agosto de 1697, de 4 de Dezembro de 1735, de 24 de Junho de 1742, e de 12 de Setembro de 1762.

3.°

Permittirá o Magnifico Rey de Sunda livre exercicio á Religião Catholica Romana no seu reino, consentindo que os Padres Missionarios possam catechisar e doutrinar todas as pessoas, que quizerem abraçar a dita Religião Catholica Romana, e que exercitem os actos della, levantando igrejas, sem que se lhe ponha embaraço algum, nem sejam por qualquer modo desattendidos, e vexados por haverem abraçado a dita Religião Catholica Romana, á qual foi sempre permittido livre exercicio no reino de Sundem por todos os Tratados antecedentes.

1791 Janeiro 17 nasse a fim de poder recuperar o dito seu reino na presente occasião, que se lhe offerece favoravel, por estar Tipú Sulsoas, que das terras do Magestoso Estado fugirem para as do Magnifico Rey de Sunda, serão logo restituidos com as armas, e o mais que levarem, sem que por isso se possa pedir dinheiro, ou despeza do seu sustento, e se lhes promette não proceder contra elles a pena de morte, não sendo criminosos de lesa magestade divina e humana: e com as mesmas clausulas se restituirão por parte do Magestoso Estado os sipaes ou escravos, que vierem fugidos do reino de Sundem, com declaração que não havendo quaesquer delles commettido crime de lesa magestade, e querendo-se fazer voluntariamente christãos, não serão restituidos.

5.º

Haverá toda a liberdade de commercio entre os vassallos do Magestoso Estado, e os do Magnifico Rey de Sunda, sem que por mar e terra haja embaraço, ou hostilidade alguma, ficando os portos do Magestoso Estado abertos para nelles negociarem os vassallos do Magnifico Rey, pagando os direitos estabelecidos, e tendo pelo mesmo modo seguros e livres os portos do Magnifico Rey para nelles negociarem os vassallos do Magestoso Estado, com declaração que nos portos do Magnifico Rey não haverá alteração alguma de direitos a respeito das fazendas que despacharem os vassallos do Magestoso Estado; e o mesmo se entenderá nos direitos, a que chamam junções, quanto ás fazendas que passarem pelas terras do Magnifico Rey, pertencentes a vassallos do Magestoso Estado; porque destas só serão obrigados elles a pagar o mesmo que se pagou sempre nos lugares costumados.

6.º

Poderá o Magnifico Rey de Sunda ter huma casa em Goa para vender a sua pimenta, sandalo e os mais generos do seu Reino que quizer exportar por esta barra, pagando os direitos estabelecidos ao Magestoso Estado; e o Magnifico Rey concederá no seu Reino feitorias ao mesmo Magestoso Estado para nellas se comprar e vender os ditos generos por justos preços, com a clausula declarada no artigo 5.º do Tratado de 24 de Junho de 1742, pelo qual se estipulou que se não daria licença a nação alguma Europêa para fazer feitoria em Caruar, ou em outra qualquer parte das suas terras, cujo artigo se suscita inteiramente de novo, ou ratifica pelo presente Tratado para ficar em todo o seu vigor ainda a respeito de qualquer nação Europêa, que haja tido, ou tenha feitoria no Reino do Magnifico Rey.

1791 Janeiro 17

7.º

O Magestoso Estado patrocinará e auxiliará o Magnifico Rey para subir ao throno dos seus maiores pelo modo declarado no artigo secreto de 17 de Setembro de 1762, que suscita, ou ratifica quanto á fórma de prestar o dito auxilio, com declaração que o pagamento das despezas delle será feito pelo mesmo Magnifico Rey por huma consignação que fará nas rendas do dito seu Reino da quantia de 25:000 rupias annuaes a beneficio do Magestoso Estado até inteira satisfação do mencionado importe.

8.º

Attendendo a ter mostrado a experiencia que a cessão que o Magestoso Estado fez do Piro ao Magnifico Savai Amady Sadasiva, pae do Magnifico Rey actual de Sunda, não foi de utilidade alguma ao mesmo Magnifico Rey, mas sim de grande prejuizo, porque se a dita Praça estivesse guarnecida pelas tropas do Magestoso Estado, não seria o Reino de Sundem tão facilmente invadido por Aydar Aly, e considerando que no artigo 8.º do Tratado de 12 de Setembro de 1762, pelo qual permittiu o Magestoso Estado que se retirasse do Piro a guarnição portugueza, se declarou que o mesmo Magestoso Estado ficava conservando o dito Piro debaixo da sua protecção e direcção: portanto cede ao Magestoso Estado o dito Magnifico Rey as praças do Piro e Ximpim, e a enseada das Galés com os seus territorios e jurisdicções, de que o Magestoso Estado se poderá metter de posse, para as ficar senhoriando para sempre, como já possuiu em outro tempo, podendo arvorar nas ditas praças bandeira portugueza, logo

que lhe parecer conveniente, para que fiquem servindo de
1791 Janeiro 17 barreira e defensa ao Reino de Sunda.

9.º

Pelo mesmo modo, e pelas mesmas rasões abdica o Magnifico Rey de Sunda, e demitte de si todo o direito, que possa ter ás provincias de Pondá, Zambaulim Panchemal, e as suas annexas, como tambem á fortaleza do Cabo da Rama, e á jurisdicção de Canacona, para que tudo continue a ficar encorporado, como ao presente se acha, nos dominios do Magestoso Estado, com declaração que os mesmos privilegios e graças, que pelo bando de 5 de Junho de 1763 tem o Magestoso Estado concedido ás Provincias de Pondá e Zambaulim Panchemal, e se praticam no districto da fortaleza do Cabo da Rama, e na jurisdicção de Canacona, os concederá o Magestoso Estado aos povos dos territorios novamente cedidos por este Tratado.

10.º

Como o Magnifico Rey de Sunda se acha possuindo e disfructando na jurisdicção de Canacona os tres palmares Galgibag, Quindalybag, e Angundabag, e pede instantemente a continuação do usufructo dos mesmos palmares, que eram antigamente particularmente do seu Sarcar; permitte o Magestoso Estado que continue o Magnifico Rey a disfructar as rendas dos mencionados palmares, ainda depois de restabelecido no seu Reino, até que amigavelmente, e a beneplacito de ambas as partes se tomem as ultimas medidas, que parecerem convenientes a este respeito, sendo entretanto patrocinados os rendeiros do Magnifico Rey pelo Magestoso Estado, para que não soffram violencia ou vexação alguma. E posto que o mesmo Magnifico Rey instou para que neste Tratado se declarasse pelo mesmo modo que as casas e Quinta de Santa Rozalia lhe ficariam pertencendo em virtude da Real doação, que das ditas casas e Quinta lhe fez Sua Magestade Fidelissima, se assentou que ficasse esta materia dependente do Real animo da Muito Alta e Muito Poderosa Senhora Rainha de Portugal.

11.º

1791 Janeiro 17

Por quanto o Magnifico Rey de Sunda necessitará recolher as suas embarcações tanto de guerra como mercantes no Rio Madaly, em cuja barra he situada a praça de Piro, se não impedirá por fórma alguma pelo Magestoso Estado a que quaesquer embarcações, tanto do Sarcar do Magnifico Rey, como dos seus vassallos, ou outras quaesquer que quizerem negociar no seu Reino, entrem, sáiam, ou se demorem no mesmo Rio, que ficará por este modo commum na sua navegação a ambas as partes.

12.º

Não se fará innovação alguma a respeito dos direitos da entrada e saída dos generos, e effeitos que se navegarem pelo Rio Madaly, porque os mesmos direitos se continuarão a pagar na mesma paragem, em que se estiverem actualmente cobrando, a fim de não desgostar com qualquer innovação os vassallos do Magnifico Rey, que podem concorrer presentemente para o seu estabelecimento.

13.º

Sendo o Magnifico Rey de Sunda depois de restabelecido ao seu Reino atacado por qualquer potencia inimiga, o soccorrerá o Magestoso Estado com as clausulas e declarações mencionadas no artigo 7.º do presente Tratado.

14.º

Porque o Magnifico Rey declara desde já que necessita alguma quantia proporcionada ás despezas que tem de fazer em Punem a pessoa que mandar áquelle Sarcar a tratar do restabelecimento ao seu Reino, lhe dará o Magestoso Estado 10:000 rupias, que parecem bastantes para as despezas proprias da dita pessoa, e para os sagoates que tem que dar em Punem, cuja quantia será paga ao Magestoso Estado pelo Magnifico Rey na fórma declarada no artigo 7.º deste Tratado.

15.º

Reconhecendo o Magnifico Rey que a guarnição posta pelo

1791 Janeiro 17 Magestoso Estado na Praça de Piro redundará mais em segurança do Reino do Magnifico Rey, e que esta consideração dera causa a estipular-se no artigo 6.º do Tratado de 1760 que o Magnifico Rey Savai Amady Sadasiva pagaria para a subsistencia, e sustento daquella guarnição 12:000 xerafins, e 366 fardos de arroz por anno, se o Magnifico Rey logo que se vir na posse do seu Reino a concorrer annualmente com 2:000 fardos de arroz para sustento dos soldados da sobredita guarnição.

Na fórma sobredita se estipularão os quinze artigos deste Tratado, de que se darão copias do mesmo teor assignadas pelo Illustre Secretario do Magestoso Estado Sebastião José Ferreira Barroco, e pelos honrados Vir Vodder, e Govinda Naique Sar Dessay, para haver de ser elle sellado com o sêllo grande das Armas Reaes de Portugal pelo Illmo e Exmo Senhor Governador e Capitão General da India, e igualmente tambem sellado com os seus sellos pelo Magnifico Rey de Sunda, para que este Tratado fique em reciproca, fiel e perpetua observancia. Goa, 17 de Janeiro de 1791.—Sebastião José Ferreira Barroco—Assignado maratha de Vir Voder—Assignado maratha de Govinda Naique Sar Dessay.

Texto maratha, fl. 369.

Artigo secreto ao Tratado celebrado no dia de hoje entre o Illmo e Exmo Sr. Francisco da Cunha e Menezes, Governador e Capitão General da India, e o Magnifico Rey de Sunda, conferido pelos mesmos Ministros Deputados para o referido Tratado.

(Arch. da India, livro 2.º de Pazes, fol. 374.)

Alem do que se acaba de estipular no presente Tratado na data do dia de hoje, promette o Magnifico Rey, e empenha a sua real palavra de que não sairá do Magestoso Estado sem beneplacito de Sua Magestade Fidelissima a Muito Alta e Muito Poderosa Senhora Rainha de Portugal, porque assim o pede a hospitalidade, e alto patrocinio, que tem recebido no Magestoso Estado depois das infelicidades da sua

Real Casa: e que para alcançar o dito beneplacito dará parte o Illmo e Exmo Senhor Governador e Capitão General á dita Muito Alta e Muito Poderosa Senhora Rainha de Portugal, em que lhe refira a situação actual das cousas presentes de fórma que possa mover o Real animo da mesma Senhora a permittir que o Magnifico Rey se recolha ao seu Reino no caso de entender que o póde fazer com segurança da sua pessoa. 1791 Janeiro 17

Como o Magnifico Rey assevera que o Augusto Senhor Rey D. José o Primeiro, que está em gloria, certificára ao Magnifico Savai Amady Sadassiva, pae do Magnifico actual Rey de Sunda, de que lhe mandaria entregar as Provincias de Pondá e Zambaulim, logo que estivesse em termos de as defender; intercederá o Ill.mo e Ex.mo Senhor Governador e Capitão General perante a Muito Alta e Muito Poderosa Senhora Rainha de Portugal para que a mencionada restituição se faça logo que se verificar a referida clausula. Goa, 17 de Janeiro de 1791.—Sebastião José Ferreira Barroco—Signal maratha de Vir Voder—Signal maratha de Guinda Naique Pratap Ráo Sardessay.

Texto maratha, fl. 375.

Pleuipotencia

(Arch. da India, livro 2.º de Pazes, fol. 357.)

Francisco da Cunha e Menezes, do Conselho de Sua Magestade Fidelissima, Governador e Capitão General da India, etc.

Porquanto o Magnifico Rey de Sunda me tem instantemente rogado que por effeito da antiga alliança e amizade, que o Magestoso Estado teve sempre com os seus maiores, e por continuação da generosa protecção, com que o mesmo Magestoso Estado amparou o Magnifico Rey Savai Amady Sadasiva, e ampara a elle dito Magnifico actual Rey Sunda, o quizesse presentemente soccorrer e auxiliar para poder con-

1791 Janeiro 17 seguir a recuperação do seu Reino: Hei por bem conceder ao Desembargador Sebastião José Ferreira Barroco, Secretario do Estado, todos os poderes necessarios para que segundo as instrucções verbaes que de mim tem recebido, possa formalisar hum Tratado de perpetua amizade e alliança com os honrados Vir Voddor, e Govindá Naique Sar Dessay, Ministros plenipotenciarios nomeados para o mesmo effeito pelo dito Magnifico Rey Sunda, cujo Tratado será assignado pelos ditos Ministros plenipotenciarios de ambas as partes, e estando conforme, será sellado com o sêllo das Armas Reaes do Magestoso Estado, e com o do Magnifico Rey Sunda, porque debaixo desta condição he que auctoriso tudo que obrar o dito Desembargador Secretario Plenipotenciario do Magestoso Estado. Dado em Goa sob o sêllo das Armas Reaes da Corôa de Portugal aos 17 de Janeiro de 1791.—Logar do sêllo—Francisco da Cunha e Menezes.

Traducção

(Arch. da India, livro 2.º de Pazes, fol. 359.)

Ao Ill.mo e Ex.mo Possuidor de grande Estado e felicidades, General de grande exercito e conservador da verdadeira amizade, Grandioso Senhor Francisco da Cunha e Menezes, Governador e Capitão General da India, cuja felicidade seja perpetua.

Eu Savai Bassava Linga, Rey de Sunda, envio esta com cortezia de Salamo, ficando de saude pela mercê de Deus, e desejando ter as boas novas de V. Ex.a

O Ministro do Paço Vir Voder, e o honrado Govinda Naique Sar Dessay envio á presença de V. Ex.a encarregados dos negocios para alcançarem auxilio do Estado para a recuperação do meu Reino, e seu restabelecimento, dando-lhes poderes para este effeito, e eu convenho no que elles assentarem, e assim como me tenho confiado da palavra de V. Ex.a espero que V. Ex.a cuidará com empenho sobre a mesma recuperação; e não sou mais largo. Deus guarde a V. Ex.a com alegria. Moulá aos 12 da lua crescente do mez Pussio do anno Sadharana (17 de Janeiro de 1791). 1791 Janeiro 17

Esta he a carta.

Traduzida por mim Ajudante do Lingoa do Estado aos 17 de Janeiro de 1791.—S. E. Bouguná Camotim Vaga.

O original maratha, fl. 360.

Traducção de huma carta, que por copia entregou o Rey de Sunda da sua propria mão ao Senhor Secretario do Estado Sebastião José Ferreira Barroco, quando lhe faliou na tarde do dia de terça feira 7 de Dezembro de 1790, nas casas da residencia do dito Rey em Moulá, na qual diz o seguinte:

(Arch. da India, livro 2.º de Pazes, fol. 377.)

Copia.—Ao cheio de todas as virtudes, e ornado da perpetua felicidade com acções de verdadeiro Principe, honrado Senhor Bassava Lingapá Naique, Rey da Côrte de Sunda. 1790 Setembro 10

Eu Parisrama Ramachandra depois de lhe lançar benção, certifico que passo de saude, e espero que me dê noticias da sua boa.

Revayá me deu informação das suas cousas, e eu fiquei certo nellas. Eu estou acampado com o meu exercito na aldeia Gudin dos dominios de Betguir, de donde dista Darvada quatro cosses; já tomei algumas fortalezas destas terras, e o mesmo farei adiante a respeito das restantes; passe V. m.^{cê} prevenido a tomar entrega dos seus dominios com brevidade, enviando aqui commissario seu para conferir negocios sem perca de tempo. Escripta em 30 do mez Gilahez do anno da era Moura 1191 (10 de Setembro de 1790).

Que tem sêllo grande á margem e o pequeno no fim.

Traduzida por mim Ajudante do Lingoa do Estado aos 8 de Dezembro de 1790. S. E.—Bouguná Camotim Vaga.

Original maratha, fl. 378.

Documentos relativos ao Tratado antecedente com o Sunda, e conquista do Piro

Carta do Governador Francisco da Cunha e Menezes ao Secretario de Estado Martinho de Mello e Castro

(Arch. da India, livro das Monções, n.º 172, fol. 13.)

1790 Novembro 30 Ill.mo e Ex.mo Sr. — Logo que os progressos dos Inglezes na guerra contra Tipú Sultan se fizeram attendiveis, tratei de os participar a V. Ex.ª em carta de 16 de Setembro do presente anno, que vae por copia, a qual remetti duplicada a Jacinto Domingues, Director da Nação em Surrate, para que este a remettesse disfarçadamente aos seus correspondentes em Lisboa; e como agora me consta que, por todo o mez que vem, parte de Damão em direitura para esse porto, sem tocar no de Goa, o navio por invocação *Nossa Senhora da Conceição, Princeza de Portugal,* de que he Capitão Bernardo José da Silva, e senhorios Ribeiro, Hubens e Companhia, vou por esta adiantar a V. Ex.ª as noticias, que até o dia de hoje tenho podido alcançar dos mais progressos da dita guerra.

O General Medows, que, na fórma da minha carta antecedente, estava acampado em 4 de Agosto junto a Coimutur, tem encontrado mais difficuldades do que talvez suppunha, para chegar a Siringa Patan, porque, sendo a sua linha de communicação muito extensa, tira com difficuldade os comboios, que devem abastecer o seu campo, e, conhecendo isto Tipú, tem tido diversos encontros com os destacamentos, com que o mesmo General cobre os seus comboios, e reconhece as difficultosas passagens dos Gates, sendo hum dos mais consideraveis choques o que houve nos dias 13 e 14 de Setembro, em que o Coronel Floid foi batido nas vizinhanças de Satimungulum. Presentemente anda em marchas e contramarchas para cobrir as suas conquistas, sem embargo do que recuperou Tipú a fortaleza de Dramapuram, que havia sido conquistada pelos Inglezes, e estava por elles guarnecida, dando o mesmo Tipú generosamente, e contra o seu costume, liberdade á guarnição, que era pela maior parte Européa, debaixo da palavra de honra de que não tornaria a pegar em armas contra elle. 1790 Novembro 30

Já fez o mesmo General Medows subir os Gates ao grande destacamento, que tinha nas fronteiras de Travancor, commandado pelo Coronel Hartley, o qual estava augmentado com 2:000 homens, que lhe foram de Bombaim dos 6:000, que o Governador daquella ilha tinha promptos para se embarcarem com elle na fórma da dita minha carta antecedente, sendo crivel que se desvanecesse por então a saida do dito Governador pela noticia, que se divulgou em Bombaim, de que estava proxima a declarar-se a guerra entre Hespanha e Inglaterra, para a qual se estavam armando com toda a força não só as ditas duas potencias, mas tambem Portugal, França e Hollanda, o que tudo se entrou a fazer publico com bastante arrogancia nas Gazetas, que novamente sáem impressas em Bombaim; porém, se então não teve effeito a expedição do dito Governador, agora que parece estarão desvanecidos os receios da guerra da Europa, saiu outra composta de 4:000 homens commandados pelo dito Governador, que desembarcou 2:000 em Zaigodd para se unirem com o exercito maratha, e passou para o Sul desta barra com os outros 2:000 a desembarcar em Talacheira, segundo dizem, e com o fim de reforçar o exercito grande do General Médows.

Hum destacamento do mesmo General tomou a importante praça de Paliacate Xeri. O Major Deu (*sic*) marchou a tomar posse de Cananor, que julgava abandonado pelas tropas de Tipú, mas viu-se obrigado a retroceder com as noticias que recebeu em caminho de se ter ausentado a Rainha para as ilhas Lacdivas, segundo dizem. O Coronel Kell he morto, e o destacamento que elle commandava está em Arcate esperando a artilharia que lhe falta, e munições para entrar nas terras inimigas. O exercito maratha, depois de tomar Quitur e Saunur, tem posto sitio a Darvadda (Darhwar), onde

1790 Novembro 30 se porta com a maior frouxidão, apesar das instancias do Capitão Letly, e por esta rasão he que os Inglezes augmentam com os ditos 2:000 homens hidos de Bombaim, na fórma acima dita, o corpo Inglez, que no dito exercito he commandado pelo referido Capitão. Finalmente, quanto ao Nizama Aly, se sabe agora que, depois de estar por muito tempo em inacção, passára o Crisná, e que tomou ao Tipú as duas fortalezas de Carpem e Canol.

He este o estado da guerra dos Inglezes, e o fim della he por ora bem incerto, como se deixa ver por huma parte das forças dos Inglezes, que tem empenhado todo o seu poder, com que hoje dominam na Asia, e por outra parte das muito maiores forças de Tipú Sultan que, estando na sua propria casa, sendo senhor de tão vastos dominios, e tendo tropa bastantemente aguerrida, he bem natural que saiba tirar disto todas as vantagens possiveis para cançar e enfraquecer os mesmos Inglezes, como até agora tem feito habilmente; não se empenhando em defender terras abertas, e algumas praças, por não enfraquecer o seu exercito. Quanto aos Marathas e a Nizama Aly parece que o mesmo Tipú tem pouco receio delles, e que espera que os grandes presentes, que tem feito naquellas Côrtes, lhe valham mais do que todas as rogativas e dadivas dos Inglezes, cujo conceito se vai mostrando bem acertado, porque Nizama Aly pouco ou nada tem feito, e Parisrama Bau, General do exercito Maratha, está entretendo e impacientando os Inglezes sobre Darvadda.

Esta mesma incerteza do exito da guerra me põe na maior perplexidade sobre o que devo obrar a respeito do Piro, porque, se por uma parte conheço todo o damno e ruina manifesta, que póde provir ao Estado dos Inglezes tomarem a dita Praça, a qual he certo que tem bem na lembrança, como mostraram na guerra passada, e se, valendo-me do que V. Ex.ª escreveu ao meu antecessor em carta de 18 de Março de 1784, § 4.º [1], na qual quasi em caso semelhante se admi-

[1] Este paragrapho irá entre os documentos que acompanham a carta de 4 de Dezembro de 1790.

rou, e lastimou delle se não ter adiantado aos Inglezes na conquista da referida Praça, me lembro de fazer marchar sobre ella, e prevenir que os Inglezes agora a tomem, considero por outra parte que, se os referidos Inglezes tiverem nesta guerra contra Tipú a mesma fortuna, que tiveram na passada, em que perderam as suas conquistas com huma rapidez igual áquella, com que as tinham feito, vendo-se delles desembaraçado, voltará Tipú as armas contra o Estado, e então serei eu responsavel de lhe ter chamado este inimigo, sendo tratada a conquista do Piro feita por mim de comportamento irregular e aleivosia, como foi chamado o ataque, que fez á dita Praça o Governador e Capitão General que foi deste Estado, D. João José de Mello, na carta que V. Ex.ª escreveu ao dito meu antecessor em data de 23 de Fevereiro de 1782, §§ 28.º e 35.º[1], na qual se attribue ao dito ataque em grande parte a perda de Mangalor, e o escandalo de Aydar Aly contra o Estado.

1790 Novembro 30

Nesta critica e escabrosa situação, não querendo tomar sobre mim tão grande responsabilidade, como seria, se pozesse o Estado em perigo, tenho continuado a seguir o meio termo mencionado na dita minha carta, que he o unico, de que posso usar sem infringir as ordens reaes, e trato de persuadir o Quiladar do Piro para que receba voluntariamente guarnição portugueza naquella Praça, encarecendo-lhe o perigo em que está seu amo de a perder, e que o Estado o quer antes a elle por vizinho. O dito Quiladar, que não quiz receber as duas cartas dos Dessays de Canacona, as mandou por fim buscar ás mettas com toda a pompa asiatica no dia 4 do mez passado, dizendo que as remetteria a seu amo, e que daria dellas resposta, o que não tem feito até o presente, sem embargo de lhe ter feito escrever terceira carta atemorisando-o com a expedição, que sáe de Bombaim, e com a falta de communicação, em que está com seu amo por causa do levantamento dos povos do Reino de Sunda, de que dou parte a V. Ex.ª em carta separada.

[1] Tambem irão entre os documentos da carta de 4 Dezembro de 1790.

1790 Novembro 30 Este he o systema que intento seguir emquanto não houver alguma acção decisiva, que me faça mudar delle sem receio de tão grande responsabilidade, succedendo-me por ora o mesmo que experimenta todo o General, que commanda tropas em tanta distancia da sua Côrte, e que em casos inesperados de um fim tão incerto como este, receia tomar sobre si o mau successo da sua deliberação, e ser julgado pelo bom ou mau exito della.

Deus guarde a V. Ex.ª Goa, 30 de Novembro de 1790. — Rubrica do Governador.

Carta do Governador Francisco da Cunha e Menezes ao Secretario de Estado Martinho de Mello Castro, referida na antecedente

(Arch. da India, livro das Monções, n.º 172, fol. 10.)

1790 Setembro 16 Ill.mo e Ex.mo Sr. — Parece-me que os progressos, que os Inglezes vão fazendo contra Tipú Sultan, merecem que me adiante a communical-os por esta via a V. Ex.ª para que Sua Magestade seja sabedora delles em tempo, em que possa expedir-me as suas Reaes ordens sobre o comportamento, que devo ter em qualquer caso, que traga comsigo o exito desta guerra.

Conseguiram os Inglezes atrahir ao seu partido, e fazer declarar contra Tipú Sultan o Dominante de Punem e Nizama Aly, apesar dos grandes donativos e persuasões, com que o mesmo Tipú intentou persuadir, e affeiçoar a si estas duas Côrtes.

Sairam com effeito a campo os Inglezes auxiliados dos ditos seus alliados, e sendo composto o principal exercito, a quem commanda o General Medows, de 24:000 para 25:000 homens, tem marchado sem opposição e conquistado Caroor, Darmapuram e Coimutur, onde estava acampado o dito General no dia 4 de Agosto, estabelecendo a sua principal praça de armas na primeira das ditas fortalezas.

O destino deste corpo, segundo parece, he a conquista de Seringa Patan, de que se acha ainda distante 25 leguas, tendo de passar antes que chegue áquella capital o rio Manaxal Cata e os Gates, que medeiam entre Tayoor e Maissor, na presença de Tipú, que se acha defendendo estes dois passos. 1790 Setembro 16

Como o exito desta guerra depende inteiramente da conservação deste exercito, não he de crer que o General Medows se resolva a forçar estes dois passos no caso de lhe serem disputados, como se deve suppor, e por isso se entende que o Coronel Crombi (*sic*) hoje Major General, que se acha em Bombaim prompto a marchar com 6:000 homens de tropa branca e negra, vá a Talicheira unir-se com a tropa que commanda o Major Dew, e com o destacamento do Coronel Harthley, que está em inacção ao norte das trincheiras do Rey de Travancor, para tentar a entrada dos Gates de Talicheira com o fim de attrahirem a si as tropas de Tipú, que disputam a entrada do Maissor ao General Medows.

Alem deste corpo têem os Inglezes outro commandado pelo Coronel Keli, debaixo de cujas ordens está o Tenente Coronel Cokrell, commandante do destacamento de Bengala, sendo o destino deste corpo fazer diversão pela parte de Leste, e cobrir ao mesmo tempo as fronteiras inglezas e alliadas. O exercito de Nizama Aly, a que se unio um destacamento inglez, commandado pelo Major Montgomeri, deve penetrar pelo Gutti Anapur, etc., e o corpo maratha, commandado por Parisrama Báo, com quem anda o Capitão Letly, commandante de dois batalhões inglezes, que sairam de Bombaim no inverno passado, estava, segundo as ultimas noticias, acampado em Gullur, sendo o seu destino a conquista das terras de Dahrwar, Saunur e Quitur, que foram cedidas a Aydar Aly pelos Marathas em 1776, e talvez que este mesmo corpo intente adiantar-se até Nagar.

Por esta narração verá V. Ex.ª que Tipú não póde deixar de estar bastantemente embaraçado com tão poderosos inimigos, que cáem sobre elle ao mesmo tempo para o destruirem, aproveitando-se habilmente os Inglezes dos presentes embaraços de França.

Logo desde os primeiros movimentos dos Inglezes me

1790 Setembro 16 lembrou que elles poderiam querer intentar a conquista do Piro, assim como fizeram na guerra passada, e sendo muito prejudicial ao Estado que elles se estabeleçam naquella Praça pelas razões, que a V. Ex.ª são manifestas, tenho intentado por ora hum unico meio, de que na conjunctura presente posso usar, que he ver se persuado o Quiladar da mesma Praça, a que receba nella guarnição Portugueza, porque bem conhece V. Ex.ª que seria tambem perigoso ao Estado apoderar-me já á força de armas do Piro, expondo o mesmo Estado ás consequencias, que daqui poderiam originar-se, se o mesmo Tipú não ficar inteiramente arruinado.

Para conseguir o dito meu intento, fiz que hum Dessay de Canacona, de quem o meu predecessor se serviu em occasião semelhante, dirigisse huma carta ao dito Quiladar em seu nome, expondo-lhe o perigo que corria aquella Praça contra a força dos Inglezes, e offerecendo-lhe de minha parte guarnição, que a pozesse livre de todo o insulto, arvorada a bandeira Portugueza, porém, o dito Quiladar nem ao menos quiz receber a dita carta, dizendo que tinha prohibição expressa de seu amo de se communicar com o Estado, e sendo advertido de que a dita carta continha materia de utilidade para seu amo, respondeu que alcançaria licença do Tozador (General) de Iemal Gourro, e que o avisaria logo que tivesse a dita licença, o que até aqui não tem feito, posto que já mandei ao mesmo Dessay que lhe tornasse a escrever atemorisando-o com a expedição, que se faz de Bombaim; e fico nestes termos attento a ver a situação, em que se põem as cousas, para tomar aquelle partido, que me parecer mais util ao Estado, sem o metter em embaraços que sejam perigosos.

Deus guarde a V. Ex.ª Goa, 16 de Setembro de 1790. — Illmo e Exmo Sr. Martinho de Mello e Castro — Francisco da Cunha e Menezes.

Carta do Governador Francisco da Cunha e Menezes ao Secretario de Estado Martinho de Mello e Castro

(Arch. da India, livro das Monções, n.º 172, fol. 17.)

Illmo e Exmo Sr. — Acabo de referir a V. Ex.ª a perplexidade, em que me vejo pelo que diz respeito ao Piro, e não he menor a em que me tem posto o Rey Sunda, porque, não tendo sido possivel evitar as suas particulares e occultas correspondencias, nem tirar-lhe do animo o desejo de reinar nos dominios de seus maiores, creio que, julgando opportuna a presente occasião, tem dobrado as suas diligencias e negociações, nas quaes continuaria inteiramente occulto, sem me dar a mais minima parte dellas, se não viesse a descobrir talvez as novas e maiores cautelas, que tenho posto desde a presente guerra para lhe evitar as ditas communicações quanto me for possivel, e a sua saida do Estado. 1790 Novembro 30

Capacito-me que pela dita razão, e porque viu que eu não podia ignorar os movimentos, que em nome delle se fazem no Reino de Sundem, he que mandou hum dos seus ministros, o Sar Dessay Goindá Naique, no dia 16 do corrente mez fallar ao Desembargador Secretario do Estado com a carta da copia junta, para este o ouvir sobre os negocios pertencentes ao seu Reino, e lhe participar por escripto a resposta que eu lhe désse. Ouviu o o dito ministro, e porque não julguei conveniente pedir por escripto ao mesmo Rey a Exposição feita pelo dito Sar Dessay, para me não ver obrigado a dar-lhe tambem por escripto a resposta que elle pretendia, mandei formalisar a dita Exposição pelo mencionado Secretario do Estado, a qual em summa he a seguinte:

«Que entre os Inglezes, o Dominante de Punem, e Nizama Aly se firmou hum Tratado contra Tipú Sultan, cujo principal artigo he que deverá ficar cada hum dos alliados com as terras que conquistar ao dito Tipú, segundo a declaração dos limites até onde cada hum delles deve entrar, com a expressa clausula, porém, de que aos Inglezes ficará pertencendo o

1799 Novembro 30 inteiro Reino do Canará (Bidrur ou Nagar), que principia pelo Sul desde Mergeo, ainda que o dito Reino seja conquistado por qualquer dos outros alliados, a quem os Inglezes em caso tal compensarão esta conquista com outras terras, que houverem tomado ao mesmo Tipú; e que aquelles dominios deste Regulo, onde não entrarem as forças dos alliados, se repartirão entre elles, dividindo-se as suas rendas em dezeseis partes, das quaes caberão seis ao Dominante de Punem e cinco a cada hum dos outros alliados.

«Que em consequencia deste Tratado nomeou o Dominante de Punem para General do seu exercito a Parisramo Bau, encarregando-lhe a conquista dos dominios de Tipú, que ficam para cá do rio Tungabandra.

«Que acampadas as tropas marathas do seu commando no arraial de Guguaqui, unidas ao destacamento das tropas Inglezas, fez o dito General declarar publicamente que todos aquelles Regulos e Potentados, que em outro tempo pagaram tributo ou feudo á Côrte de Punem, e se sentissem escandalisados de Tipú, por lhes haver usurpado as suas terras, os faria metter na posse dellas conforme as ordens do seu Dominante, com tanto que o acompanhassem na presente guerra com a tropa, que lhes fosse possivel, e se sujeitassem a pagar ao Sarcar de seu amo os mesmos feudos e tributos antigos.

«Que varios Regulos e na falta delles alguns dos seus ministros, se aproveitaram desta graça, sendo Rolupá, ministro do Dessay de Quitur, o primeiro que tomou posse destes dominios em nome de seu amo, dando fiança de pagar ao Sarcar de Punem tres laques de rupias pelo tributo daquelle Dessayado, cujo exemplo seguiu Baba Rao, ministro do Nababo de Saunur, que marchou a tomar para seu amo as terras deste governo com hum corpo de tropas, praticando o mesmo os Regulos de Copal e Bambal, etc.

«Que havendo o dito General conquistado Quitur, entrou na jurisdição de Dharwar, e conhecendo que aquella fortaleza estava bem guarnecida e municiada, chamou a conselho os seus Cabos e officiaes inglezes, e lhes propoz se achavam mais conveniente que elle continuasse a marchar em pessoa pelas terras de Tipú, deixando em sitio aquella fortaleza, attendendo ao bom estado em que se achava de defensa, ou se lhes parecia mais util que se conservasse naquelle campo até á tomada da mesma Praça, em resultado do que se assentou, que não devia avançar o seu campo, nem saír delle, emquanto não fizesse aquella conquista, cujo partido tomou o mesmo General, sem que até o presente possa ter tomado mais do que o Bazar grande, ou a cidade de Dharwar, com a perda de 300 sipaes, entre os que morreram de huma e outra parte, ficando nesta occasião ferido de huma bala hum filho do dito General, e admiradas as tropas Marathas e Inglezas da actividade e promptidão, com que faziam fogo as de Tipú. 1790 Novembro 30

«Que segundo as melhores noticias, tinha aquella fortaleza perto de 8:000 homens, dos quaes 5:000 serviam de a guarnecer e 3:000 defendiam o Bazar grande, os quaes com a perda delle se recolheram para a Praça, onde havia munições de bôca e guerra bastantes para se defender por tempo de dois annos.

«Que, não podendo Parisramo Bau assentar o seu campo junto daquella Praça, por saber que estava envenenado hum tanque, donde só podiam beber as suas tropas, se foi acampar em Narendra limite do Reino de Sundem, obra de 2 leguas distante da mesma Praça.

«Que neste campo perguntára o referido General, se não apparecia pessoa alguma por parte do Rey Sunda; e que acontecendo achar-se ali hum Ravaiá e seu irmão Pala Deurá, Canarás de nação, que administravam huma pequena aldeia dada pelo Dominante de Punem ao dito Rey na jurisdicção de Belgão, em remuneração de outra de maior rendimento que havia dado nos dominios de Dharwar ao pae do mencionado Rey, e que lhe fôra tomada por Aidar Aly Kan, cujos irmãos pretendiam perante o mesmo General a entrega da primeira aldeia, por ser de maior rendimento, se offereceram por parte do Sunda, declarando-se por seus vassallos, a fazer em nome delle a conquista do Reino de Sundem.

1790 Novembro 30 «Que consentindo nisto o General Maratha, entrára o dito Ravaiá a convidar os povos e 100 Sidis (sipaes negros) cujas familias antigamente foram de estimação dos avós deste Rey, e sustentando este pequeno corpo com algum arroz, e animando-o com promessas de despojos, tomou o forte de Elapur, onde arvorou bandeira do Sunda, e como no mesmo forte achou 75 saccos de pimenta, os vendeu e applicou o seu producto para pagamento da dita gente, e da nova que se lhe hia ajuntando.

«Que de tudo isto dera Ravaiá parte ao mencionado Rey, o qual não acceitára os offerecimentos que elle lhe fazia, por se não dar por seguro das cousas dos Marathas, porém, que recommendára ao mesmo Ravaiá, que lhe continuasse a dar parte dos mais successos, para se deliberar conforme elles o pedissem.

«Que continuando o mesmo Ravaiá a animar os povos, que aborreciam o dominio tiranno de Tipú, e desejando os seus antigos Reys, tomou posse dos fortes de Hadvem, Sambane, Culinad, dos Gates de Cadrem e da jurisdição de Ancolá até aos limites do Piro, em que entra Baitcol, chegando a atacar o mesmo Piro, e a estar em negociação com os sipaes da guarnição desta Praça, que são pela maior parte do Reino de Sundem.

«Que continuando o mesmo Ravaiá a dar parte ao Sunda da tomada de Huddvem, representára ao dito Rey, que intentava tomar posse de Supem, e que este o avisára de que não emprehendesse semelhante conquista, visto confinar aquella Provincia com o Estado, para que no caso de que Tipú levasse vantagem na guerra, em que está com os Inglezes, não voltasse as armas contra o Estado, imputando-lhe que com auxilio, ou consentimento seu a havia tomado.

«Que em resultado desta ordem se absteve Ravaiá de entrar na dita Provincia, de que se aproveitára Bicapá, irmão de Raulupá, fazendo a conquista della em nome do Sunda, para melhor a facilitar, mas que apenas a teve guarnecida com gente sua, arvorou bandeira do Dominante de Punem.

«Que o dito Bicapá com varios Cabos Marathas, attrahidos

do despojo achado em Elapur, quizeram perturbar as conquistas de Ravaiá, entrando nas terras já por elle conquistadas, mas que requerendo este ao General Maratha, e representando-lhe os insultos e desordens dos ditos Cabos, este o satisfizera mandando que não fosse perturbado na conquista do Reino de Sundem. 1790 Novembro 30

«Que as principaes fortalezas do Reino de Sundem ainda não conquistadas a Tipú, são a de Piro, de que acima se faz menção, e a da capital de Sundem, onde se achavam tres pessoas affectas ao mesmo Rey, que haviam acompanhado ao seu General Dalvaiá, quando este fôra requerer a Aydar Aly Kan, e negociar com elle a restituição do Reino de Sundem, as quaes em virtude dos avisos, que lhe fez Ravaiá, persuadiram ao Subedar da dita fortaleza a que a entregasse, e passasse á protecção do mesmo Ravaiá, por quem seria bem tratado.

«Que o dito Subedar quiz que este bom tratamento lhe fosse assegurado com Formão do Rey Sunda, declarando que á vista delle não teria duvida de entregar a fortaleza, dentro da qual estava depositada pimenta, que valeria hum laque de pagodes, pertencente ao Sarcar de Tipú, e que dando o mesmo Ravaiá parte ao Sunda da pretenção do dito Subedar, elle lhe respondera, que não podia dar semelhante seguro sem participar esta negociação ao Governador e Capitão General do Estado, de quem necessitava licença e consentimento, e que em tanto demorasse a conclusão deste negocio, porque não podia adivinhar o fim que teriam estas operações, as quaes não podiam ser permanentes e solidas, senão quando Tipú ficasse inteiramente arruinado.

«Que nestes termos, como se via o dito Sunda obrigado a dar huma resposta positiva a Ravaiá sobre esta importante materia, pedia que eu lhe désse conselho do que devia obrar nella.

«Que alem do que tem exposto participava que antes que por parte do Sunda apparecesse Ravaiá, já Ramachandra Panta, filho do General Maratha, havia conquistado os fortes de Nadicatem, Madgud e Modnur, pertencentes ao

1790 Novembro 30 Reino de Sundem, os quaes ficavam em poder do mesmo General.

«Que o sobredito Bicapá, irmão de Raulupá, com a noticia de que a fortaleza de Sundem tem hum laque de pagodes em pimenta, fez muitos offerecimentos ao Subedar, que ajustou de a entregar, levando elle 400 homens, porém, que isto se não effectuou e que houvera hum choque, em que morreram 15 sipaes de huma e outra parte, até que finalmente se recolheu o dito Bicapá com a sua gente para Supem, sem se saber o motivo desta discordia.

«Que, estando o negocio nestes termos, foi avisado Ravaiá pelo General Maratha, de que devia hir perante elle algum commissario do Rey Sunda, que firmasse os capitulos da convenção, e tributo, que havia pagar ao Sarcar de Punem, assim como haviam feito os mais Regulos de outros dominios menos importantes do que os do Sunda.

«Que desta ordem do General Maratha dá o dito Ravaiá presentemente parte ao mesmo Rey, e igualmente dos offerecimentos, que lhe fez o commandante Inglez, que está unido ao corpo Maratha, o qual pertendia guarnecer as fortalezas mais importantes, que conquistassem os sobreditos Regulos, mas que o General Maratha não conveiu nesta pretenção, ordenando que todos os Regulos, que não dependessem de forças Marathas ou Inglezas para tomar as suas fortalezas, não fossem obrigados a metter nellas outras guarnições senão aquellas que os mesmos Regulos quizessem.

«Que o Rey Sunda me pede, á vista do que fica acima exposto, hum particular conselho do procedimento, que hade ter no presente caso, tanto pelo que diz respeito á resposta, que deve mandar ao Subedar de Supem na fórma acima dita, como sobre o commissario, que o General Maratha manda hir á sua presença, e que a elle Sunda lhe parece que a felicidade que se lhe offerece he inesperada, e a conjunctura favoravel, por ter o Dominante de Punem feito alliança com os Inglezes, e haver noticia de que tambem a havia feito particularmente com o Tipú, que offerecia ao Dominante de Punem todas as terras e dominios, que foram sujeitos áquella

Côrte, em cujo numero entrava o Reino de Sundem em razão dos feudos, que lhe pagavam os Reys seus antepassados, de cujo offerecimento nascia o vagar com que caminhavam os Marathas nestas conquistas, donde se concluia que ainda que o Tipú ficasse com vantagem na guerra contra os Inglezes, nunca teria pretenção alguma ao Reino de Sundem, por effeito dos offerecimentos que tinha feito á Côrte de Punem, sendo certo que fizera outros iguaes a Nizama Aly, representando-lhe que eram da mesma nação e da mesma crença, e que assim o não devia arruinar em beneficio de huma nação Européa, qual he a Ingleza, e huns gentios, quaes são os Marathas. 1790 Novembro 30

«Que as cousas estão em termos, em que eu posso resolver, ou que toda a acção presente da conquista do dito Reino seja feita pelo Magestoso Estado, ou que seja do Dominante de Punem, mandando pessoa do Estado com outra do Rey Sunda á presença do General Maratha, para conhecimento da sinceridade desta exposição e conclusão do presente negocio.

«E que, finalmente, elle dito Rey Sunda fica esperando que eu tome neste particular o arbitrio mais proprio á grandeza e generosidade do Estado, como cousa interessante a este, porque elle está disposto a dar-me sempre provas de gratidão aos obsequios que deve a mim e ao Estado.»

Desta longa exposição poderá V. Ex.ª tirar bastantes consequencias, mas a mim me basta apontar as duas seguintes: 1.ª, que não ignora o dito Rey quanto o Estado deseja impedir-lhe as suas negociações com as potencias estranhas, e que por isso forceja de dar a entender que elle não adiantou negociação alguma, e que só deve o bom estado, em que estão as suas cousas, á declaração feita pelo General Maratha, e á resolução que tomou Ravaiá, que se achava naquellas partes a outro fim diverso: 2.ª, que lhe não he tambem estranho o receio, que temos de que elle busque a protecção ingleza, porque parece que só para nos dar este crime he que refere na dita exposição o offerecimento feito ao dito Ravaiá pelo

1790 Novembro 30 capitão Letly commandante do destacamento Inglez no exercito do Maratha, a pretenção do mesmo commandante, e a repugnancia condicional de Parisrama Bau.

Estas duas consequencias, que se podem legitimamente tirar da referida exposição, mostram que o dito Rey desconfia da sinceridade do Estado, porque sabe que o seu restabelecimento he contrario aos nossos interesses, e que portanto não posso esperar que elle communique sem reserva, e com lisura os seus projectos.

Estou bastantemente instruido nas ordens Reaes expedidas a este governo, que dizem respeito ao Sunda, as quaes V. Ex.ª me remetteu para minha instrucção por copia em carta de 7 de Março de 1786: sei as ruins consequencias, que ao Estado podem provir do seu restabelecimento, bem detalhadamente mencionadas nas cartas de V. Ex.ª de 23 de Fevereiro de 1782: sei que pela carta de 20 de Março de 1784 participou V. Ex.ª ao meu prédecessor huma ordem geral para que nem elle, nem Governador algum deste Estado consinta que o dito Sunda se retire do mesmo Estado sem licença expressa de Sua Magestade: e sei consequentemente que devo obrar quanto me for possivel a que o Estado não soffra os prejuisos e damnos, que lhe podem provir do restabelecimento do mesmo Rey: o que porém não sei, nem julgo facil de descobrir, he caminho seguro, por onde possa dirigir os meus passos a estes fins, ficando salva a decencia do Estado e as ordens Reaes, que, se por huma parte me mandam vigiar sobre a segurança do dito Rey, impedir que elle sáia do Estado sem licença de Sua Magestade, e embaraçar que forme negociações com potencias estranhas; por outra parte me lembram o direito de hospitalidade de que gosa, e o decoro com que deve ser tratado á sombra da alta protecção de Sua Magestade, que ainda o denomina Rey de Sunda, e que faz que este governo lhe dê o tratamento de *Alteza*.

Parece que o primeiro meio, de que devo lançar mão em similhante caso, he o da persuasão. Delle vejo que Sua Magestade mandou usar no anno de 1782, e delle uso, e usarei quanto me for possivel; porém naquelle tempo occorriam rasões não só apparentes, mas solidas, com que persuadisse o mencionado Rey a que se não devia fiar das promessas e convites de Aidar Aly, pondo-lhe aos olhos tantos exemplos tragicos de outros pequenos dominantes, a quem elle tinha despojado da liberdade e vida, depois de se lhes haver apoderado dos dominios; e era então o mencionado Rey de muito pouca idade, incapaz de tomar sobre si o perigo em que se mettesse; pelo que se devia considerar não só debaixo da protecção do Estado, mas tambem entregue á tutella delle, ficando em taes termos cohonestada qualquer acção, ainda que violenta, com que elle quizesse evitar o perigo de um menor. Hoje, porém, que cessam estas rasões, não sei qual será o orador tão eloquente, ou tão sophistico, que se atreva a persuadir a hum Rey desthronado que, havendo os povos do seu perdido Reino sacudido o jugo de hum tyranno, que os opprimia, se não deva pôr na frente delles para subir ao throno dos seus maiores, quando o chamam, e voluntariamente o acclamam.

1790 Novembro 30

Se o referido Rey não podesse conseguir o seu intento sem consideravel risco da sua pessoa na presente guerra, poderia pintar-lhe o dito risco ainda muito maior, ver se o intimidava, e se o persuadia a antepôr a propria segurança ao interesse da acquisição do seu Reino, mas elle não he tão falto de discurso que não conheça que Raulapá, Bicapá e outros Bragmanes similhantes, fracos por casta, fazem conquistas sem opposição; que o mesmo acontece a Ravaiá, e aconteceria a elle Rey Sunda, se se achasse em Sundem, e que no caso de achar alguma resistencia, que não podesse vencer pelo tempo adiante, seria sempre recebido no Estado pelas mesmas rasões de conveniencia propria, com que o conserva nelle, e que lhe não são occultas.

Sem embargo, porém, destas considerações, que mostram a difficuldade que ha de usar do meio de persuasão, e de cohonestar o de violencia, como não devo poupar algum brando e suave para conseguir o que desejo, e como o tempo que costuma muitas vezes dar solução aos negocios politicos mais intrincados, fiz responder ao dito Sar Dessay Goindá

1790 Novembro 30 Naique pelo Desembargador Secretario do Estado, no dia 22 do corrente: «Que sendo-me presente a exposição, que elle dito Sar Dessay fez ao mencionado Secretario do Estado, ficava bastantemente sentido de que seu Amo me tivesse occulto as esperanças do seu restabelecimento, e as negociações de que dava parte: que segundo o que consta da dita exposição não podia concluir outra cousa mais do que ficar certo de que o Reino de Sundem está roubado e assolado por quantos nelle entram, e que os povos, que levantaram a obediencia a Tipú para lhe não pagarem os tributos que lhe deviam, e se roubarem naturalmente, não terão nem forças nem constancia para se defenderem de qualquer pequeno destacamento, com que o mesmo Tipú os queira castigar: que sendo a materia da sobredita exposição de tanta supposição, e não devendo comprometter o decoro, e a gloria do Estado sem inteiro e pleno conhecimento dos termos, em que estão as cousas, ficava com animo de tomar todas as informações, que julgasse necessarias, para as quaes devia o mesmo Rey cooperar participando-me as noticias, que alcançasse, com aquella boa fé que o Estado lhe merece pelo patrocinio, que por tantos, e por tantos modos lhe tem dado, e que se houvesse alguma demora na minha resolução, a devia o mesmo Rey attribuir a si pela pouca sinceridade, com que se tem portado».

Esta he a situação, em que por ora está este implicado negocio; e porque o meu discurso póde ser menor do que o desejo que tenho de acertar com as intenções do Real animo de Sua Magestade, mandei formalisar huma proposta, que remetto a V. Ex.ª em carta separada, e pelo navio de viagem dirigirei a V. Ex.ª a continuação do que se tem passado a este respeito.

Deus guarde a V. Ex.ª Goa, 30 de Novembrode 1790.— Ill.mo e Ex.mo Senhor Martinho de Mello e Castro.—Rubrica do Governador.

Carta do Governador Francisco da Cunha e Menezes ao Secretario de Estado Martinho de Mello e Castro

Illmo e Exmo Sr.—Serve esta de acompanhar a proposta inclusa com todos os documentos, com que a remetti por ora sómente aos dois Conselheiros do Estado o Marechal de Campo Francisco Antonio da Veiga Cabral, e o Chanceller José da Rocha Dantas e Mendonça, na qual proposta inclui em summa as mesmas rasões de dubiedade, que expresso a V. Ex.ª nas cartas de 30 do mez proximo passado. 1790 Dezembro 4

Deus guarde a V. Ex.ª Goa, 4 de Dezembro de 1790 [1].—Rubrica do Governador.

Proposta

A exposição n.º 1 contém o estado da guerra dos Inglezes, e seus alliados contra Tipú Sultan, e a do n.º 2 a declaração feita por parte do Rey Sunda ao Desembargador Secretario do Estado para me ser presente, e como se faz necessario que nos termos actuaes declarados nas ditas exposições me delibere sobre o que devo obrar, tanto a respeito do Piro, como a respeito do mesmo Sunda, exponho a perplexidade, em que me vejo, e as rasões que por huma, e por outra parte me põem nella. 1790 Dezembro 5

Quanto ao Piro, e ás razões que persuadem a tomada delle

Que esta Praça sempre foi julgada como util para barreira do Estado, e para o commercio e fartura delle.

Que havendo o Senhor Rey Dom José, que está em gloria, ordenado que as instrucções, com que veiu para este Estado o Senhor Vice Rey Conde da Louzã, expedidas em 20 de Abril de 1765, sirvam de lei fundamental para o governo do

[1] A data no registo he 4 de Dezembro, mas deve ser de algum dia posterior, por serem alguns dos documentos inclusos de 5 de Dezembro. Note-se que o 4 da data está emendado sobre um 2.

1790 Dezembro 5 mesmo Estado, manda nellas o mesmo Senhor que se obste por todos os modos possiveis a que os Inglezes possam estabelecer-se no Piro, como consta do Documento n.º 3 tirado de huma copia semelhante á que se acha a fl. 260 do Livro das Cartas Reaes do anno de 1767, respondido em 1769, posto que incurial, por não estar assignada pelo Secretario do Estado.

Que ao meu predecessor foi estranhado em caso semelhante não se ter apoderado da dita Praça adiantando-se aos Inglezes, como consta da carta, que lhe foi expedida pela Secretaria de Estado dos Negocios da Marinha e Dominios Ultramarinos em data de 18 de Março de 1784, § 4.º, que vae por copia n.º 4.

Que a tomada da dita Praça se não póde ter por muito difficultosa no presente tempo pelas noticias que ha della.

Que como o Sunda tem presentemente alguma gente sobre a dita Praça, que a está batendo, auxiliada do Bounsuló, não será difficultoso conseguir do dito Rey que o Estado a tome em nome do mesmo Rey, no caso de parecer conveniente usar deste meio.

Que estas facilidades que se offerecem agora se poderão promptamente desvanecer no caso de se não abraçarem em tempo competente, porque, posto que os Inglezes já não tem mais forças militares nesta costa em rasão de haverem saido de Bombaim as ultimas, que ali havia, póde ser que o Sunda unido com o Bounsuló valendo-se de intelligencias que facilmente póde ter dentro da mesma Praça, ou valendo-se dos Inglezes, a tome, mettendo-lhe guarnição ingleza, ou que tomando o General Maratha Dharwar, como he crivel que aconteça, marche sobre a mesma Praça, a conquiste e a entregue aos ditos Inglezes, que talvez a comprehendam no seu Tratado, no qual diz o Ministro do Sunda na sua exposição n.º 2 que estipularão para si o Reino do Canará, a que a dita Praça está visinha, ficando nós em tal caso com este poderoso, incommodo e prejudicial visinho á porta, que póde attrahir áquelle porto o resto do commercio que fazemos neste, tornando inutil a nossa existencia na Asia.

Razões contrarias ás antecedentes

Que vendo-se no anno de 1768 em iguaes circumstancias o Sr. D. João José de Mello, e tratando de prevenir os Inglezes na tomada do Piro, fundado nos ditos capitulos XVII e XVIII das mencionadas instrucções de 1765, conseguira que Aydar Aly mandasse a esta côrte pessoa, com quem se tratou a entrega da sobredita Praça, para a livrar da mão dos Inglezes, e para tornar a ser entregue ao mesmo Aydar Aly logo que este se pozesse em melhor fortuna do que aquella, em que estava então. Não tendo effeito esta negociação só pela repugnancia do commandante do Piro, mas dando parte a Sua Magestade do que havia obrado neste particular, recebeu pela Secretaria do Estado dos Negocios da Marinha e Dominios Ultramarinos a carta de 23 de Abril de 1770, que vae por copia n.º 5, em que he remarcavel o fim do § 6.º e não se ajunta debaixo deste numero a copia das instrucções de 1765 mencionadas nella, por se não acharem na Secretaria do Estado. 1790 Dezembro 5

Que a isto accrescem as declarações feitas ao meu predecessor em carta, que lhe foi expedida pela dita Secretaria de Estado na data de 23 de Fevereiro de 1782, §§ 28.º e 35.º, da copia n.º 6 em que se dá por aleivoso o intento, com que no dito anno de 1768 se atacou a mencionada Praça a titulo de a querer guarnecer contra os Inglezes.

Que, posto que a dita Praça seja util ao Estado, e prejudicial que os Inglezes ou outra qualquer Nação, que fizer com elles alliança, se estabeleça nella, he certo que não terá a mesma utilidade, que até agora se lhe considerou, no caso de ficarem os Inglezes com o Reino do Canará, porque facilmente puxarão a qualquer dos portos visinhos ao Piro o negocio que podiam fazer por elle.

Que, finalmente, póde Tipú Sultan ou ficar de melhor partido na guerra, em que está com os Inglezes, ou fazer com elles, ou com as mais Nações alliadas a paz, e voltar as armas contra o Estado pela tomada da mencionada fortaleza, ou

1790 Dezembro 5 por qualquer auxilio que se der disfarçadamente ao Sunda para esse effeito.

Opprimido destas contrarias rasões tenho buscado por ora o unico meio termo, que se não oppõe ás ordens Reaes, que he persuadir o Quiladar do Piro para que elle mesmo me peça em nome de seu amo auxilio, e guarnição, com que defenda a mencionada Praça, para o que lhe fiz escrever por hum Dessay de Canacona as tres cartas da copia n.º 7 mas o dito Quiladar por muito tempo não quiz receber as duas primeiras, declarando que tinha ordem expressa de seu Amo para se não communicar com o Estado, nem as recebeu senão depois que alcançou licença para isso, dizendo que as remetteria a seu Amo; porém até o presente não respondeu ás ditas duas cartas, nem ha noticia de que recebesse a terceira.

Quesito

Se devo continuar neste meio termo, sem embargo de não ter produzido effeito algum até o presente, e de se poder mostrar repentinamente infructuoso com a tomada da dita Praça, de que se originaram as consequencias acima ditas, ou se ha outro meio mais util ao Estado, e mais conforme ao espirito das Reaes ordens, que eu deva abraçar.

Quanto ao Rey Sunda

Para eu não permittir ao Rey Sunda que se ausente, ou se retire do Estado sem ordem positiva de Sua Magestade, basta-me a ordem expressa, que tenho da dita Senhora na carta, que foi dirigida ao meu predecessor pela Secretaria de Estado dos Negocios da Marinha e Dominios Ultramarinos em data de 20 de Março de 1784, da copia n.º 8, a que acompanham as mais que podem servir de instrucção para esta materia, pelas quaes se manda obstar a qualquer correspondencia, que o mesmo Rey queira ter com os Regulos vizinhos para o seu restabelecimento, pelos prejuizos que dahi resultariam ao Estado circumstanciadamente expressados nos ditos documentos. 1790 Dezembro 5

Como, porém, o § 5.º da carta da dita Secretaria de Estado de 23 de Fevereiro de 1782 lembra o direito de hospitalidade, e não concorrem hoje as mesmas rasões, que havia então para elle ficar salvo;

Como Sua Magestade pelos mesmos officios, em rasão do decoro do seu Real patrocinio, manda tratar o dito Rey com toda a attenção e civilidade, sem que por modo algum pareça que desconfiamos delle, ou que o temos preso:

Como as rasões, por que no tempo do meu predecessor se persuadiu ao dito Rey que não saísse do Estado pelo perigo, que corria a sua pessoa posta nas mãos de Aydar Aly, se não podem applicar ao caso presente, em que elle já dá parte de que por hum modo não pensado se lhe facilita a conquista do seu Reino, resta applicar ás ordens Reaes a situação actual das cousas.

O meio que até aqui tenho buscado para não contrariar as ordens Reaes, nem deixando saír o dito Rey do Estado, como me he expressamente prohibido, nem consentindo que elle tenha communicações, que facilitem o seu restabelecimento, nem faltando ao decoro, com que Sua Magestade manda que elle seja tratado como hospede, e não como captivo, he responder á exposição n.º 2 na fórma que consta da copia n.º 9 e ter passado as ordens mais apertadas aos commandantes das Provincias para que todas as pessoas, que nellas entrarem, sejam remettidas á Secretaria do Estado com quaesquer papeis que trouxerem, alem das providencias que tenho dado para que, quanto for possivel, se embarace ao mesmo Rey, ou ás pessoas da sua familia indirectamente a saída da Ilha de Goa, fazendo guardar as partes mais suspeitosas, e encarregando a algumas pessoas de observarem os passos do mesmo Rey, e movimentos que ha em sua casa.

Como, porém, sem embargo disto continua o dito Rey a obrar na conquista do seu Reino, e segundo parece, está alliado com o Bounsuló, como consta da exposição n.º 1, nesta perplexidade quero resposta, e conselho aos seguintes

Quesitos

1790 Dezembro 5 De que modo, sem desobedecer ás ordens Reaes, me devo portar e responder á exposição que me faz o dito Rey; que devo fazer se me constar que elle está resoluto a fugir do Estado, ou for apanhado em acto de fuga; que resposta lhe darei, se me pedir licença para se recolher ao seu Reino, e quaes serão as rasões, de que poderei usar para o persuadir a que o não faça; e finalmente que responderei á côrte de Punem, se ella me pedir o dito Rey para tomar posse do seu Reino, assim como consta que a tem tomado os Regulos mencionados na exposição n.º 2 em virtude da declaração feita pelo General Parisrama Bau. Pangim, 5 de Dezembro de 1790.—Francisco da Cunha e Menezes.

N.º 1

Exposição dos progressos da guerra dos Inglezes e seus alliados, o Dominante de Penem e Nizama Aly, contra Tipú Sultan

Havendo-se os inglezes preparado muito de antemão para fazer guerra a Tipú Sultan, pelas rasões que são publicas, conseguiram formar hum Tratado de alliança com o Dominante de Punem, e Nizama Aly, e posto que o dito Tipú trabalhou nas ditas côrtes quanto lhe foi possivel para impedir esta alliança, se vê ao menos na apparencia effectuada, sahindo a campo estas tres potencias contra o referido Tipú.

O exercito grande inglez commandado pelo General Medows, e forte de 24 para 25 mil homens, entrou pelas terras de Tipú, quasi sem opposição, conquistando Caroor, Darmapuram, Caimutur, e proximamente Paliacatchery, tendo por fim, segundo parece, a tomada de Siranga Patan.

Tipú, sem fazer frente a algum dos outros alliados, e sem se empenhar em defender terreno aberto, e praças pouco importantes, tratou de cubrir a sua capital, fortificando-se com os Gates, que medeiam entre Tanjoor e Maissur, até que, vendo que os Inglezes se adiantavam a elles, desceu os mesmos Gates, e tem tido alguns choques com os varios corpos avançados do General Medows, batendo em hum delles o Coronel Floid, e marchando depois ao Sul restaurou Darmapuram, e esteve tambem em ponto de restaurar Caimutur, sem que tenha sido possivel ao General Medows obrigal-o a uma acção decisiva. 1790 Dezembro 5

Alem deste exercito grande tinham os mesmos Inglezes hum Destacamento commandado pelo Coronel Hartley ao sul de Talicheira, o qual, sendo augmentado com 2:000 homens, que foram de Bombaim, se acha unido ao mesmo exercito grande. Tem outro Destacamento commandado pelo Major Deu (*sic*), que está nas vizinhanças de Talicheira; outro que commandou o Coronel Kely, hoje fallecido, cujo corpo está em Arcate esperando a artilharia, que lhe falta, e munições para entrar nas terras inimigas; outro do Capitão Letle, composto de dois batalhões inglezes, que se acha unido a Parisramo Bau, General Maratha; e outro commandado pelo Major Montgomeri, que está unido ao exercito de Nizama Aly, commandado por hum filho deste Nababo; ao que acresce a proxima e ultima expedição, que sahiu de Bombaim, composta de 4:000 homens, commandados pelo Governador d'aquella Ilha, o Coronel Coromby, o qual deixou 2:000 homens em Zaigod, com intento de reforçar com elles o destacamento do Capitão Letle, e com outros 2:000 homens marchou para o Sul a desembarcar, segundo dizem, em Talicheira.

Quanto ao exercito Maratha, commandado pelo Bragmane Parisrama Bau, se acha sobre a praça de Darvadda ha mais de dois mezes, havendo conquistado Quitur, Sannur, Copal, Dambal, e terras vizinhas sem resistencia alguma, e he crivel que por causa de grande demora, que os Marathas tem feito sobre a dita praça, he que os Inglezes reforçam os seus Destacamentos com 2:000 homens, que ultimamente foram de Bombaim, na fórma acima dita.

No numero das conquistas, que se tem feito á sombra deste exercito, se deve numerar a do Reino de Sundem, que em grande parte está tomado em nome do Rey Sunda por hum

1790 Dezembro 5 Canará chamado Ravaiá, que se acha sobre o Piro, persuadindo ao Quiladar, e principalmente a guarnição d'aquella Praça a que se lhe entregue, por ser a mesma guarnição pela maior parte de naturaes do referido Reino, ao que acresce terem apparecido proximamente oito galvetas e hum gurabo do Bounsuló na enseada de Angediva, cuja tropa desembarcou, e se uniu á de Ravaiá, commandada por Balogi Ráo, mostrando-se deste procedimento que o Rey Sunda tem feito occultamente alliança com o Bounsuló para o ajudar n'esta conquista, e talvez em outros fins mais a que levem os seus projectos.

Quanto, finalmente, a Nizama Aly, depois de estar em inacção por muito tempo, se sabe agora que já passou o Rio Crisnã, limite das suas terras, e que tomou duas fortalezas ao mesmo Tipú, de Carpem e Canol. Secretaria, 5 de dezembro de 1790.—Sebastião José Ferreira Barroco.

N.º 2

Exposição que no dia 16 do presente mez de Novembro de 1790 me fez o Sar Dessay Goindá Naique por parte do Rey Sunda, auctorisado com uma carta de seu Amo em data de 14 do dito mez e anno, cuja exposição puz logo na presença do Illmo e Exmo Sr. Governador e Capitão Generál.

1790 Novembro 16 He formada pelo Secretario do Estado, Sebastião José Ferreira Barroco, e fica já incorparada na Carta do Governador ao Secretario d'Estado, Martinho de Mello e Castro, de 30 de novembro de 1790, a pag. 21 deste tomo.

N.º 3

Copia dos capitulos XVII e XVIII da Instrucção particular que trouxe o Senhor Vice Rey Conde da Louzã, tirada de outra copia, que está junta ao Livro das Ordens Reaes do anno de 1767, respondido em 1769, a fl. 260.

Pareceu-me fazer aqui memoria das estipulações do artigo XI do Tratado de 2 de novembro de 1755, e do artigo V do referido Tratado de 29 de fevereiro de 1756, pelos quaes o Conde de Alva cede ao Sunda a Praça do Piro, e sua jurisdicção, sem advertir que se havia tomado a referida Praça forçado pelo imminente perigo de se hirem estabelecer naquelle porto os Inglezes, para ficarem absolutos senhores da pimenta, que por elle se costuma extrahir, arruinando Goa por aquelle principio, e pelo da sua infesta vizinhança, que desde Bombaim tem causado aos meus dominios tantos e tão consideraveis prejuizos.

O que vos participo, para que nesta intelligencia embaraceis por todos os modos possiveis, que os ditos Inglezes se possam estabelecer naquelle porto, infringindo para isso o dito Rey de Sunda as convenções exclusivas das outras Nações da Europa, que tem estipulado a favor dos meus vassallos e dominios.—Sebastião José Ferreira Barroco.

N.º 4

Copia do § 4.º da carta do Secretario d'Estado dos Negocios da Marinha e Dominios ultramarinos de 18 de Março de 1784, escripta ao Senhor D. Frederico Guilherme de Sousa

Estas noticias, e os successos nella referidos não são de 1784
admirar, quando se olha para huma Nação vigilante, activa, Março
e determinada, que os emprehendeu, e conseguiu, mas o que 18
se faz digno da maior desconsolação e tristeza, he que tivessem os Inglezes accordo e resolução para sahir de Bombaim com 4:000 homens em soccorro de outro corpo de tropas da mesma Nação, e que dentro de hum mez, ou de mez e meio se apoderassem dos Reinos de Calecut, e Canará, de toda a parte do Reino de Sunda, que se achava em poder de Aidar Aly Kan, com todas as praças e fortalezas da costa do dito Reino, comprehendidas Ancolá, Sivanserra, Ximpim, e Piro; e que nós, achando-nos com as armas nas mãos, e com hum corpo de tropas Europeas, e da India, de 9:000 homens, bem commandadas, e de boa vontade, não tendo mais inimigo que o despresivel Bounsuló, e tendo alem disto ás portas dos nos-

1784 Março 18 sos dominios as ultimas quatro fortalezas, ou denominadas taes, e entre ellas a do Piro e Sivanserra com os seus districtos, vissemos tranquillamente os rapidos progressos dos referidos Inglezes até chegarem á nossa fronteira, sem darmos hum só passo para occupar ao menos as referidas fortalezas do Piro e Sivanserra antes que elles chegassem, e se apoderassem dellas.—Sebastião José Ferreira Barroco.

N.º 5

1770 Abril 23 Copia.—1.º A Sua Magestade foi presente a carta de V. S.ª que trouxe a data de 4 de Fevereiro do anno proximo passado, com os papeis n.º 1.º, 2.º, 3.º, 4.º, 5.º e 6.º que acompanharam; servindo de continuação ás outras cartas, em que V. S.ª nas datas de 30 de Janeiro, e do 1.º do dito mez de fevereiro havido referido os attentados commettidos pelos Inglezes contra o nosso estabelecimento de Mangalor, e contra os interesses desse Estado.

2.º Na sobredita carta acrescentou V. S.ª os motivos, que considerou para entender que os mesmos Inglezes hiam atacar, e senhoriar o Piro, a fim de nos fecharem ali o necessario e util commercio que fazemos, e para ordenar a expedição, que mandou com a ordem de preoccupar a referida fortaleza: referindo V. S.ª o infeliz successo, com que o director e conductor da dita expedição, Henrique José de Mendanha Benevides Cirne, e os commandantes da acção, Antonio José Moniz Pinto Coelho, e o Capitão de mar e guerra, João Manuel de Azambuja, em vez de ganharem a sobredita fortaleza a favor desse Estado, com que antes haviam lisongeado a V. S.ª com exclusiva injuriosa de muitos outros officiaes, sacrificaram, e prostituiram a reputação das armas delle com as bisonherias, terrores panicos, e vilezas com que obraram, e até com o subterfugio, como depois quiz persuadir o dito conductor *que huma boa retirada era huma completa victoria,* como se estas palavras, de que se usa depois de huma sanguinolenta batalha perdida honrosamente, podessem ser applicaveis aos sobreditos, que depois de quinze dias de molleza, e de terror panico, faziam sem se haverem batido com alguem, huma decisiva e vergonhosa fugida, salvando cada um delles as suas equipagens, e abandonando infamemente com o corpo o trem e munições de guerra de El-Rey Nosso Senhor, que se lhe haviam confiado. 1770 Abril 23

3.° Havendo pois Sua Magestade tomado em séria consideração tudo o referido; ordena que o referido director daquella torpe expedição, Henrique José de Mendanha Benevides Cirne, e os dois commandantes, Antonio José Moniz Pinto Coelho e João Manuel de Azambuja, sejam logo presos debaixo de chave em toda a segurança, e com a mesma remettidos á cadeia do Limoeiro desta côrte com a necessaria guia, para nella se lhes abrir assento á ordem do dito Senhor.

4.° O que he outrosim servido reservar ao seu immediato conhecimento os sobreditos attentados, havendo por inhibidas todas, e quaesquer outras jurisdicções para tudo o que póde ser pertencente a este horroroso caso, e ordenando que no de se haverem ahi formado quaesquer processos, ou ainda proferido quaesquer sentenças, seja tudo igualmente remettido a esta secretaria d'Estado nos termos, em que se acharem as cousas ao tempo em que esta chegar, sem que nada do que ahi houver passado ao dito respeito possa produzir algum effeito a favor dos sobreditos, ou prestar algum impedimento á execução destas presentes ordens.

5.° Pelo que pertence aos merecimentos da dita expedição manda Sua Magestade repetir e reiterar com a mais decisiva firmeza, que V. S.ª deve ter por solidas e inalteraveis bases do seu governo os mesmos solidos principios, com que foram constante e successivamente instruidos desde o principio do felicissimo Reinado do dito Senhor, o Conde de Alva, o Conde da Ega, e o Conde da Louzã; principios, os quaes são os que se contêm litteralmente nos §§ 2.° e 3.° da Instrucção expedida ao ultimo dos tres Vice Reys em 9 de abril de 1765.

6.° Sendo pois estes bem presentes a V. S.ª, ordena Sua Magestade que V. S.ª delles se não afaste de modo algum, senão nos casos de notoria, manifesta, e decisiva necessidade

1770 Abril 23 de natural defeza; e debaixo das medidas que foram expressas na mesma Instrucção desde o § 4.º até ao § 14.º, e nos §§ 17.º e 18.º: os quaes casos de necessidade não devem ser comtudo sómente suspeitados, e apprehendidos por estas ou aquellas informações, que não sejam solidas e seguras, mas sim verificadas de modo que delles possa positiva e claramente constar a El-Rey Nosso Senhor; porque Sua Magestade só tem, e terá por tanto serviço a conservação do que possue, quanto he o horror, que lhe causa, e causará toda e qualquer idéa das conquistas, que com tantas infracções das sobreditas reaes ordens tem causado tão grandes ruinas a esse Estado nestes ultimos tempos.

7.º Ultimamente para acabar de explicar-me com V. S.ª aos ditos respeitos, me remetto ainda em supplemento desta a outra carta, que acabo de escrever a V. S.ª sobre os insultos de Mangalor em resposta das suas de 30 de Janeiro, e do 1.º de Fevereiro do anno proximo passado.

Deus guarde a V. S.ª Palacio de Nossa Senhora da Ajuda, em 23 de abril de 1770.—Martinho de Mello e Castro.—Senhor D. João José de Mello.—Sebastião José Ferreira Barroco.

N.º 6

Copia dos §§ 28.º e 35.º da carta da Secretaria de Estado dos Negocios da Marinha e Dominios Ultramarinos, da data de 23 de Fevereiro de 1782, escripta ao Sr. D. Frederico Guilherme de Sousa.

§ 28.º

1782 Fevereiro 23 Isto he substancialmente o que contém as duas Relações, e mais papeis e documentos juntos a este Extracto, e a vista dellas, e delles justamente se póde recear que o Regulo Aydar Aly Kan, soberbo, altivo, e victorioso, resentido ao mesmo tempo, como fez conhecer ao Coronel Antonio de Assa, do que no anno de 1768 lhe fizemos em Mangalor, dando entrada aos Inglezes para o atacarem, e no Piro atacando nós mesmos aquella Praça com aleivosia, e ajuntando presentemente a este irregular comportamento a ruptura do que tinha estipulado com o Commissario Portuguez, não obstante havel-o proposto o mesmo Commissario, a prisão do Bragmane Sivaiá Condaxar, favorecido do dito Regulo, com offensa da fé publica, e a detenção do Rey Sunda, que o mesmo Regulo ha de attribuir a perseguições nossas; todos estes procedimentos da nossa parte não poderão deixar de inspirar odio e vingança no espirito audaz daquelle Regulo, e que com justo fundamento devemos recear que logo que elle se vir desembaraçado da guerra contra os Inglezes, ou ainda durando ella, mova as suas armas contra os dominios portuguezes, e que effectivamente nos ataque quando menos o esperarmos. 1782 Fevereiro 23

§ 35.º

Quanto, porém, ao outro Tratado sobre o porto e feitoria portugueza de Mangalor, não o deveria V. S.ª ter rejeitado, porque he certo que nos quatro Artigos, de que elle se compõe, se nos accorda tudo que precedentemente tinhamos, e pediamos na Instrucção que se deu ao Coronel Antonio de Assa, impondo se-nos tão sómente a obrigação de defender o referido porto dos Inglezes, ou de outro qualquer inimigo, que o viesse atacar; e isto he o que nós deveriamos fazer achando-nos ali estabelecidos, ainda sem nos obrigarmos por algum Tratado, e se o não praticámos em 1768, foi pela criminosa perfidia, e pusillanimidade com que nos comportámos naquella occasião; dando o Feitor Portuguez, que ali se achava, asylo, e entrada aos Inglezes pela mesma Feitoria, e hindo depois nós mesmos atacar o Piro aleivosamente debaixo do fingido pretexto de occupar aquella fortaleza para a defender; o que porém tirámos, e sempre tiraremos destas odiosas cavillações da India, em quanto não as arrancarmos pelas raizes, he o despreso, e os vilipendios, com que Aydar Aly Kan caracterisou a Nação Portugueza; e este despresivel conceito que aquelle Regulo forma de nós, não he menos para temer que as suas mesmas forças.—Sebastião José Ferreira Barroco.

N.º 7

Copia da carta escripta pelo Dessay de Canacona ao Quiladar do Piro

1790 Agosto 16 O Ill.mo e Ex.mo Sr. Governador e Capitão General me manda dizer a V. m. que, pelas informações particulares que recebe de Bombaim de pessoas de toda a confiança, sabe que os Inglezes se estão preparando com todo o segredo para atacar essa Praça de Piro, assim como fizeram na guerra passada, pelo que se faz necessario que V. m. escreva logo a seu Amo, avisando-o dos intentos dos Inglezes, para que o dito seu Amo possa augmentar a guarnição dessa Praça de forma que fique bem defensavel contra os seus inimigos. A razão que o dito Ill.mo e Ex.mo Sr. Governador e Capitão General tem de me encarregar desta commissão, he porque conhece a minha fidelidade, e porque sabe que eu fui o que tratei similhantes materias no tempo da guerra passada, quando os Inglezes se estavam preparando pelo mesmo modo que agora fazem para atacarem essa fortaleza, a qual nunca seria tomada pelos Inglezes, se o honrado Lacximana Naique se não portasse com tantas demoras e duvidas, pelo que não chegou a receber em tempo competente o soccorro, que lhe mandava o Magestoso Estado, como a V. m. ha de constar, com o qual essa Praça ficaria livre do mesmo insulto, servindo sómente o dito soccorro de tirar a seu Amo e a V. m. toda a suspeita que podem ter deste aviso, porque com elle mostrou o Magestoso Estado que, posto que tem paz com os Inglezes, quer antes que o Piro esteja em poder de seu Amo, do que delles. Esta materia he de consideração, e V. m. me deve mandar a resposta della, já que me não atrevo a arriscar a minha pessoa para hir de palavra communicar isto a V. m. Hoje 16 de Agosto de 1790.— Nil Naique, Dessay de Advota.

Copia da carta escripta pelo Dessay de Canacona ao Quiladar do Piro

1790 Setembro 5 Em 16 do mez passado escrevi a V. m. a carta inclusa por copia sobre a importante materia nella contheuda, que diz

respeito á gloria de seu Amo, á de V. m. e á segurança dessa 1790
Praça. Já quando escrevi a dita carta lhe participei quaes Setembro
eram os intentos dos Inglezes sobre o Piro, e posto que não 5
recebi resposta até o presente, como me capacito que esta falta poderá nascer de lhe não ter sido entregue a minha primeira carta, e o negocio he cada vez de mais importancia, por isso me resolvo remetter-lhe a dita copia da carta antecedente, e dizer-lhe da parte do Illmo e Exmo Sr. Governador e Capitão General, que já está publica em Bombaim a expedição que os Inglezes intentam contra o Piro, da qual he commandante o proprio General de Bombaim, que ha de sahir até 20 deste mez com 1 fragata, 2 corvetas, e 30 ou 40 batelões, em que embarcará a tropa destinada a tomar essa fortaleza. Torno a dizer a V. m.^{cê} que deve ter esta noticia por certa e certissima, porque o seu antecessor bem experimentou a sinceridade com que o tratou o Magestoso Estado, que mostrou querer antes conservar essa Praça, e defendel-a com guarnição Portugueza, para impedir o insulto, que lhe fizeram os Inglezes, do que soffrer que estes se apoderassem della; e para que a V. m.^{cê} não aconteça o mesmo, que experimentou o seu antecessor, e não tenha diminuição a fama do seu nome, deve V. m.^{cê} responder logo em quanto he tempo, e fazer o mais que digo na dita carta antecedente. Hoje 5 de Setembro de 1790.—Nil Naique, Dessay de Advota.

Copia da carta escripta pelo Dessay de Canacona ao Quiladar do Piro

Como essa Praça se acha presentemente investida pelo inimigo de seu amo, a quem por noticias certas se sabe que vão 1790
soccorrer os Inglezes com grande risco, não só por causa Novembro
delles, mas tambem pela pouca fidelidade dos Sipaes, que 22
servem debaixo das ordens de V. m.^{cê}, os quaes, sendo pela maior parte naturaes do Reino de Sundem, seguem a vontade do povo do mencionado Reino autual sublevado, me torna o Illmo e Exmo Sr. Governador e Capitão General a mandar escrever esta a V. m.^{cê}, repetindo-lhe os mesmos of-

1790 Novembro 22 ferecimentos, que lhe tem feito pelas antecedentes, capacitado de que a falta de resposta de seu amo provém dos grandes negocios, de que se vê embaraçado, e hoje lhe será talvez impossivel o passar as suas ordens pelo que diz respeito á segurança dessa Praça. Hoje 22 de Novembro de 1790.— Nil Naique, Dessay de Advola.

N.º 8

Carta do Secretario de Estado, Martinho de Mello e Castro, sobre a conservação do Rey Sunda nos Dominios Portuguezes

1784 Março 20 Nos §§ 8.º e 9.º da carta que acabo de escrever a V. S.ª sobre as cautellas, que se devem tomar nesse Estado em consequencia da situação, em que elle se acha com a revolução acontecida na India, fallo particularmente a respeito do Rey Sunda; e como este importante negocio se tem tratado em Goa por meios tão extraordinarios como incriveis, faz-se preciso a respeito delle prevenir a V. S.ª com as seguintes reflexões.

O Rey Sunda, pae do actual, refugiou-se nesse Estado fugindo á tirannia de Aydar Aly Kan, depois de haver perdido a maior parte do seu Reino, que o dito Regulo lhe conquistou, e a Provincia de Pondá, a que está annexa a de Zambaulim, que fazia parte do mesmo Reino, se apoderou della o Regulo Maratha, do qual Regulo a houve a Corôa de Portugal, por meio de conquista, apoderando-se igualmente das pequenas Provincias de Canacona e Cabo da Rama, que infallivelmente cairiam em poder de Aydar Aly Kan, se as armas Portuguezas, guarnecendo aquellas duas Provincias ou jurisdições, não fizessem suspender a rapida invasão do referido Regulo nos dominios do mencionado Sunda.

A indispensavel necessidade da conservação desse Estado, e o ultimo precipicio e ruina delle, foram as pungentes causas, que nos moveram para expulsar o Maratha de Pondá e Zambaulim, conquistando delle aquellas duas Provincias, e para occuparmos Canacona e Cabo da Rama, antes que Aydar Aly Kan se apoderasse dellas. 1784 Março 20

Se o dito Regulo ou outra potencia tão poderosa como elle se estabelecesse em Canacona ou no Cabo da Rama, a Provincia de Salcete não poderia resistir á primeira irrupção, que por ali se fizesse na referida Provincia; e se o Maratha se conservasse em Pondá e Zambaulim, a Ilha de Goa e ainda a Provincia de Salcete, que só se separam daquelles dominios pelo rio e canal, que as divide delles, correriam infallivelmente a mesma sorte que as Provincias do Norte experimentaram com a vizinhança e proximidade do dito Regulo Maratha.

Do referido resulta, que o dominio que temos nas sobreditas Provincias de Pondá, Zambaulim e nas jurisdições de Canacona e Cabo da Rama, he fundado não só no direito da conquista, mas no da nossa propria conservação, e que se as deixassemos, ou entregassemos em algum tempo ao Sunda, renunciando o incontestavel direito, com que ellas se acham nos proprios da Corôa de Portugal, isto seria o mesmo que entregar as portas das Provincias de Salcete e Ilhas de Goa ao primeiro potentado ou nação vizinha, que quizesse apoderar-se dellas franqueando-lhe o passo para entrar na referida Ilha e Provincia quando bem lhe parecesse, e nós expulsos para sempre desse Estado quando menos o cuidassemos. He por consequencia evidente que a conservação dos mencionados dominios em poder desta Corôa he essencialmente connexa com a nossa conservação e existencia na India.

Não era assim emquanto os Reys Sundas possuiam mansa é pacificamente o seu Reino, porque a mesma mansidão e debilidade dos ditos Reys nos servia de barreira e segurança para não sermos insultados em o nosso continente, mas depois que Aydar Aly Kan formou o plano de se engrandecer dos despojos dos Principes debeis e fracos, e de conquistar todos aquelles que lhe não podiam resistir, invadindo o dito Regulo os dominios do Sunda, e apoderando-se elle de huma parte e o Maratha de outra, dos mesmos dominios, se conver-

1784 Março 20 teu a barreira do nosso continente em hum passo aberto e franco para sermos conquistados com a mesma facilidade, com que o foi o mencionado Sunda; e o unico meio que nos restava para nos salvarmos do ultimo precipicio e ruina, foi o de formarmos a barreira, que hoje temos das quatro Provincias acima indicadas, e de as fortificarmos com as nossas proprias forças.

Foi huma fatuidade, que só poude caber na curta comprehensão de D. João José de Mello, Governador que foi desse Estado, persuadir-se que o Sunda depois de huma vez despojado dos seus dominios poderia conseguir de Aydar Aly Kan a restituição delles, e não foi menor fatuidade a de consentir e aconselhar ao referido Sunda de estabelecer a este fim huma correspondencia, e negociação com aquelle Regulo.

O dito Governador, se vivesse, seria responsavel na sua pessoa e com sua cabeça, por este inaudito conselho e perniciosa cooperação, feita de sua propria auctoridade, sem ordem nem participação alguma desta Côrte, de que se seguiu o que não podia deixar de acontecer, isto he, que o astuto Aydar Aly Kan, prevalecendo-se da nossa insensata credulidade, e das supplicas não menos insensatas do dito Sunda, fingiu huma apparente cessão dos dominios, que tinha conquistado, corrompeu os dois emissarios encarregados desta negociação, e estes capacitaram aos Bramanes, que governavam o mencionado Sunda, das vantagens della; resultando de tudo requererem os ditos Bramanes a V. S.ª em nome do referido Sunda a permissão de sahirem com elle dos dominios de Portugal, e de passarem para os de Aydar Aly Kan, sustentando este Regulo a dita requisição, e exigindo de V. S.ª com insultante altivez a effectiva e prompta execução della.

Não eram precisas mais luzes que as do sentido commum para demonstrativamente reconhecer que toda a idéa de Aydar Aly Kan, consistia em tirar o Sunda dos dominios de Portugal, fingir que o tomava debaixo da sua protecção, fazendo-lhe huma apparente cessão do Reino, que lhe tinha conquistado, e exigir de nós com este exemplo a effectiva restituição das quatro Provincias de Pondá, Zambaulim, Canacona e Cabo da Rama, e quando recusassemos a prompta e real entrega dellas, fazer marchar hum corpo das suas tropas debaixo da apparencia de auxiliares do Sunda, sublevar os povos das referidas quatro Provincias (o que lhe seria muito facil de conseguir) para sacudirem o jugo portuguez, e se submetterem ao seu Principe natural; inhabilitar com este estratagema todos os esforços desse Estado, que não teria forças sufficientes para conter os povos rebeldes, soccorridos e sustentados com as tropas de Aydar Aly Kan, e conseguir assim o dito Regulo apoderar-se sem grande trabalho, e com toda a segurança, da barreira dos nossos dominios para penetrar livremente no mais interior delles, e nos expulsar para sempre da Asia como e quando lhe parecesse. 1784 Março 20

Em Goa se conheceu não só este tecido de enganos de Aydar Aly Kan, mas os perniciosos fins a que elles se dirigiam, e propondo V. S.ª aos Conselheiros do Estado o que devia praticar sobre o grande empenho e repetidos esforços, que fazia Aydar Aly Kan para que o Sunda saísse dos dominios de Portugal, todos assentaram em que por nenhum modo se devia permittir a saida do dito Sunda, e disto informou V. S.ª a esta Côrte em cartas do 1.º e 2.º de Janeiro de 1781, remettendo com ellas entre outros documentos os votos dos referidos Conselheiros, os quaes sendo postos na Real presença mereceram a Real approvação, entendendo Sua Magestade que elles eram em tudo conformes com a gloria e reputação do nome Portuguez, e com os verdadeiros e solidos interesses de sua Corôa, pelos quaes se devia primeiro verter até a ultima gota de sangue dos seus vassallos, antes que elles se abatessem á vil, e ignominiosa condescendencia de entregar o innocente e illudido Sunda, e suas irmãs tão innocentes como elle, nas mãos do seu maior inimigo, e de lhe darmos igualmente na pessoa do mesmo Sunda o mais adequado instrumento, de que elle se queria servir em nosso damno e ruina. O que tudo mais extensamente referi a V. S.ª nas duas cartas, que lhe dirigi com data de 23 de Fevereiro de 1782.

1784 Março 20 Quando esta Côrte se achava na mais constante certeza do que acima fica referido, não poude ver sem horror o officio de V. S.ª que trouxe a data de 15 de Fevereiro de 1782, e os votos que o acompanharam, nos quaes os mesmissimos Conselheiros, que precedentemente tinham assentado em que por nenhum modo convinha que o Sunda saísse dos dominios de Sua Magestade, eram os mesmos, á excepção de hum, que contradictoriamente aconselhavam a V. S.ª que o deixasse saír, ou, para melhor dizer, que o entregasse com a sua familia nas mãos sanguinolentas de Aydar Aly Kan.

Examinaram-se os ditos votos, e se combinaram com os precedentes, viram-se da mesma sorte todos os mais papeis, que acompanharam assim o referido officio, como as cartas anteriores, para se poder descobrir qual seria o motivo de tão clara e manifesta contradicção, resultando destas diligencias a demonstrativa certeza que a pusilanimidade, o medo, e o terror incutido por hum simples ameaço de Aydar Aly Kan, foi a unica causa de perderem os ditos Conselheiros o uso da razão até o ponto de darem semelhantes votos, os quaes se por infelicidade nossa se tivessem seguido e executado, já teriamos visto á hora presente ao mesmo Sunda mettido debaixo da protecção de Xeque Ayas, ou ainda dos mesmos Inglezes, exigir desse Estado com as armas na mão as quatro Provincias, que formam a nossa barreira.

Para que isto não aconteça, nem V. S.ª possa ser surprendido com outros conselhos iguaes aos acima referidos, ordena Sua Magestade, que nem V. S.ª nem algum dos seus successores permittam em caso algum, qualquer que elle seja, que o Rey Sunda se ausente ou retire desse Estado sem expressa e positiva ordem desta Côrte; apartando V. S.ª da companhia e communicação do mesmo Sunda todas aquellas pessoas, que o possam induzir a querer ou solicitar a referida ausencia, propondo-lhe fortunas tão illusorias e funestas para elle e para esse Estado, como as que Aydar Aly Kan lhe preparava; e regulando-se V. S.ª quanto ao tratamento e civilidade, distincção e cautellas com o mesmo Sunda, pelo que lhe foi determinado nos dois officios de 23 de Fevereiro de 1782 acima indicados, particularmente no ultimo, acrescentando a elle, se for necessario, tudo aquillo que lhe parecer preciso para mostrar que em nenhuma outra parte póde ser o dito Sunda, nem melhor tratado, nem mais decentemente assistido; e ainda as cautelas que tomar para a sua conservação nesse Estado, e para a sua residencia em Goa, devem ser dispostas de sorte que não pareça que desconfiamos delle, nem que elle, ou por disgosto ou por mau trato, preferiria, se podesse, a protecção de outra qualquer potencia á em que seu pae, elle e a sua familia tem até agora vivido nos dominios da corôa de Portugal. 1784 Março 20

Deus guarde a V. S.ª Palacio de Nossa Senhora da Ajuda em 20 de Março de 1784. — Martinho de Mello e Castro. — Sr. D. Frederico Guilherme de Sousa. — Sebastião José Ferreira Barroco.

Carta do Secretario de Estado ao Governador

Na carta que acabo de escrever a V. S.ª, lhe participo as positivas ordens de Sua Magestade, para não permittir por modo algum que o Rey Sunda se retire desse Estado, e nesta acrescentarei o mais que Sua Magestade determina sobre a mesma materia. 1782 Fevereiro 23

Logo que o infeliz Rey Sunda, pae do Rey actual, se refugiou com a sua familia debaixo da protecção da Corôa de Portugal, para se salvar da tirannia dos Regulos seus confinantes, particularmente de Aydar Aly Kan, usurpador da maior parte dos seus dominios, o Vice Rey Conde da Ega procurou com prudente acerto estabelecer-lhe a sua residencia em a casa e quinta de Santa Rosalia, que foi dos Jesuitas, junto de Goa, pelos inconvenientes, que justamente se deviam recear de habitar huma semelhante personagem distante dos olhos do governo, e em logares chegados a huma fronteira aberta e exposta, rodeada de inimigos poderosos, que confinam com ella. D. José Pedro da Camara, Governador e Capitão General que foi desse Estado, affirma que o dito Rey Sunda chegára a habitar a referida caza e quinta de

1782 Fevereiro 23 Santa Rosalia, donde se retirou pela inconsiderada condescendencia, e inadvertida permissão do Governador D. João José de Mello.

O certo he que nem deste facto, nem do inaudito conselho e consentimento, que se attribue ao mesmo D. João José de Mello, para a negociação do referido Sunda com o Regulo Aydar Aly Kan, de que nos tem resultado os embaraços, em que presentemente nos vemos, teve esta Côrte a menor noticia, e o dito D. João José de Mello, se vivesse, seria responsavel na sua pessoa de hum comportamento tão irregular, e diametralmente opposto á segurança desse Estado, e ás intenções do Augusto Senhor Rey D. José I, que Deus tem em gloria, as quaes se manifestam nas ordens da copia junta debaixo do n.º 1.º, expedidas a D. José Pedro da Camara no anno de 1774, para a residencia do Rey Sunda na caza e quinta de Santa Rosalia, conferindo-lhe, para melhor o dispôr, as mercês e liberdades, que constam das mesmas ordens.

Ordenou-se a D. José Pedro da Camara, que presentemente se acha nesta Côrte, informasse com toda a individuação da execução que tinha dado ás mencionadas ordens, e elle respondeu com o papel junto debaixo do n.º 2.º, do qual consta que fazendo os possiveis esforços, nenhum foi bastante para persuadir o mencionado Rey, nem depois do seu fallecimento á Rainha sua mulher, a deixarem a aldeia de Bandorá, na Provincia de Pondá, para virem residir a Goa, e que com o tutor do actual Rey menor, depois da morte de sua mãe, se tinham feito as mesmas, mas igualmente inuteis diligencias.

Em consequencia desta informação, e do mais que fica referido, he certo que com o mencionado Rey Sunda pae, com a Rainha sua mulher, e com o tutor do actual Rey menor se tem feito os possiveis, mas sempre inefficazes esforços por meio da persuasão para virem residir em Goa. He igualmente certo que as diligencias tão sómente persuasivas, que em 1774 se mandaram praticar com os referidos Sundas, sem passar ás de coacção, foram em circumstancias, em que só se tratava naquelle tempo de acautelar correspondencias occultas, negociações sinistras e outros passos perigosos, que se podessem mover, e ajustar entre o Rey Sunda, e os Bragmanes seus confidentes, com os Regulos vizinhos em prejuizo desse Estado, e da segurança delle; e como nada disto havia então, mas tão sómente o receio de que o podesse haver, suspenderam-se os meios coactivos, emquanto se não visse a necessidade de usar delles. 1782 Fevereiro 23

Presentemente, porém, o caso he totalmente diverso da figura, em que se achava no anno de 1774, porque as correspondencias occultas, as negociações sinistras, e os ajustes nocivos a esse Estado já os houve, e subsistem entre o Rey Sunda, e seus Bragmanes com o Regulo Aydar Aly Kan, de que tem resultado a arrogancia, com que o dito Regulo não solicita, mas manda a V. S.ª de não embaraçar que o Rey Sunda, e toda a sua familia se retirem dos dominios de Portugal. As requisições dos Emissarios do mesmo Sunda sustentadas descobertamente pelo referido Regulo para se lhe entregarem as Provincias de Pondá, Zambaulim e mais terras desmembradas do Reino de Sunda, que por justo direito de conquista passaram do poder do Maratha para o dominio desta Corôa; a audacia com que os ditos Emissarios, confiados na protecção do dito Regulo, não recorrêram ao seu Rey, mas a elle, para obrigarem a V. S.ª a lhes dar huma resposta categorica e prompta, principalmente sobre a sahida do Rey Sunda desse Estado; e o atrevimento e temeridade, com que, não obtendo a dita resposta como queriam, hum delles intentou levar furtiva e arrebatadamente ao dito Sunda para fóra dos dominios de Sua Magestade; estes acontecimentos e o mais que consta da carta, que acabo de escrever a V. S.ª de que esta he parte, fazem ver a indispensavel necessidade, em que nos achamos, para nos servirmos de todos os meios, até os da coacção inclusivamente, a fim de embaraçar que o Rey Sunda se retire desse Estado para os dominios de Aydar Aly Kan, e que este Regulo faça delle torcedor, servindo-se do seu nome para os fins indicados na mesma carta.

E nesta intelligencia ordena Sua Magestade:

1782 Fevereiro 23 Que V. S.ª mande sem a menor perda de tempo ao Coronel Antonio de Assa, que sem grande ruido e com o possivel disfarce, tome todas as cautelas que melhor lhe parecerem, para não permittir por modo algum, que o dito Sunda ou pessoa da sua familia se retire desse Estado, nem que com engano, ou violentamente possa ser levado para fóra delle, e que todas as cartas e papeis, que se dirigirem á caza do dito Sunda, ou sahirem della, sejam apprehendidos e remettidos a V. S.ª para se examinarem e se mandarem entregar, depois de vistos, os que parecer que se devem restituir.

Que tomadas estas precauções mande V. S.ª as pessoas que lhe parecerem mais aptas e proprias a entregar ao Rey Sunda a carta junta da Rainha Nossa Senhora, intimandolhe ao mesmo tempo da parte de V. S.ª, que tem ordem de Sua Magestade para o persuadir novamente a mudar a sua residencia para a caza e quinta de Santa Rosalia, de que a mesma Senhora lhe quer fazer perpetua doação, acordandolhe as mais graças e privilegios, assim para commodidade da sua pessoa, como para o livre exercicio dos seus ritos dentro dos muros, e das portas da dita quinta e caza, tudo na mesma fórma que o Augusto Senhor Rey D. José I tinha conferido ao Rey Sunda, seu pae, e consta do documento n.º 1.º, tendo V. S.ª ordem alem do que fica referido, e logo que elle Sunda entrar na sua nova habitação, para lhe augmentar a pensão dos 20:000 xerafins, até onde se fizer preciso para o seu decente tratamento, e poderem chegar as faculdades desse Estado.

Que alem destas insinuações mande V. S.ª praticar todas as outras diligencias, que lhe parecerem mais conducentes e efficazes ao fim de persuadir o referido Sunda, e os Bragmanes que o governam, a se conformarem espontaneamente com o que se lhes propõe.

Que quando, porém, não bastem todas as referidas insinuações e diligencias para vencer a obstinada repugnancia, que até agora se tem encontrado nesta mudança, V. S.ª lhes intimará, que tem ordens positivas para que assim o dito Rey Sunda, como suas irmãs e toda a sua mais familia e comitiva, passem effectivamente para a residencia de Santa Rosalia, que lhes está destinada, e os obrigará a praticar assim, até por meio de coacção, sendo necessario. Fazendo V. S.ª porém observar tanto na execução desta diligencia como depois della concluida, todas aquellas demonstrações e civilidades, que dêem a conhecer ao mesmo Sunda e seus Bragmanes, aos habitantes desse Estado e Regulos vizinhos delle, que com a referida mudança conseguiu o mesmo Sunda o melhoramento de huma decente habitação, que certamente não tinha na aldeia de Bandorá, a mesma liberdade, ainda que com alguma cautela, de que ali gozava, e huma preservação, e segurança da sua pessoa e da sua vida, que certamente não tinha em Pondá, sendo huma Provincia aberta, e exposta aos assaltos e traições dos inimigos do sangue dos Sundas.

1782 Fevereiro 23

Devo advertir a V. S.ª, no que diz D. José Pedro da Camara, na sua informação de não ser Santa Rosalia logar seguro, nem livre de cuidado para residencia do mencionado Sunda, lembrando por melhor e mais proprio o Palacio da Praça de Mormugão. Esta escolha, porém, deixa Sua Magestade ao prudente arbitrio de V. S.ª, reflectindo comtudo que a residencia de Mormugão tem huma apparencia de prisão, que Sua Magestade não quer que appareça nesta mudança, e só no caso de não ser seguro, nem susceptivel de se poder guardar com cautela o referido sitio de Santa Rosalia, ou que o Sunda escolha por melhor o Palacio de Mormugão, he que V. S.ª o poderá mandar mudar para elle, fazendo-se-lhe as acommodações necessarias para o seu alojamento, em huma ou outra parte.

Deus guarde a V. S.ª Palacio de Nossa Senhora da Ajuda, em 23 de Fevereiro de 1782.

P. S. Junta achará V. S.ª debaixo do n.º 2.º, a copia da carta da Rainha nossa Senhora para o Rey Sunda, em que acima fallo.—Martinho de Mello e Castro.—Sr. D. Frederico Guilherme de Sousa.—Sebastião José Ferreira Barroco.

Copia dos §§ 37.º até 55.º da carta da Secretaria de Estado dos Negocios da Marinha e Dominios Ultramarinos, de 23 de Fevereiro de 1782, escripta ao Sr. D. Frederico Guilherme de Sousa, Governador e Capitão General que foi da India.

1782 Fevereiro 23

37. Quanto a se ausentar do Estado o menor Rey Sunda para os dominios de Aydar Aly Kan debaixo do fingido pretexto de hir tomar posse do seu Reino, por se persuadir, ou terem persuadido aquelle Rey infeliz que o dito Regulo lhe fizera cessão do mesmo Reino; tendo-se examinado com aquella circumspecção, que a importancia d'este negocio exige, todos os papeis, que V. S.ª remetteu relativos ao mesmo negocio, delles demonstrativamente se conhece que não ha tal cessão, e que tudo o que contém os referidos papeis he hum tecido de enganos urdidos entre o Regulo Aydar Aly Kan, o denominado General Virbadrayá, e o Bragmane Savaiá Condaxar, para os perniciosos fins, que são faceis de comprehender á vista da insaciavel ambição, e crueldade do mencionado Regulo.

38. Consta dos mesmos papeis que o referido Regulo, sendo hum Cabo de Partido ao serviço de Navarina Rama, Rey de Seringa Patana, se rebellara contra elle, e usurpandolhe o Reino, o fez morrer em huma prisão. Consta que o mesmo Regulo com traição e aleivosia, invadindo o Reino do Canará, prendera a Rainha Dominante nelle, e a fizera acabar a vida em huma prisão, mandando depois assassinar todos aquelles Magnatas, que poderiam pretender a successão do Reino. Consta que assaltando o mesmo Regulo a fortaleza e jurisdicção de Guti, pertencente a Murar Rão, e os dominios do Rajá Borma, usurpára estas possessões, fazendo acabar as vidas em duras prisões aos senhores dellas.

39. He igualmente constante que no anno de 1764 invadiu o mesmo Regulo o Reino de Sunda, occupou grande parte delle, e até se apoderou das praças do Piro e do Ximpim, logo que inconsideradamente, e com grave prejuizo desse Estado, se mandaram entregar ao mesmo Sunda; e este infeliz Potentado, e a sua familia correriam a mesma sorte de

todos os outros acima indicados, que acabaram as vidas em duras prisões, se não buscasse o amparo, e o asylo da Corôa de Portugal, refugiando-se nos seus dominios. 1782 Fevereiro 23

40. Do referido resulta que he preciso ter perdido todo o uso da razão para crer que hum tyranno, que por huma successiva, e não interrompida serie de factos tem mostrado que todo o barbaro systema, com que se tem feito poderoso, consistiu e consiste em usurpar os dominios alheios, e fazer perecer em duras prisões aos senhores delles, queira presentemente por huma condescendencia diametralmente opposta, chamar o Sunda para os seus dominios a fim de lhe entregar o Reino, que lhe usurpou; e que isto não seja ao contrario hum artificioso engano, e hum fingimento capcioso para apartar, e privar o mesmo Sunda, e suas innocentes irmãs menores do amparo e protecção da Corôa de Portugal, a fim de praticar com o pequeno resto desta innocente familia o mesmo que tem feito com todos os Magnatas e Potentados, que depois de despojados dos seus dominios tiveram a infelicidade de cahir nas crueis e sanguinolentas mãos do dito Regulo.

41. O mesmo Regulo depois de ter occupado huma grande parte do Reino de Sunda, e de se ter refugiado o dito Rey Sunda nos dominios desse Estado, não proseguiu a sua invasão nas Provincias de Pondá, Zambaulim, e outros dominios, que tambem faziam parte do referido Reino, por se achar a Corôa de Portugal de posse delles, tendo-os conquistado ao Maratha, a quem o Sunda os tinha entregue, e não ser conveniente a Aydar Aly Kan naquelle tempo empenhar-se em huma guerra contra este Estado; não perdeu, porém, as esperanças, nem os desejos desta conquista que ainda lhe faltava, como bem observou o Coronel Antonio de Assa das conferencias, que teve com o dito Regulo, de que informou a V. S.ª nos termos segeintes: «A esta conferencia assistia Apagi Ramo, o qual da parte do Nababo Aydar Aly Kan, fallou em Pondá, Canacona, e Cabo da Rama sobre lhe pertencerem, ou serem pertencentes ao Reino de Sunda, e estando o dito Apagi Rama nesta exposição, lhe disse o Nababo: «deixe-se

1762 Fevereiro 23 disso; vamos a negociar o hir-se contra os Inglezes.» Não quiz o dito Regulo que o referido Coronel percebesse as suas intenções sobre os mencionados dominios, nem as sinistras e astuciosas idéas, com que meditava empossar-se dellas na fórma que abaixo se dirá; e por isso interrompeu o discurso de Apagi Ramo.

42. Tambem o mesmo Regulo não perdeu as esperanças nem os desejos de extinguir e acabar de todo o sangue dos Reys Sundas, logo que se apresentasse huma occasião favoravel de o poder fazer, para se livrar elle, e a sua descendencia deste unico, e legitimo concorrente, que ainda lhe obstava á segurança das suas usurpações.

43. Esta occasião favoravel se lhe apresentou na resolução, que o Rey Sunda, Pai do Rey actual, tomou em mandar o denominado General Virbadraiá, e outro seu confidente a negociar com Aydar Aly Kan a restituição do Reino, que elle tinha usurpado, sendo tão inadvertido o governo de Goa daquelle tempo, que em logar de não consentir por modo algum em huma semelhante determinação, pelas perniciosas consequencias que della se poderiam seguir, e resultaram depois, como agora succede, elle foi o que mais a promoveu com o seu conselho e consentimento, sem ordem, nem participação alguma desta Côrte.

44. Logo que Aydar Aly Kan viu os dois Emissarios do Sunda na sua presença, e soube qual era o negocio, de que vinham encarregados, tomou o partido que bem se podia esperar, de os mandar prender, e os deteve nesta figura por alguns annos. Falleceu neste intervallo o Rey Sunda, Pai, e pouco tempo depois a Rainha sua mulher, ficando-lhe hum filho menor, que he o actual Rey Sunda, e duas filhas, tambem menores, entregues a hum tutor denominado Adicary Sivagi Panta, sogro do dito menor, e outros Bragmanes.

45. Achando-se a pequena côrte do mesmo Sunda nesta triste situação de huma menoridade, e entregue a gentes de pouca fidelidade, e de facil corrupção, entendeu o Regulo Aydar Aly Kan, que esta era occasião mais favoravel de poder praticar com socego todas as suas perniciosas astucias;

assim para colher á mão o infeliz Rey Sunda, e a sua familia, como para se apoderar sem grande trabalho dos dominios desmembrados daquelle Reino. 1782 Fevereiro 23

46. Com este fim fez sahir da prisão aos Emissarios do Sunda, e procurou modos e meios de os corromper, entre os quaes foi hum o de conferir ao General Virbadraiá o arrendamento das terras do dito Reino por 50:000 Pagodes, preço por que as trazia outro rendeiro, ao qual as tirou para as dar ao dito Virbadraiá; e ganhou igualmente por outro semelhante modo ao astuto Bragmane Sivaiá Cundexar, e com estes dois Emissarios do Sunda, corrompidos e ganhados ajustou, ou fingiu que ajustára a entrega do Reino na forma seguinte.

47. Que o Sunda com a sua familia e comitiva sahiria dos dominios de Portugal para o sitio que o Regulo Aydar Aly Kan destinaria; que antes de lhe entregar o Reino lhe pagaria o mesmo Sunda 100:000 Pagodes; e que depois que o Regulo Aydar Aly Kan se embolçasse desta somma, lhe mandaria entregar o dito Reino, á excepção de alguma Praça, e com a obrigação de hum feudo annual de 50:000 pagodes, pagos pelo Sunda ao referido Regulo.

48. Isto he em sustancia o que os ditos Emissarios Virbadraiá e Sivaiá Cundexar dizem que ajustaram com o Regulo Aydar Aly Kan, sem mostrar tratado, escriptura, ou outro algum titulo por onde conste do referido ajuste, mais que a simples e suspeitosa asserção dos mesmos Emissarios; mas ainda quando fosse verdadeiro o que os mesmos Emissarios asseveram, disto mesmo se mostra a cavillação, e infidelidade, com que o dito ajuste foi feito, porque impondo-se ao Sunda a obrigação de pagar 100:000 pagodes antes de se lhe entregar o Reino, e não tendo elle, como certamente não tem, com que satisfazer esta somma, sendo-lhe preciso desfazer-se das suas joias, e contrahir empenhos para dar metade della, he evidente que nunca poderá entrar na posse do mesmo Reino pela impossibilidade de prehencher a condição que se lhe impoz para lhe ser restituido; e alem disto sendo obrigado o mesmo Sunda a pagar annualmente 50:000 pagodes

1782 Fevereiro 23 de feudo, que he pouco mais ou menos o que rendem aquelles dominios, e o preço porque Aydar Aly Kan os trazia, e traz arrendados, fica a dita restituição sendo illusoria e vã pela total falta de meios, a que o Sunda se achava reduzido para se poder sustentar.

49. Não obstante, porém, toda a iniquidade de semelhante ajuste, que reduz ao mesmo Sunda, e toda sua familia á ultima penuria e indigencia, assim elle, como o seu tutor e Bragmanes, que o governam, mostram huma grande satisfação de se haver feito, solicitando instantemente a V. S.ª em consequencia delle a concessão, e passaportes para se poderem transportar ao sitio, que Aydar Aly Kan lhe destina, o que faz presumir que alem dos ajustes, que os Emissarios do Sunda declaram, ha outros que occultam, em que o mesmo Sunda e seus Bragmanes esperam ficar com rendas sufficientes, que substituam as do feudo, que lhe foi imposto, e he muito para presumir que o dito ajuste seja, e lhes haver promettido Aydar Aly Kan que logo que o Sunda se ausentar dos dominios desse Estado, lhes hão de ser restituidas as Provincias de Pondá, Zambaulim, e mais terras desmembradas do seu Reino, e que quando a Corôa de Portugal não as queira entregar livremente, o dito Regulo as fará restituir por via das armas.

50. Esta presumpção não só é fundada no contentamento e satisfação, que mostram o Sunda, e seus Bragmanes dos ajustes feitos com Aydar Aly Kan, mas da representação que fizeram a V. S.ª os dois Emissarios do mesmo Sunda, Adicary Sivaiá, e Sivaiá Condexar, pedindo-lhe claramente, e sem algum rebuço, não só a concessão para sahir o Sunda com toda a sua familia dos dominios desse Estado, mas para se lhe entregar Pondá, Zambaulim, Canacona, Cabo da Rama e sua jurisdicção, e alem disso a doação de algumas Aldeias do rendimento de 20:000 xerafins; encontrando os ditos Emissarios difficuldade em huma e outra concessão, disfarçaram a da restituição dos dominios, e insistiram vehementemente na partida do Sunda, dando parte a Aydar Aly Kan das difficuldades e demoras, que encontravam em Goa para se lhes deferir; e aquelle Regulo vendo que todo o successo

do seu pernicioso plano dependia da sahida do Sunda dos dominios desse Estado, escreveu a V. S.ª e fallou com efficacia ao Coronel Antonio de Assa para que sem demora se lhe concedesse a licença pedida; e com o Rey Sunda em Carta ou Parvana de 18 de Outubro de 1780 se explicou ao mesmo respeito nos termos seguintes: «Sendo me presente que vindo vós para os dominios, o Governador de Goa vos dilatava, sem vos dar passaporte, ao seu Procurador Coronel, que fica em minha presença, dei ordem, e vae expressa determinação, e agora não vos impedirão mais. Vós me dareis parte por escripto da vossa chegada aos dominios com o vosso fato; e para a vossa residencia vos mandarei dar a praça que quizeres.» 1782 Fevereiro 23

51. Com estas e outras arrogantes requisições do dito Regulo cresceu a audacia dos Emissarios do Sunda, insistindo com importunidade na prompta expedição da licença pedida, e não se lhe acordando, intentou o Bragmane Sivaiá Condaxar levar furtivamente o Rey Sunda para os dominios de Aydar Aly Kan, e o tivera conseguido, se V. S.ª o não houvesse embaraçado com a prudente cautella de mandar recolher em segura custodia na fortaleza de Mormugão ao referido Bragmane, que com justos e solidos fundamentos entende ser o principal instrumento, a quem Aydar Aly Kan tem confiado toda a execução do seu pernicioso projecto, o qual á vista do que fica referido bem se póde prudentemente crer que todo elle se dirige aos seguintes fins.

52. Primeiro: de tirar o Rey Sunda, e toda a sua familia dos dominios e protecção de Portugal, e de o fazer conduzir para os delle Aydar Aly Kan, debaixo do especioso pretexto de lhe restituir o Reino, que lhe tinha usurpado. Segundo: logo que o dito Regulo vir o referido Sunda debaixo do seu poder e dominação, de se fingir hum officioso protector do mesmo Sunda, e de exigir para elle a restituição das Provincias de Pondá, Zambaulim, e mais terras desmembradas daquelle Reino, que se acham incorporadas nesse Estado. Terceiro: no caso em que lhe não acorde huma prompta, e voluntaria entrega dos ditos dominios, de fazer marchar para elles hum

1782 Fevereiro 23 certo numero de tropas auxiliares do Rey Sunda para occupar os mesmos dominios, que os Portuguezes lhe não querem restituir. Quarto: de persuadir aos habitantes daquellas Provincias que elle Regulo os auxilia para sacudirem o jugo dos Portuguezes, e tornarem a ser vassallos do Rey Sunda, induzindo-os com este engano a se sublevarem contra esse Estado, para se metterem debaixo do dominio do seu Rey natural, successor, e descendente dos Reys Sundas, a quem seus paes e avós sempre obedeceram, e reconheceram por seus Soberanos. Quinto: de fazer inefficazes com este estratagema todos os esforços desse Estado, que não poderá ter forças sufficientes para submetter os povos sublevados de Pondá, e das mais Provincias, sendo elles auxiliados pelas tropas de Aydar Aly Kan. Sexto, e ultimo: logo que o dito Regulo tiver conseguido por meio d'este artificio a conquista das referidas Provincias, e subjugado os povos dellas, de fazer então prender ao infeliz Rey Sunda, e a toda a sua familia, praticando com elle e ella o mesmo que com todos os outros Principes e Magnatas, a quem tem usurpado os dominios, e feito perecer em duras e rigorosas prisões.

53. Sendo estes os fins, ou as consequencias, que he muito para temer se possam seguir da sahida do mesmo Rey Sunda desse Estado para se hir metter com suas innocentes irmãs, tambem menores, nas mãos sanguinolentas, e ambiciosas do Regulo Aydar Aly Kan, não poderia haver imprudencia maior que a de consentirmos na ausencia do dito Rey, e de nos sujeitarmos com timida e pusillanime condescendencia ás arrogantes e audazes requisições do mencionado Regulo, que quanto mais esforços fizer para conseguir a sahida do mesmo Rey dos dominios de Portugal, mais vehementes indicios nos dá das sinistras pretenções do seu perverso animo.

54. Sem que obste dizer-se que se não condescendermos com a vontade do dito Regulo, elle nos moverá huma guerra funesta, porque muito mais funesta he a guerra que elle nos póde, ou nos quer mover, logo que tiver o Rey Sunda, e a sua familia debaixo do seu dominio, pelas rasões que ficam acima indicadas.

55. Tambem não obsta poder-se entender que negando-se ao Rey Sunda a permissão, que elle mesmo pede para se ausentar dos nossos dominios, isto he o mesmo que converter em captiveiro o asylo e protecção, com que elle e seus paes tem agora residido nos nossos dominios, porque não he o Rey Sunda o que solicita a dita permissão, mas são o denominado General Virbadraiá, e o Bragmane Sivaiá Condaxar, contaminados por Aydar Aly Kan, e são Adicary Sivayá, e os Bragmanes, que governam o dito Menor, os que a pedem, como he constante, servindo-se unicamente do seu nome, e constrangidos do terror, que lhes tem incutido o referido Regulo; logo, porém, que o mesmo Sunda, e os do seu governo não estiverem corrompidos pelo mencionado Regulo, conhecerem as fataes consequencias, que lhes resultariam de se ausentar dos dominios de Portugal para se entregarem nas mãos do maior inimigo do sangue dos Sundas, elles mesmos hão de confessar que Sua Magestade nunca exercitou hum acto mais conforme com a sua Real e benigna protecção por esta infeliz familia, que negando a licença que se lhe tem pedido em nome do dito Sunda; e nesta conformidade approva Sua Magestade a prudente e acertada resolução de V. S.ª de não permittir a sahida do mesmo Sunda, e lhe ordena de tomar todas as efficazes cautellas, que V. S.ª entender indispensavelmente necessarias para que o dito Sunda se conserve com toda a segurança nesse Estado, e que não aconteça por modo algum que ou enganado, ou violentamente se retire, ou seja arrebatado delle; praticando V. S.ª alem disso o mais que lhe participo na carta junta debaixo da letra B.— Sebastião José Ferreira Barroco.

1782 Fevereiro 23

N.º 9

Resposta, que por ordem do Ill.mo e Ex.mo Sr. Governador e Capitão General dei vocalmente, no dia 22 de Novembro de 1790, á Exposição, que o Sar Dessay Goviuda Naique me fez no dia 16 do referido mez para a pôr na presença de S. Ex.ª da parte de seu Amo.

1790 Novembro 22 Fica já incorporada na carta do Governador ao Secretario d'Estado, Martinho de Mello e Castro, de 30 de Novembro de 1790, a pag. 21 deste tomo.

Memoria que mostra o justo procedimento do Magestoso Estado na proxima acquisição que fez da praça do Piro

(Arch. da India, livro de Reis visinhos, fol. 74.)

1791 Esta Praça, chamada vulgarmente do Piro, e por outro nome de Sadassiva Goddo [1], que he situada nos limites do Reino de Sundem, immediatos á Provincia de Canacona do Magestoso Estado, foi conquistada pelo mesmo Magestoso Estado ao Reino de Sundem no anno de 1752, e por hum Tratado celebrado no anno de 1762 entre o mesmo Magestoso Estado e o Rey de Sundem, Sadassiva Savai Imaddi se retirou della a guarnição Portugueza, ficando entregue ao mencionado Rey, com declaração de que este não a faria passar a differente dominação; porém, como no anno de 1763 foi invadido o referido Reino por Aydar Aly, sem outro algum motivo mais, que o da maior força, e do costume em que estava de fazer semelhantes injustiças, veiu o Reino de Sundem a ficar possuido com a sobredita Praça pelo dito Aydar Aly, e depois por seu filho Tipú, refugiando-se nas terras do Magestoso Estado o Rey, que então era actual, que foi sustentado e tratado com toda a decencia por esta Côrte, o que continuou a fazer com seu filho, a quem esta Côrte reconhece e chama Rey de Sundem.

[1] Que vulgarmente se diz *Sadassigór* ou *Sadashigór*.

Por estes factos, que mostram o claro direito que o Magestoso Estado tem á Praça do Piro, buscou sempre o Magestoso Estado de se apoderar della em todas as occasiões que lhe pareceram opportunas, e por isso nos annos de 1768 e de 1783 fez contra ella movimentos publicos, que não chegaram a ter effeito, por varias circumstancias, que então occorreram. 1791

Entendendo o mesmo Magestoso Estado, que no tempo presente se offerecia outra nova occasião propria de recuperar aquella Praça, e de a unir aos seus dominios em razão da guerra, em que está involvido o mencionado Tipú, declarada ao Illmo e Exmo Sr. Governador e Capitão General por Robert Abercoromby, Governador de Bombaim, que o convidou a fazer por estas fronteiras as hostilidades que podesse ao dito Tipú, mandou S. Ex.ª formar hum corpo de tropas em Agosto do anno proximo passado nos ultimos limites de Canacona, e pelo honrado Nil Naique, Dessay da mesma Provincia, fez escrever aos Quiladares do Piro para lhes tentar o animo, e ver se podia conseguir delles por negociação a entrega da mencionada Praça, sem que fosse necessario que o mesmo corpo de tropas se avançasse a tomal-a á força de armas, pois que para este effeito estava prevenido com todos os petrechos de guerra, que lhe eram necessarios.

Os mencionados Quiladares receiosos da resolução do Magestoso Estado, ou querendo talvez tirar bom partido da entrega, que se lhes pedia, foram demorando a negociação com palavras duvidosas, até que se mostraram mais faceis em ceder a ella, e consentir que as ditas tropas do Magestoso Estado entrassem no Piro amigavelmente.

Neste mesmo tempo em que o Magestoso Estado estava para se apoderar da referida Praça, constou a S. Ex.ª que hum Ravayá, pessoa do actual Rey de Sundem, tinha alcançado do General Maratha Parisrama Panta licença para entrar na conquista daquelle Reino, pagando os antigos tributos ao Sarcar de Punem pelo mesmo modo que o dito General havia concedido iguaes licenças ao Dessay de Quitur, ao Nababo de Saunur, ao Rey de Biligui, e aos Regulos de Copal,

1791 e Dambal, e que já em nome do dito Rey de Sundem havia o dito Ravayá feito varias conquistas, arvorando a bandeira do dito Reino nas vizinhanças do exercito maratha, que estava sobre Darhwar, como especialmente fez em Udduem e Elapur.

Poucos dias depois de se receberem nesta Côrte as mencionadas noticias, apresentou nella pelos seus Ministros o referido Rey de Sundem as que recebera directamente do dito Ravayá, implorando do Magestoso Estado a continuação daquelle mesmo patrocinio, que por tantos annos havia concedido ao Rey seu pae, e a elle, e pedindo positivamente hum acto publico e prompto, que fizesse manifesto o sobredito patrocinio, porque julgava que assim conseguiria facilmente a conclusão dos seus ajustes no Sarcar de Punem.

Nesta situação das cousas assentou S. Ex.ª ser proprio da generosidade do Magestoso Estado o conceder ao dito Rey o patrocinio publico, que lhe pedia, não lhe podendo nem passar pelo pensamento que elle fosse desagradavel ao Sarcar de Punem ligado pela palavra do seu General, e pela antiga amizade e alliança, que tivera com os ascendentes deste infeliz Rey, e nesta segurança concedeu effectivamente o dito patrocinio, e mandou reforçar o dito corpo de tropas, para que sem mais demora, ou se concluissem as negociações acima referidas, ou se escalasse a Praça.

Aconteceu isto no mez de Janeiro do presente anno (1791), e ainda o General que commandava as tropas Portuguezas para executar as ordens de S. Ex.ª achou que poucos dias antes tinham chegado áquella jurisdicção dois Cabos Marathas, chamados Babú Ráo Saloco, e Sacó Ramachandra, que juntos com Bicapá, irmão de Raulopá, ministro do Dessay de Quitur, andavam roubando, e assolando os povos sem piedade, e fazendo mutuas hostilidades huns aos outros por causa dos mesmos roubos, sem que a algum delles lembrasse o tomar a fortaleza do Piro, porque lhe faltava tudo quanto lhes era necessario para este effeito.

Vendo isto o sobredito nosso General na pequena marcha que fazia nos limites do Magestoso Estado até o Piro, respondeu a hum Rogu Xette Parcar, mandado pelos sobreditos roubadores a persuadil-o a que se não avançasse, porque elles estavam cercando o Piro, que não podia dar credito ao contrario do que via com os seus olhos, os quaes lhe mostravam não haver semelhante cerco, nem o poder haver, porque lhes faltava a artilharia, e tudo mais que lhes era necessario, mas que como o procedimento do Magestoso Estado era concorde ao do Sarcar de Punem, que fallasse elle dito Rogu Xette Parcar ao cunhado do Rey de Sundem, chamado Devayá, que vinha no exercito Portuguez, e que este lhe explicaria a razão do presente movimento, porém, o sobredito Rogu Xette, sem querer entrar em semelhante explicação, se retirou sem voltar mais ao campo. 1791

Observando o referido General, que os ditos roubadores não faziam acção alguma contra a dita Praça, e querendo tirar-lhes todo o motivo de desconfiança, fez declarar aos sobreditos Cabos que tratassem de a conquistar até o dia seguinte, porque quando assim o não praticassem, elle o faria com a gente do Sunda, e com o auxilio que as tropas Portuguezas lhe vinham prestar, e porque elles lhe declararam, que não podiam conquistar a dita Praça, se apoderou della o mencionado General, concluindo aquella mesma negociação, que o Magestoso Estado tinha principiado desde o mez de Agosto do anno proximo passado, quando nenhumas tropas marathas andavam por aquellas vizinhanças, de sorte que o corpo das tropas Portuguezas e do Sunda entrou no Piro sem ver, nem romper fachinas, baterias ou corpo algum maratha, nem haver tiro ou hostilidade de parte a parte.

Acontecendo a conquista da dita Praça pelas dez horas da noute do dia 30 de Janeiro do presente anno, appareceu nesta Côrte no dia seguinte pela manhã o mesmo Rogu Xette Parcar com cartas dos ditos Cabos dirigidas a S. Ex.ª affirmando que com ellas fôra expedido cinco dias antes. Leu S. Ex.ª as mencionadas cartas, e como por ellas lhe certificavam os referidos Cabos, que estavam cercando o Piro quando o General Portuguez se avançava com as tropas do Magestoso Estado, e não constava a S. Ex.ª a verdade dos factos acima referidos, e muito menos a conquista daquella

1791 Praça feita poucas horas antes, lhes respondeu em summa: que lhe causava novidade tudo quanto referiam nas suas cartas; que as intenções do Magestoso Estado eram patrocinar o Rey de Sundem, o qual apresentára nesta Côrte huma ampla licença do General Parisrama Panta para poder fazer a conquista do seu Reino; e que, finalmente, estimava que não tivesse havido hostilidade de parte a parte, porque mandava ordem ao General Portuguez para que em obsequio ao Felicissimo, não desse passo algum na conquista da mencionada fortaleza, tratando amigavelmente com os ditos Cabos os pontos essenciaes desta materia, para tudo se acabar sem discordia.

Eis aqui huma verdadeira deducção do facto respectivo á conquista do Piro, em que se mostra visivelmente o obsequio do Magestoso Estado para com o Sarcar de Punem, pois que sendo innegavelmente licito ao mesmo Magestoso Estado tomar o Piro em seu nome, ou fazer a Tipú todas e quaesquer hostilidades que bem lhe parecesse, sem ficar responsavel senão ao mesmo Tipú, a quem as fazia, quiz por generosidade propria e por seguir as intenções do Sarcar de Punem, publicadas pelo seu General na sobredita ampla licença concedida ao dito Sunda, patrocinar este para que se apoderasse do seu Reino, de que he parte a dita Praça, e fazendo os seus ajustes em Punem, subisse ao throno de seus maiores com gloria não só do Magestoso Estado, mas tambem da Côrte de Punem, que por Tratados antigos he obrigada a fazer este restabelecimento.

Sem embargo deste justo, regular e obsequioso procedimento do Magestoso Estado tiveram, porém, os sobreditos Cabos, e Gangador Panta, Subedar de Griem, o atrevimento de informar falsamente ao Felicissimo e ao seu primeiro Ministro, affirmando que elles tinham cercado, batido, fachinado e derrubado hum baluarte do Piro, quando as tropas Portuguezas se apoderaram desta Praça.

Ao mesmo tempos que chegaram estas falsas noticias a Punem, chegou ordem de S. Ex.ª ao Embaixador, que conserva naquella Côrte para que désse nella parte da conquista do

Piro, e dos intentos obsequiosos e amigaveis que o Magestoso Estado tivera neste seu procedimento; porém, o dito primeiro Ministro, preoccupado das falsas informações que recebera, persistiu sempre sustentando que a dita Praça estava cercada, batida, fachinada e com hum baluarte arruinado pelas tropas marathas, quando as Portuguezas se apoderaram della, e que nestes termos devia ser restituida ao dito Sarcar, sem poder negar, antes confessando a licença acima tantas vezes referida. 1791

Com este fundamento escreveu o dito primeiro Ministro a S. Ex.ª reclamando a posse da mencionada Praça, e tanto pelas instrucções, que se tem mandado ao dito Embaixador, como pela resposta que S. Ex.ª tem dado á dita carta, se tem mostrado que os ditos Cabos na sua falsa informação trataram de occultar os roubos que fizeram, para que lhes não pedissem conta delles, julgando que os não tinham feito, e que se empregaram na conquista do Piro; que Gangadar Panta fôra ao principio enganado pelos referidos Cabos, e que presentemente tem declarado a esta Côrte que lhe não está bem desdizer-se, posto que conhece que Babú Rao Saloé, cabo de humas embarcações, que mandára ao Piro, se enriquecera com muitos roubos, que fez áquelle povo, e de que não deu declaração alguma; que se fazia impraticavel ser cercada e batida a mencionada Praça sem artilharia, nem petrechos alguns proprios, que com effeito não tinham os ditos Cabos, como o Ministerio de Punem sabe e deverá declarar, se quizer tratar este negocio com a devida sinceridade; que se o cerco estivesse feito, não poderiam as tropas Portuguezas rompel-o e entrar naquella fortaleza sem fazerem aos referidos Cabos, e á sua gente alguma hostilidade, a qual não houve; e que, finalmente se se tivessem postado algumas baterias, levantado trincheiras, e derrubado hum baluarte, haveria signaes de tudo isto no terreno, e nas muralhas da dita Praça, os quaes não existem, como será facil verificar por quaesquer commissarios que de huma e outra parte forem proceder a hum exacto e imparcial exame.

1791 Parece que convencido destas razões, ou de algumas informações posteriores, que recebeu o dito primeiro Ministro, já não segue este mesmo fundamento, mas se restringe sómente a dizer que como o Magestoso Estado sabia que aquelle Sarcar tinha declarado guerra a Tipú, não devia o Magestoso Estado fazer guerra a este Nababo, nem conquistar parte alguma dos seus dominios. Como este fundamento se mostra por si mesmo de nenhuma subsistencia, porque nunca jamais se entendeu que quando huma Potencia faz guerra a outra fique logo senhora de todos os dominios desta, de tal sorte que nenhuma outra diversa Potencia se possa apoderar delles, por isso não tratou S. Ex.ª de o convencer, porque se capacita que o dito primeiro Ministro tem bastantes conhecimentos para não cahir em semelhante erro de direito publico.

Nestes termos se conserva a presente negociação, sem que o dito Sarcar se dê por satisfeito e convencido de que foi justo o sobredito procedimento do Magestoso Estado, o qual continuando o mesmo obsequio que sempre intentou fazer-lhe, não tem avançado conquista alguma, nem em seu proprio nome, nem auxiliando o Rey de Sundem, e tem guarnecido com tropas Portuguezas o Piro legitimamente adquirido, e que lhe não será possivel ceder pela injuria publica, que dahi lhe resultaria, na qual deveria tambem considerar o Ministerio de Punem, pois que nada lhe he honroso faltar á palavra do seu General, e estranhar que se fiasse nelle huma nação amiga e alliada. Deve notar-se que a Praça de Piro he de nenhum interesse a Punem.

Carta do Governador Francisco da Cunha e Menezes ao Secretario d'Estado Martinho de Mello e Castro

(Arch. da India, livro das Monções, n.º 172, fol. 731.)

1791 Abril 18 1. Ill.mo e Ex.mo Sr.—Serve esta de continuação ás tres importantissimas cartas, que em data de 30 de Novembro, e 4 de Dezembro do anno proximo passado dirigi a V. Ex.ª pelo navio por invocação *Nossa Senhora da Conceição e Princeza de Portugal*, Capitão Bernardo José da Silva, e senhorios Ribeiro Hubens & C.ª 1791 Abril 18

2. Continham as ditas duas primeiras cartas o progresso da guerra dos Inglezes; os meios de que estava usando para me senhoriar da Praça do Piro antes que os ditos Inglezes se apoderassem della; a Exposição que o Rey Sunda me havia mandado fazer da favoravel situação das suas negociações com o progresso de algumas conquistas já feitas em seu nome no Reino de Sundem; e a perplexidade em que me punham as ordens Reaes miudamente detalhada na proposta, que fiz aos dois Conselheiros do Estado, o Marechal de Campo Francisco Antonio da Veiga Cabral, e o Chanceller José da Rocha Dantas e Mendonça, junta por copia á dita minha carta de 4 de Dezembro.

3. Como a liação, que estes negocios tinham entre si, os veiu unir principalmente pelo que diz respeito ao Piro, e ao Sunda, tratarei destes juntamente nesta carta, expondo por sua ordem o mais que tem acontecido até o presente.

4. Recebi os Pareceres dos ditos Conselheiros da copia n.ºs 1.º e 2.º e como o voto de ambos vinha a concordar em que nem em nome do Estado, nem do Sunda se devia tomar á força de armas a Praça do Piro, e que a este Rey nem eu devia permittir que se retirasse do Estado a tratar do seu restabelecimento, nem prender para que o não fizesse, entrei a ver se podia pôr em execução os ditos Pareceres, posto que elles eram em grande parte mais proprios para se escreverem do que para se executarem.

5. Expedi logo para Punem a Vital Ráo Gorqui, Bragmane, Cabo de hum pequeno partido de Sipaes do Estado, conhecido naquelle Sarcar por outras negociações, a que ali fôra mandado, e lhe dei as Instrucções constantes da copia n.º 3.º, que tinham por fim averiguar disfarçadamente a figura em que estavam as negociações do Sunda naquella Côrte, participar-mas, e lembrar áquelle ministerio quanto prejudicial póde ser á Nação Maratha o demasiado poder dos Inglezes nesta Peninsula.

1788 Fevereiro 5 6. Nesta mesma occasião com pouca differença de dias havia mandado o dito Rey Sunda pedir ao Desembargador Secretario do Estado, que com licença minha lhe fosse fallar, e consentindo eu nesta conferencia, expoz o mesmo Rey ao dito Ministro em summa: Que o Estado não podia ter razão alguma justa de lhe impedir que elle se aproveitasse da occasião, que se lhe offerecia favoravel para subir ao throno dos seus Maiores; que os seus Cabos haviam feito algumas conquistas publicamente em seu nome, arvorando em varias fortalezas a bandeira de Sundem; que elles mesmos lhe escreviam persuadindo-o a que mandasse hum Ministro ao exercito Maratha para fazer os seus ajustes com o General Parisrama Bau, que o procurava; que o Estado não podia querer que o dito Reino cahisse antes na mão dos Marathas ou Inglezes do que na delle Rey Sunda, que sempre lhe faria melhor vizinhança, e se consideraria como vassallo de Sua Magestade Fidelissima; e que finalmente estivesse certo que se me dava cuidados publicos, não mos havia dar particulares, porque bem sabia que lhe não era licito retirar-se de Goa sem licença de Sua Magestade, pelo que no caso de recuperar o seu Reino, estava com animo de se não ausentar sem ella, e de me pedir um quarto do meu palacio para morar entretanto, a fim de que não houvesse algum ridiculo, que quizesse metter-me qualquer enredo.

7. O dito Secretario do Estado respondeu ao mesmo Rey seguindo o meio termo da resposta, que antecedentemente havia dado em meu nome á Exposição mencionada na dita minha carta de 30 de Novembro, firmando se principalmente em ser a materia de tanta importancia que para me deliberar nella, e não comprometter imprudentemente o Estado, necessitava ter primeiro huma muito miuda, e exacta informação dos termos actuaes deste negocio, a qual só pedia receber pelo Emissario que mandava a Punem.

8. Porém, o dito Rey conhecendo que o queriam entreter, instava que elle não pretendia movimento do Estado, que pedisse madura e prudente consideração antecipada, mas sómente que lhe não fosse prohibido mandar hum Ministro a

Dharwar para animar os seus Cabos, e ultimar os ajustes, que elles tinham principiado com o General Maratha Parisrama Bau, antes que se perdesse a opportunidade desta boa occasião. 1791 Abril 18

9. Para me mostrar bem claramente que não ficara convencido com as respostas geraes do dito Secretario do Estado, me escreveu o mesmo Rey em 13 de Dezembro do anno proximo passado a Carta da copia n.º 4.º na qual em summa me refere a necessidade, que obrigára seu Pay a buscar o patrocinio do Estado, lembra-se da Carta de consolação, que recebeu de Sua Magestade em data de 28 de Fevereiro de 1782 da copia n.º 5.º e se lastima amargamente de que as terras de hum valido do Estado sejam dominadas por hum estranho, e não por elle dito Sunda, concluindo que sem que mande Procurador ao exercito, não póde alcançar a liberdade e socego do seu Reinó.

10. A esta carta respondi o que consta da copia n.º 6.º, continuando o mesmo fundamento das respostas antecedentes; mas não se satisfazendo com as minhas dilações o dito Rey, por entender o fim a que se dirigiam, e que lhe eram prejudiciaes, me replicou pela carta da copia n.º 7.º em data de 23 do mesmo mez.

11. Como desejava dar-lhe o menor numero de respostas, que me fosse possivel, por escripto, a fim de que se não servisse dellas, ou para com o Ministerio de Punem, ou para com o General Maratha, e ao mesmo tempo não queria exasperar-lhe o animo com huma negativa absoluta, lhe respondi succintamente que mandasse um dos seus Ministros fallar com o Secretario do Estado sobre a materia da dita carta.

12. Não deixou de hir o dito Ministro no dia 30 do mesmo mez a casa do Desembargador Secretario do Estado, que na dilatada conferencia, que teve com elle, fez quanto foi possivel para lhe persuadir que não era util ao Sunda, nem decente ao Estado, enviar o mesmo Sunda Ministro algum seu ao General Maratha, e que se devia contentar com o obsequio, que o mesmo Estado lhe fazia de expedir hum Emissario a Punem só para se informar, e adiantar as negociações delle

1791 Abril 18 dito Rey, que por si nada podia fazer em razão de lhe faltarem todos os meios de conquistar o seu Reino.

13.º Foram inuteis todas as persuasões do dito Secretario do Estado, porque o Ministro do Sunda oppondo razões a razões, declarando os motivos porque lhe era indispensavel e necessario que seu Amo animasse os Cabos, que em seu nome haviam já adiantado algumas conquistas, e que mandasse o Procurador, que o General Maratha lhe tinha pedido, se lastimava de perder seu Amo a presente occasião, e com ella o proprio Reino para sempre sem utilidade alguma do Estado, mas sim com prejuizo do mesmo Estado, a quem seria mais util ter por vizinho seu Amo do que os Marathas ou Inglezes, que na falta delle ficariam senhores do Reino de Sundem, e entre as muitas expressões, que fez, soltou com bastante disfarce as seguintes proposições.

14. 1.ª Que seu Amo ainda que recuperasse o Reino de Sundem, se obrigava a existir no Estado o mais perto que fosse possivel de quem o governasse, até que Sua Magestade lhe permittisse recolher-se ao mencionado Reino, e que o mesmo escreveria á dita Senhora, dando-se pelo segundo vassallo de Sua Magestade nestes seus dominios; 2.ª que as Praças conquistadas do mencionado Reino poderiam receber guarnição portugueza; e 3.ª que faria alguma cessão.

15. Referindo-me o mencionado Secretario do Estado a resulta desta conferencia, e especialmente as ditas tres Proposições, me occorreu que concordavam em parte com o papel da copia n.º 8.º que se acha nesta Secretaria, escripto pela propria letra do meu predecessor, e que contém o projecto de hum Tratado, que se devia estipular entre o Estado e o dito Sunda, cujo projecto me consta que fôra rejeitado pelo mesmo Rey, quando lhe foi proposto no anno de 1783, em que os Inglezes haviam feito varias conquistas a Tipú, oppondo o mesmo Sunda a carta Regia do 1.º de Abril de 1768 da copia n.º 9.º á pretendida cessão de todo o direito sobre as Provincias de Pondá, Canacona, e Zambaulim com suas annexas, e sobre a jurisdicção da Fortaleza do Cabo da Rama.

16. Neste tempo me via opprimido das mais serias, e implicadas cogitações, porque: Quanto ao Piro, se receava atacar abertamente aquella Praça, e fazer-me responsavel das perigosas consequencias, que este procedimento póde trazer comsigo, não se me apartavam da memoria as acertadissimas considerações, que V. Ex.ª fez ao meu Predecessor no § 4.º da carta que lhe dirigiu em 18 de Março de 1784, e estava com justo receio de que emquanto me entretinha em negociações, talvez infructiferas, com o Quiladar da sobredita Praça, se adiantassem ou os Inglezes, que haviam passado para o sul, ou os Marathas, que estavam com a sua armada prompta em Griem, e a tomassem, ou ao menos a bloqueassem. 1791 Abril 18

17. Sei que se tal acontecesse, seria infallivelmente notado de ter visto perder Goa com os braços cruzados, e sem fazer movimento algum vigoroso, que obstasse a este desastre, porque se o Vice-Rey Antonio de Mello e Castro quando em virtude do Tratado matrimonial de 23 de Junho de 1661 metteu bem a seu pezar no anno de 1665 os Inglezes de posse da Ilha de Bombaim, prognosticou a essa Côrte a perca do Norte, e as desgraças que se nos seguiram da visinhança dos ditos Inglezes; não he necessario ter a vista muito aguda para prever que se elles se apoderassem da Praça do Piro, tomando-a, ou por si, ou pelos Marathas, que hajam de lha entregar, se verá a nossa Nação obrigada a largar estes dominios, privados do tal ou qual commercio de Balagate, que os alenta, privados das esperanças do seu melhoramento, quando Sua Magestade houver por bem crear huma Companhia da Asia, e privados finalmente das suas forças militares, pois que as deserções da tropa se multiplicarão por modo irremediavel, ainda quando os Inglezes não concorram directamente para ellas, como fizeram nos primeiros annos do seu estabelecimento em Bombaim.

18. Quanto ao Rey Sunda, posto que eu houvesse dobrado a guarda, que ordinariamente tem na sua habitação, escolhendo para ella officiaes que soubessem a lingua do paiz, e que podessem ter alguma intelligencia no interior da casa;

1791 Abril 18 posto que quasi toda a tropa ligeira, sem exceptuar as Legiões, estivesse espalhada pelos portos e mettas, por onde o dito Rey poderia fugir, se tivesse tal intento; posto que bastante tropa branca se conservasse occupada em guardar e rondar as praias tanto desta Ilha, como de Salcete, e as duas barras de Aguada e Mormugão, e posto que, finalmente eu tivesse escolhido pessoas habeis para espiarem quaesquer movimentos, que houvesse pelas vizinhanças de Moulá, e de Bandorá, conhecia muito bem que todas estas minhas diligencias, de que resultava bastante incommodo ao publico, e especialmente ao commercio, e ao serviço militar, não serviam senão de cumprir na apparencia com as ordens de Sua Magestade, porque as pessoas experientes me certificavam que apesar dellas podia o mencionado Rey pôr-se fóra do Estado em menos de vinte e quatro horas, e isto mesmo estava experimentando cada dia pelas cartas e avisos que elle, ou pelos conductores das boiadas, ou pelos seus Sipaes, que não era possivel distinguir, recebia de Sundem, sendo apanhados bem poucos dos sobreditos portadores, a quem não podia dar castigo publico, para que o dito Rey não perdesse inteiramente a confiança do Estado, e se resolvesse a qualquer acção exasperada.

19. Bem via eu que o unico meio que havia nestes termos para o dito Rey não fugir do Estado, e se não verificarem os avisos certos, ou falsos, que me davam de que elle tinha semelhantes intentos, era prendel-o debaixo de chave, mas a isto me obstavam as ordens Reaes fundadas no decoro do alto patrocinio de Sua Magestade Fidelissima, e nos direitos de hospitalidade voluntariamente concedida a este Rey, e a seu pae; e já eu mal sabia cohonestar o procedimento que havia tido até ali, e fazel-o conforme ás pias, e religiosas intenções, com que Sua Magestade honra o Throno da nossa Nação.

20. O mais he que me via de dia em dia arrastado a hum inevitavel precipicio, e que se não tomasse, em quanto era tempo, qualquer resolução firme, e antecipada, brevemente me veria em termos de não poder tomar alguma, e de me

reprehender a mim mesmo da minha irresolução; por quanto sendo a familia de Parisrama Bau antiga protectora dos Reys de Sundem no Sarcar de Punem, e tendo este General taes poderes, que publicamente havia concedido, não só ao Rey Sunda, mas a outros Dominantes o recobrarem os seus perdidos senhorios, era de esperar que o mesmo Sunda caminhasse por elle com mais vantagem, e que quando eu mal o pensasse, o veria com uma negociação segura, firme, e concluida, com o sobredito General, á qual me não poderia honestamente oppor, sendo precisado, ou a fazer a feia acção de prender o dito Rey contra as intenções de Sua Magestade claramente expendidas nos paragraphos ultimos das cartas escriptas por V. Ex.ª ao meu Predecessor em 23 de Fevereiro de 1782, e em 20 de Março de 1784, ou a vel-o sem remedio fugir do Estado, e cheio de escandalo buscar a protecção maratha, ou ingleza, seguindo os mais passos, que se deviam esperar para repellir do mesmo Estado as Provincias e jurisdicções desmembradas do seu reino; de sorte que a minha obediencia cega ás ordens de Sua Magestade produziria em razão da diversa situação das cousas os mesmos effeitos, que as ditas reaes ordens queriam evitar. 1791 Abril 18

21. Atormentado destas cogitações me resolvi a ouvir alguma vez os dois ditos Conselheiros do Estado, a quem dirigi a Proposta, que vae por copia n.º 10.º; e porque as noticias do progresso da guerra dos Inglezes e seus alliados contra Tipú, faziam muito para o acerto da deliberação, que se devia tomar, lhes declarei quantas haviam acrescido ás que lhe individuara na Exposição, que debaixo do n.º 1.º acompanhou a Proposta antecedente, e se reduziam a que pelas Gazetas de Bombaim me constava que o Lord Cornwallis, General de Bengala, tomára a resolução de commandar em pessoa o exercito grande, a cujo fim estava para partir no principio de Dezembro do anno proximo passado, trazendo de reforço para o mesmo exercito hum regimento de Europeus, outro de 1:400 granadeiros do paiz, 6 batalhões tambem do paiz, e 1 regimento de cavallaria, alem de muitos officiaes, que estavam nomeados para o acompanhar; que

1791 Abril 18 o dito exercito grande passára finalmente o Cavari, parecendo que o seu fim era unir-se ao destacamento, que ficava antecedentemente em Arcate, e que tendo subido o Gates commandado pelo Coronel Markel, se achava acampado em Cavari Patan, depois de haver rendido as pequenas fortalezas de Veniambadde, Vassendagurrur, e Cangundi Tripatore; que o Major General Corombin, Governador de Bombaim, desembarcára 2:000 homens da sua expedicção em Talicheira, não subira o Gates, como se suppunha, mas unindo todas as forças que ali achára ás suas, marchára sobre Cananor, que diziam ter tomado, posto que não havia disto toda a certeza; que os Marathas e Nizama Aly não tinham feito maior progresso, e que finalmente os povos, que se tinham rebellado contra Tipú, haviam desamparado Mergeo e Ancolá logo que por aquellas partes appareceram 200 homens do mesmo Tipú.

22. Como os ditos Conselheiros nas suas respostas constantes das copias n.º 11.º e 12.º vieram a concordar em que se devia lançar mão das Proposições, que o Sardessay Goinda Naique, Ministro do Sunda, havia feito ao Desembargador Secretario do Estado, e que na actual situação das cousas devia o Estado fazer como o mesmo Sunda hum Tratado o mais vantajoso que fosse possivel sem passar a lesivo, e auxilial-o occultamente nas suas pretenções, passei ordem ao dito Secretario do Estado para que nas conferencias, que quasi diariamente tinha com o dito Sardessay, levasse a conversa de fórma que este tornasse a repetir as ditas Proposições, para não parecer que o Estado lhas propunha, e que conseguido este passo, fosse habilmente dando os mais que conduzissem á estipulação do mencionado Tratado.

23. Assim o executou o mencionado Ministro, mas apenas se estavam examinando os Tratados antigos, e fazendo alguns apontamentos para os Artigos, que novamente se haviam de formalisar, quando recebi uma carta de José Lobato Gameiro de Faria, Governador de Angediva, dando-me parte de que se avistavam naquella enseada perto do pequeno Ilhote de Ximpim humas pallas com bandeira, que se não sabia bem

se era ingleza ou maratha, pelo quê foi necessario em huma só conferencia formalisar no dia 17 de Janeiro do presente anno o Tratado da copia n.º 13.º para poder prevenir a tempo qualquer das duas Potencias, que tivesse intento de querer atacar o Piro. 1791 Abril 18

24. Sobre o dito Tratado devo fazer a V. Ex.ª algumas reflexões, mas por não interromper o fio desta narração, as reservo para carta separada.

25. Como desde o mez de Agosto do anno proximo passado havia mandado formar em Polem hum corpo de 800 homens das Legiões e Sipaes, Commandados pelo Tenente Coronel José Felix da Cunha, para patrocinar as negociações, em que estava com os Quiladares do Piro, e para mais facilmente me aproveitar de qualquer occasião opportuna, que se offerecesse á acquisição da dita Praça, conferi com o Marechal de Campo, Francisco Antonio da Veiga Cabral, logo que se formalisou o dito Tratado, a necessidade que havia de reforçar o dito campo, e de o fazer commandar por um official, que estivesse inteiramente instruido nas intenções do Estado, a fim de as seguir sem perder tempo, talvez irreparavel, no aperto em que estavam as cousas, se esperasse por novas ordens a cada passo que houvesse de dar.

26. Achou o dito Marechal de Campo digna de si a presente acção, e se me offereceu para commandar o dito corpo, o que voluntariamente abracei pela grave e importante materia de que se tratava, e porque ninguem melhor de que elle estava instruido dos interesses do Estado a este respeito, e da habilidade com que era necessario que soccorressemos o Sunda, e nos apoderassemos do Piro com o maior disfarce, e com o menos escandalo possivel das Potencias belligerantes.

27. Partiu para este fim a Rachol no dia 18 do mesmo mez de Janeiro, e pelo seu Diario da copia n.º 14.º verá V. Ex.ª os passos que elle deu na frente do referido campo reforçado com a gente que de mais me pediu, até a feliz entrada, que fez no Piro no dia 30 do sobredito mez; como, porém, he necessario enlaçar os factos mencionados no dito Diario com os

1791 Abril 18 que se passaram em Goa ao mesmo tempo, continuo a referil-os a V. Ex.ª

28. Havendo dado ao sobredito Marechal de Campo, por carta de 19 de Janeiro do presente anno da copia n.º 15.º os amplos poderes, que se faziam necessarios para não retardar qualquer operação opportuna por falta delles, com a declaração de que o nosso principal intento era não obrar publicamente nesta conquista, mas sim debaixo do nome do Sunda, lhe ordenei ao mesmo tempo que se todos os manejos politicos, de que elle devia usar, se mostrassem infructuosos, e houvesse risco de que os Marathas ou Inglezes se adiantassem a tomar a dita Praça, em tal caso os prevenisse sem mais disfarce, e que tomada ella, arvorasse a bandeira do Sunda, sem a firmar com artilharia, cuja ultima, e pelo assim dizer, desesperada resolução, me pareceu necessaria, não porque deixasse de conhecer as consequencias, que podia trazer comsigo, mas sim porque eram muito maiores, e mais irremediaveis as que se seguiriam de vermos tomar os Marathas ou Inglezes o Piro, segundo o que acima deixo expendido.

29. Como os Ministros do Sunda me affirmavam que o seu Rey tinha intelligencias dentro daquella Praça, porque grande parte da guarnição della constava de Cabos e Sipaes tirados do Reino de Sundem, fiz expedir logo ao referido Marechal de Campo hum cunhado do dito Rey, chamado Devaiá, que se intitula Subedar daquella jurisdicção, com o sobredito Sar Dessay Goinda Naique, a fim de que podessem acabar de persuadir os ditos Cabos e Sipaes, ou a entregar a fortaleza ao Sunda, ou a desertar, e desamparar os Quiladares, para que vendo-se estes sem forças proprias á defensa, e ameaçados dos Marathas, se resolvessem a acceitar os offerecimentos do Estado, os quaes lhes fiz repetir com o Protesto da copia n.º 16.º lavrado em nome do dito Marechal de Campo.

30. Chegou este a Polem a 22 do sobredito mez, e reforçando-se aquelle campo com 2 companhias de Granadeiros, e 50 Fuzileiros do primeiro Regimento, 40 homens de artilharia, e outra companhia de Granadeiros do segundo Regi-

mento, artilharia, e petrechos de guerra mencionados no dito Diario, principiou o sobredito Marechal de Campo a executar a sua commissão, dando-me parte no mesmo dia de que a pequena fortaleza de Ximpim estava com bandeira Maratha, como já me havia participado o Governador de Angediva, e que perto della estavam 2 grandes pallas de tres mastros, 2 gurabos, e 4 galvetas do mesmo Maratha, conservando-se a fortaleza do Piro com a bandeira de Tipú. 1791 Abril 18

31. No dia 23 do sobredito mez já o dito Marechal de Campo me escreveu de Amadali, meia legoa distante do Piro, declarando-me que todas as pessoas que havia mandado com recados aos Quiladares daquella Praça, tinham voltado sem poder chegar a ella, porque os Marathas a haviam invadido por mar e terra com duplicadas metas, e que ás dez horas daquella manhã lhe apparecêra hum Bragmane chamado Rogú Xette, pedindo-lhe que lhe queria fallar da parte do commandante da armada dos Marathas, Babu Rào Saloé, mas que elle o havia remettido ao dito Devaiá, e depois respondido brevemente já em marcha que o Sarcar de Punem se declarára a favor do Sunda, e promettêra beneficiar todos os seus intentos, ajuntando todas as mais razões mencionadas na sua carta da copia n.º 17.

32. Conheci a gravidade deste obstaculo, mas o aperto das circumstancias, em que se achavam as cousas, me fez responder ao sobredito Marechal de Campo, o que consta da minha carta, que vae por copia n.º 18, em que lhe forneço mais razões para persuadir os Marathas do direito e justiça do nosso procedimento, e de que elles se deviam retirar, e não perturbar o Estado em huma conquista, que havia principiado muito tempo antes que elles; e na verdade me pareceu que os ditos Marathas se contentassem com esta resposta, porque se inclinam mais a furtar, e assolar o miseravel Piro sem defensa, do que a emprehender a conquista de Praças que lhes defendem.

33. No dia 25 do referido mez de Janeiro, me dirigiu o mesmo Marechal de Campo as quatro cartas da copia n.º 19.º alem de huma familiar, em que me pede mais alguma gente,

1791 Abril 18 artilharia, petrechos de guerra, e 1 fragata para reforçar e fazer respeitavel o seu campo, não só aos Quiladares do Piro, mas tambem aos Marathas, que elle dito Marechal diz que sabia serem sómente ladrões, e não Cabos encarregados da tomada do Piro, remettendo-me com as ditas cartas as respostas, que havia alcançado dos mencionados Quiladares.

34. Recebendo estas cartas no dia 27 do sobredito mez, e vendo que os nossos movimentos já não estavam tão occultos, como a principio desejava, e me pareceu possivel, se os povos daquella jurisdicção se ajuntassem ao sobredito Devaiá, e os Sipaes do Reino de Sundem, que formavam a maior parte da guarnição do Piro, desamparassem aos ditos Quiladares, me resolvi a responder ao mencionado Marechal de Campo, o que consta da minha carta, que vae por copia n.º 20.º, em que lhe declaro a expedicção de gente, artilharia, e mais munições de guerra, que ficava fazendo para aquelle campo em 2 fragatas; e ao mesmo tempo o previno dos motivos por que não seria decente que elle dito Marechal de Campo, entre as persuações que fazia aos Quiladares do Piro para o admittirem naquella Praça, lhes promettesse a restituição della, finda a presente guerra, cuja restituição nunca claramente lhe fiz prometter nas persuasões, que por ordem minha lhe dirigira antecedentemente o Dessay Nil Naique.

35. No dia 26 do referido mez me escreveu o mesmo Marechal de Campo a carta da copia n.º 21, em que me refere em summa que o sobredito Rogú Xette Parcar lhe quizera entregar humas cartas dos Cabos Marathas, que elle dito Marechal de Campo não recebêra; dando-me ao mesmo tempo differentes informações da guarnição, e fortificação do Piro do que até ali se haviam recebido.

36. A esta carta respondi em 28 do sobredito mez o que consta da copia n.º 32, lembrando o mencionado Marechal de Campo que se o não se tomar o Piro na presente situação das cousas seria de terriveis, pessimas, e embaraçadissimas consequencias, o atacal-o, e não o tomar, seria huma desgraça da primeira classe, pelo que lhe ordenei que sem at-

tenção ás minhas ordens antecedentes, peze, e confira com os officiaes de maior intelligencia os obstaculos que tem, e se elles se podem vencer com hum golpe de mão, como se premeditava, offerecendo-lhe para este fim todas as forças do Estado, que poderia puxar para aquella parte, sem expor as mais fronteiras. 1791 Abril 18

37. No mesmo dia 26 de Janeiro me dirigiu o dito Marechal de Campo a carta da copia n.° 23, em que me dava parte de que os chamados Marathas tinham intento de embaraçar a nossa marcha, mas que não julgava o podessem conseguir, quando fosse conveniente áquelle campo avisinhar-se ao Piro por bem, ou por mal; e poucas horas depois de receber a dita carta, me foi entregue outra sua de 27 do mesmo mez da copia n.° 24, que contém as negociações que tinha continuado a fazer com os Quiladares, e o nenhum effeito que até aquelle tempo haviam produzido, sem embargo de que avançára a proposição de receber o Estado aquella Praça como em deposito, porque ainda não tinha recebido a minha carta do dito n.° 22, em que o prevenia sobre esta proposição.

38. Vendo-me então já fóra do estreito caminho que intentára seguir, e que a experiencia que tinha adquirido com os primeiros movimentos da tropa do Estado, me dava differentes luzes daquellas com que havia principiado a obrar, porque nem se verificava desertarem todos os Sipaes da guarnição do Piro pelas intelligencias, que o Sunda tinha naquella Praça, nem que os ditos Quiladares se deixassem persuadir a entregal-a ao Estado, vendo-se sem esperança de soccorro, e com receio de ser atacados ou pelos Marathas, ou pelo Sunda, patrocinado por nós, nem que os povos d'aquella jurisdicção com alguns Dessays, que se tinham levantado contra Tipú, se aggregassem a Devaiá, e formassem hum tal corpo, que podesse atacar a mesma Praça com algum tal ou qual auxilio nosso pelo modo que felizmente se praticou no anno de 1768 quando auxiliámos o Sunda na defensa do Cabo da Rama, nem ser tão facil, como parecia, o escalar-se a sobredita fortaleza, nem finalmente o poder-se fazer isto sem es-

1791 Abril 18 candalo dos Marathas, que seria necessario romper, desprezado o Protesto intimado ao Marechal de Campo, e que os Cabos daquella Nação me mandavam repetir em Goa pelo dito Rogú Xette; me resolvi em tal caso a dirigir ao sobredito Marechal de Campo a carta por copia n.º 25 com a Proposta inclusa, em que, referindo-lhe a differente figura que haviam tomado as cousas, lhe peço o seu parecer para o combinar com o de outra semelhante Proposta, que dirigi ao Chanceller do Estado, ordenando ao mesmo Marechal de Campo se conservasse entretanto com toda a cautela no seu campo, sem fazer movimento algum, porque estava bem certo que os Cabos Marathas não tinham forças para com ellas nos prevenirem na tomada daquella Praça.

39. Ao mesmo tempo que por este modo estava querendo evitar alguma acção precipitada e inconsequente aos primeiros meios, de que havia querido usar, para não escandalisar abertamente as Potencias belligerantes, recebi em 31 do referido mez a carta do sobredito Marechal de Campo do dia 29 constante da copia n.º 26, na qual, ao mesmo passo que me declarava não lhe ter ainda chegado o reforço de gente, munições, artilharia, e petrechos de guerra, que lhe havia mandado em duas fragatas, me dava parte de estar a marchar contra o Piro pela persuasão dos Cabos, que se achavam nesta Praça affectos ao Sunda; e poucas horas depois recebi os dois formaes Protestos dos Cabos Marathas da copia n.º 27, apresentados pelo mesmo Rogú Xette, a quem o dito Marechal de Campo os não havia querido acceitar.

40. Foi este dia para mim o de maior cuidado, e perplexidade, porque temi ver mallogradas todas as maduras reflexões, com que havia caminhado neste implicadissimo negocio, e sem poder saber o que haveria resultado da marcha do dito Marechal de Campo no caso de não haver recebido a tempo as minhas ultimas ordens para a suspender, lhe dirigi no mesmo dia 31 de Janeiro a carta da copia n.º 28, e respondi logo aos referidos Protestos como consta da copia n.º 29, declarando aos mencionados Cabos, que as ordens do Dominante de Punem a respeito da conquista do Piro não

haviam chegado á minha noticia até aquelle tempo; que sómente sabia ter o Estado antigos direitos áquella Praça; que o Sunda me tinha apresentado huma licença ampla de Parisrama Bau para entrar na posse do seu Reino, como já em parte havido praticado pelo seu Cabo Ravaiá á face do mesmo General Maratha; que nestes termos me parecia que todo o auxilio que o Estado désse ao Sunda, seria agradavel áquelle Dominante, para o qual as tropas Marathas obrariam como em causa commum contra Tipú; e que finalmente me não constava que elles ditos Cabos tivessem bloqueado o Piro, como diziam, mas que de qualquer fórma que fosse, estimava não ter havido de huma e outra parte hostilidades; pelo que mandava ordem expressa ao mesmo Marechal de Campo para que não desse passo algum na conquista daquella Fortaleza, e que amigavelmente, como se devia esperar, tratasse com elles ditos Cabos os pontos essenciaes desta materia, para tudo se acabar sem discordia. 1791 Abril 18

41. Expedi logo os portadores dos ditos protestos com a mencionada resposta; mas mal sabia eu então que poucas horas antes havia o referido Marechal de Campo tido a felicidade de entrar no Piro por meio das negociações, que havia principiado com quatro Cabos daquella guarnição, vencendo-se por este modo grande parte dos obstaculos, que se offereciam em se apoderar o Estado daquella Praça por outro qualquer modo.

42. Como vencido este passo, o unico systema politico, que se devia seguir, era acautelar o escandalo, que o nosso procedimento causára a Tipú com as futuras consequencias, que dahi se podem originar contra o Estado, e persuadir a Côrte de Punem de que o Estado lhe não fez offensa alguma nesta conquista; dirigi logo em 2 de Fevereiro proximo passado aos sobreditos Quiladares a carta da copia n.° 30, em que depois de lhes deduzir o procedimento do Estado a respeito do Piro desde o anno de 1768, e de lhes fazer valer as noticias que havia participado a elles ditos Quiladares dos movimentos dos inimigos de seu Amo, para se acautelarem delles, lhes mostro evidentemente que os intentos do Estado

1791 Abril 18 nunca foram de lhes fazer hostilidades, mas sim de evitar que differente Nação ou Potencia se apoderasse daquella Praça, preferindo nisto a visinhança do seu Amo a outra qualquer: pelo que lhes affirmo que seguindo as mesmas ditas intenções tinha passado ordem ao referido Marechal de Campo para não dar nem hum unico tiro, ou fazer a mais pequena hostilidade ao Piro, e sómente impedir que caisse por convenção em mão dos inimigos do dito seu Amo, porque em tal caso lhe ordenava que os prevenisse, entrando nella amigavelmente, como havia feito; e porque não seria util que esta carta com a minha firma caísse nas mãos dos Marathas ou dos Inglezes, preferi o estylo de irem similhantes cartas duplicadas em portuguez com o signal proprio de quem as dirige, e no idioma e letra do paiz, sem o dito signal proprio, mas só com aquelle que o traductor lhe escreve; parecendo-me mais util usar só deste segundo meio, e mandar transportar o primeiro Quiladar em huma fragata a Barcur, que ainda está por Tipú, para que mais facilmente podesse avistar-se com elle, já que o segundo Quiladar, valendo-se de varios pretextos, se não quiz arriscar a acompanhal-o, declarando-me que queria esperar dentro das terras do Estado o exito da presente guerra.

43. Quanto a Punem dirigi ao nosso Emissario Vital Ráo Gorqui as instrucções da copia n.º 31 na data de 3 do referido mez de Fevereiro, acompanhadas da carta do Desembargador Secretario do Estado, que vae por copia debaixo do mesmo numero mandando-lhe que participasse logo ao primeiro Ministro daquelle Sarcar a sobredita tomada do Piro, e que no caso de que os ditos dois Cabos Marathas Babú Ráo Saloé, e Sacó Rama Chandra, ou Rogú Xette Parcar, portador dó Protesto acima referido, tivessem escripto ao mesmo Ministro affirmando-lhe que estavam bloqueando aquella fortaleza, e que foram expulsos pelas nossas tropas, negasse absolutamente este facto, tratando-o de falso, e inverosimil com as rasões mencionadas nas ditas instrucções: porquanto se he certo que elles tinham posto metas, com que embaraçavam ao Marechal de Campo a communicação

com o Piro, e postado duas peças de muito pequeno calibre contra a dita Praça; he tambem certo que não fizeram, nem tinham força para fazer hum bloqueio formal, e que as ditas peças estavam em mais de hum quarto de legua de distancia daquella Praça, com que de fórma alguma a podiam offender, pelo que a apparencia de que usavam era sómente para seguir os mesmos fins de negociação, que o Estado havia principiado muito primeiro que elles, empregando-se por emtanto em roubar aquelles povos sem defensa. 1791 Abril 18

44. Pelo ultimo paragrapho das ditas instrucções n.º 31 verá V. Ex.ª a resolução, que me vi obrigado a tomar, de dar gratuitamente aos Marathas vinte e cinco candins de polvora, que poucos dias antes deste acontecimento me havia mandado pedir o proprio Dominante, no caso de não a terem, como na verdade não tinham, os mercadores do Estado. Em outra qualquer occasião me não resolvêra assim, mas era necessario sanar hum escandalo, e não fazer outro, pelo que lha mandei dar em tal segredo, que até dentro do Estado o saberão poucas pessoas, e tenho recommendado ao nosso Emissario que faça valer esta fineza naquelle Sarcar, e contrapôl-a aos escandalos que lhe queiram arguir.

45. Depois de expedidas as ditas ordens appareceu em Goa o mesmo Rogú Xette Parcar com huma carta do sobredito Cabo Babú Ráo Saloé, constante da copia n.º 32, pela qual me pedia a restituição da fortaleza do Piro com o mesmo fundamento de estar cercada e bloqueada pelas tropas Marathas quando o Estado se apoderou della.

46. A esta carta mandei responder succintamente pelo Desembargador Secretario do Estado negando-lhe o referido bloqueio, como consta da copia n.º 33, e porque achei bem natural que este dito Cabo informasse o Subedar de Griem, por quem fôra expedido, não só da verdade do que tinha feito, mas de tudo o mais que lhe fosse proprio para augmentar o seu merecimento, e occultar os furtos, em que se occupára, me resolvi a dirigir-lhe hum Boto da sua mesma casta, chamado Rama Custam, que a titulo de repetir huma pequena embarcação, que as galvetas marathas haviam pro-

1791 Abril 18 ximamente tomado a hum morador de Angediva, referisse ao dito Subedar a tomada do Piro por outro modo muito differente, conforme a mesma declaração, que havia mandado fazer em Punem pelo nosso Emissario: e fiz finalmente que saíssem do Estado com a maior brevidade possivel Vir Vodder, e o Sar Dessai Goinda Naique, que o Sunda expediu ao General Maratha Parisrama Bau.

47. Dispostas por este modo as cousas segundo os meios, que me pareceram mais proprios para ser feliz esta negociação, recebi em tempo, em que elles ainda não podiam principiar a produzir effeito, a carta do mesmo Subedar de 11 do dito mez de Fevereiro com as tres, do Dominante de Punem, de Bairó Panta, e do nosso Emissario, que vão todas por copia debaixo do n.° 34, pretendendo o dito Subedar a restituição do Piro com liberdade para a sua armada entrar, e refazer-se de mantimentos nestes portos, pelo que lhe respondi logo, como consta das copias n.° 35, permittindo á dita armada aquella liberdade, que nunca se lhe negou, mostrando as rasões, por que não podia ter logar a pretendida restituição do Piro, e clamando contra as insolencias e hostilidades dos seus Cabos, não porque chegassem a tanto quanto as pinto, mas para principiar desde logo a pôl-os de má fé nas suas informações, e ter estimulos, e queixas, que oppor ás que me fizesse o Ministerio de Punem pela sobredita conquista.

48. Depois recebi por mão do mesmo Boto Rama Custam a carta da copia n.° 36, escripta pelo dito Subedar com bastante moderação, na data de 21 do mesmo mez, porque respondendo-me sómente a respeito da dita embarcação apresada, me segura que da sua parte não ha de haver falta na amizade, cujas palavras se referem ao que vocalmente disse ao sobredito Boto, a quem declarou que já havia remettido para Punem a parte, que lhe tinha dirigido o seu Cabo Babú Ráo Saloé, mas que presentemente ficava capacitado de que este o havia enganado, e que posto que não podia deixar de vir carta do seu Dominante, em que pedisse a restituição do Piro, elle concorreria para se comporem as cousas pelo muito

que estimava a amizade do Estado, e obsequios particulares, que me devia. 1791 Abril 18

49. Com pouca differença de dias fui recebendo depois de 15 de Março proximo passado a carta da copia n.º 37, datada do 1.º daquelle mez, em que o referido nosso Emissario relata ao Desembargador Secretario do Estado a viva conferencia que tivera com o primeiro Ministro de Punem Naná Fodnis, o qual levado das primeiras informações, que recebêra dos sobreditos Cabos Babú Ráo Saloé, e Sacó Rama Chandra, de Rogú Xette Parcar, do Subedar de Gozim, e de Parisrama Bau, se não deu por contente com alguma das persuasões do sobredito Emissario, declarando-lhe que ficava de me escrever sobre a restituição da dita Praça, e que pela minha resposta veria qual era a sinceridade do Estado, o que com effeito fez em carta de 26 do dito mez de Fevereiro, como consta da copia n.º 38.

50. A 20 de Março proximo precedente recebi a carta da copia n.º 39 escripta no dia 15 pelo sobredito Subedar de Griem, que mandou a esta Capital dois Botos para lhe ser entregue o Piro em virtude da carta do Dominante de Punem datada de 5 do referido mez incluida na mesma copia; e no dia seguinte recebi outra carta de Parisrama Bau na data de 21 do mesmo mez de Fevereiro, que vae por copia debaixo do n.º 40, alem de huma ultima carta do sobredito Dominante, que recebi proximamente dirigida por hum Cabo Maratha, que actualmente está na jurisdicção do Piro, que vae por copia n.º 41.

51. Como de todos os sobreditos que me escreveram pedindo a restituição do Piro, o que tem mais que recear do Estado he o Subedar de Griem, foi tambem este, a quem logo respondi pelo modo, que consta da copia n.º 42 que contém duas cartas minhas quasi similhantes na data do dia 21 do referido mez de Março, huma das quaes entreguei aos Bragmanes do mesmo Subedar, para que lha remettessem, e a outra lhe dirigi pelo mencionado Boto Rama Custam, ás quaes deu o referido Subedar differentes respostas, porque naquella, que me mandou por via dos ditos Bragmanes em

1791 Abril 18 data de 26 do mesmo mez, refuta as rasões da minha carta antecedente, pugnando pela restituição do Piro, e na outra, que me mandou pelo sobredito Boto em data de 6 do corrente, apenas trata da restituição da embarcação de Angediva aprezada, e se remette ao mesmo Boto quanto á principal materia, como consta da copia n.º 43, o qual affirma que o dito Subedar lhe declarára particularmente que visto ter escripto ao Sarcar de Punem na fórma da parte, que recebêra dos seus Cabos, não podia agora desdizer-se em publico; mas que particularmente o faria a seu parente Bairó Panta, por quem correm os nossos negocios em Punem, e que com effeito, mandando logo chamar hum Boto parente do mesmo Bairó Panta, lhe ordenára que escrevesse, certificando-lhe que o Piro não estava cercado, nem bloqueado pelas tropas Marathas, quando as do Estado se apoderaram delle.

52. Posto que este comportamento do dito Subedar não seja de inteiro credito, póde-se fazer verosimil, por ser elle de hum animo summamente timorato, e lhe haver feito insinuar por hum genio bastantemente habil que os Francezes têem declarado guerra aos Inglezes, e que intentam apoderar-se de Griem, por não terem nesta costa outro porto, em que recolham a sua armada, e que se não tiver a amisade do Estado, será surprehendido quando menos o esperar.

53. Tambem o Desembargador Secretario do Estado com repetidas persuasões, com obsequios, e com algumas palavras, que dão esperança de futuro agradecimento, tem movido o animo dos dois Bragmanes portadores da carta do dito Subedar; os quaes affirmam que já escreveram ao mesmo Subedar, dando por falsas todas as affirmativas dos Cabos Marathas, seguram que as ditas suas cartas foram para Punem, e promettem mostrar as respostas, que receberem, para cujo fim se demoram no Estado.

54. Quanto ás cartas do Dominante de Punem, de Naná Fodnis, e de Bairó Panta, me pareceu conveniente demorarlhes as respostas, para metter esta negociação na proxima invernada; pelo que me contentei de fazer responder ao nosso Emissario pelo Secretario do Estado, dando lhe com

a carta da copia n.º 44, em data de 24 do mez proximo passado, novas armas e razões com que se defender das arguições que lhe fizerem naquelle Sarcar, e tempo de poder dispor os animos do Ministerio para receber as ditas respostas, das quaes já está formalisada a da copia n.º 45, dirigida ao primeiro Ministro Naná Fodnis, por outro nome Balagi Zanardan Fodnis, e conforme esta serão a do Dominante, e de Bairó Panta, por quem particularmente faço tenção de caminhar, usando quanto me for possivel dos meios, que em outras occasiões se tem praticado, porque os Bragmanes nada fazem sem interesse proprio. 1791 Abril 18

55. Quanto a Parisrama Bau, já lhe fiz a resposta da copia n.º 46, que ainda não foi entregue aos portadores de sua carta, porque tambem o Desembargador Secretario do Estado está trabalhando para elles informarem a favor do Estado, e espero entretanto ver o exito da negociação dos Ministros do Sunda com o mesmo General maratha, a qual julgo conveniente puxar a Punem, para ser dirigida perante o nosso Emissario, o que me não foi possivel praticar logo desde o principio, porque por huma parte não achava decente que o dito nosso Emissario fosse ao exercito maratha, e por outra parte não era conveniente persuadir o Sunda a que não dirigisse os seus Ministros a Parisrama Bau, visto que este General, e os seus ascendentes, foram desde tempo antigo protectores em Punem dos Reis de Sunda, e que da licença, que o sobredito General havia dado a Ravaiá para o dito Sunda se empossar do seu Reino, tira este as maiores esperanças para o bom exito da sua negociação.

56. Tenho ao mesmo tempo passado ordem ao Tenente Coronel Manoel Antonio Diniz de Ayala, Commandante do Piro, para tratar com todo o obsequio, e não fazer hostilidade alguma aos Cabos marathas, que estiverem nas visinhanças daquella Praça, e já havia passado antecedentemente as mesmas ordens ao Marechal de Campo Francisco Antonio da Veiga Cabral, no tempo que se demorou dentro do Piro, de que se seguiu que o Cabo Sacó Rama Chandra se retirou amigavelmente por huma convenção, que fez com

1791 Abril 18 os Gancares de Cadrem, que lhe deram 5:000 rupias, e que o novo Cabo Rama Chandra Canó faz hoje toda a boa correspondencia ao dito Tenente Coronel, chegando a declarar-lhe que tem ordem positiva para não fazer hostilidade aos Portuguezes.

57. O Rey Sunda, devendo conhecer que este comportamento lhe he util, porque sabe muito bem que não deve exasperar o animo do Ministerio de Punem, e que lhe he inutil qualquer vantagem, ou hostilidade, contra os Cabos marathas, porque dado que Tipú perca o Reino de Sundem, nunca elle Sunda o póde possuir senão pelos amigaveis ajustes e convenções que fizerem os seus Ministros, parece que não o entende assim, porque o seu cunhado Devaiá, que ainda se demora nas visinhanças do Piro, se queixa de que o Estado lhe não dá auxilio para expulsar daquellas visinhanças os ditos Cabos marathas, e esta mesma queixa fez ha pouco tempo o referido Rey ao Desembargador Secretario do Estado, para que me fosse presente. O mais he que devendo o mesmo Rey portar-se de fórma que attrahisse o amor daquelles povos, consente que o dito Ravaiá, com animo baixissimo lhes augmente oppressões ás indiziveis que tem experimentado, empregando-se inteiramente em cobrar tributos, e tomar contas aos rendeiros de tal sorte, que me affirmam que os mesmos povos já o aborrecem, e que de fórma alguma desejam que o Sunda os torne a dominar.

58. Estou de animo de fazer recolher o dito Devaiá ao Estado, se elle se não cohibir, para que me não implique com os ditos Marathas, e já o tivera feito ha mais tempo, se não attendesse ao grande ciume do referido Rey, e á grande desconfiança que tem de que o Estado se quer apoderar de todo o seu Reino, ou ao menos de toda aquella jurisdicção.

59. Eis-aqui o que tenho podido fazer até o presente neste implicadissimo negocio, de que tiro por maior vantagem pôr-me em termos de receber as ordens de Sua Magestade a este respeito, e habil para as executar; o que certamente me não aconteceria, se o Piro estivesse em poder dos Marathas, ou dos Inglezes.

60. Se Tipú for inteiramente derrotado pelos seus inimigos, ou se ao menos recolher as suas fronteiras de fórma que não confine com o Estado, e que o Ministerio de Punem se reduza a alguma boa negociação, não serão necessarias mais ordens para me saber dirigir; mas se Tipú tiver nesta guerra com os Inglezes a mesma felicidade que experimentou nas outras, em que recuperou as suas percas com maior brevidade do que as havia soffrido, será necessario que Sua Magestade resolva o comportamento que deve ter o Estado com elle, dando ao mesmo Estado os meios para a defensa no caso de entender que por nenhum modo se deve restituir a este Regulo a mencionada Praça; e se finalmente não for possivel capacitar o Ministerio, e o Dominante de Punem, tambem será necessario que Sua Magestade resolva qual deve ser o comportamento do Estado, attendendo principalmente á importantissima Praça de Damão, que sendo segura pela sua fortificação, o não he pela guarnição que sempre costuma ter. 1791 Abril 18

Deos guarde a V. Ex.ª Goa, 18 de Abril de 1791.—Rubrica do Governador.

P. S. Remetto a V. Ex.ª, dentro de huma folha de lata, a planta da Praça do Piro.

Assento pela mesma letra do registo:

«A planta da Praça do Piro não ficou para este livro, porque veiu só por huma via, e se remetteu para a Côrte.»

Parece porém que depois se alcançou alguma copia, pois ao assento antecedente se segue outro que diz:

«A referida planta foi tirada deste livro, e remettida ao archivo militar por ordem de S. Ex.ª o Conde das Antas, Governador Geral deste Estado. Secretaria, 22 de Fevereiro de 1843.—C. S. Xavier.»

Documentos que accusa a conta sobre o presente estado, e acquisição da Praça do Piro

N.º 1

Parecer do Marechal de campo

(Arch. da India, livro das Monções, n.º 172, fol. 362.)

1790 Dezembro 11 Illmo e Exmo Sr. — Foi V. Ex.ª servido que, vendo eu os nove documentos numerados, e o que recebi ultima, e separadamente, interponha o meu parecer sobre as importantes materias de que tratam, e que principalmente se reduzem aos dois pontos especiaes: se convem nas presentes circumstancias emprehender-se a tomada da fortaleza do Piro, expondo-nos a consequencias? E se se deve permittir ao Rey Sunda a sahida do Estado, ou seja pedida por elle, ou requerida por alguma Potencia visinha?

As reaes ordens de Sua Magestade são tão positivas, e concebidas em termos tão claros, prohibindo expressa e absolutamente a sahida do dito Rey, que evitam todo o trabalho de discorrer neste ponto, em que só deve ter lugar a obediencia. O pai deste moço (que ainda se chama Rey, sem herdar nada delle) perdeu o que tinha sem combater, por molleza e indolencia de familia. Viveu nos seus ultimos annos amparado da generosa piedade da nossa augusta Soberana com tanta decencia, como se nunca fôra despojado; e este filho, que não conheceu até agora outro mundo, merecia bem o castigo do desengano, abandonando-o aos chamados protectores, que pretendem roubal-o, e consumil-o, com prejuizo do Estado, se os effeitos da mesma real e generosissima piedade não foram mais providentes e poderosos, do que a indiscrição com que elle se deixa illudir. As respostas que V. Ex.ª lhe tem mandado dar, me parecem as mais proprias, assim como as providencias para evitar a sua sahida, as quaes me persuado se podem estender, e manifestar-lhas, visto que determinam as reaes ordens a coacção na ultima extremidade, ainda que sem chegar a ella, recommendem a pratica da civilidade. E pelo que pertence a responder-se a alguma Potencia visinha, que requeira a sahida do dito Rey, entendo que se poderá acrescentar a semelhantes respostas que ninguem tem mostrado maior empenho nos verdadeiros interesses do Rey Sunda do que o Estado, que ha tantos annos o sustenta a elle, e a sua familia, com despezas tão avultadas, que elle não poderia recompensar nunca, ainda que possuisse tudo o que gosaram seus avós, quando as ditas Potencias tem feito sómente com elle a despeza de conselhos incoherentes. 1790 Dezembro 11

Sem gastar tempo em provar quanto convem ao Estado a fortaleza do Piro, nem em combinar a differença que as circumstancias occorrentes fizeram indispensavel nas reaes determinações, me parece que a tomada da dita fortaleza se deve regular pelos progressos de Tipú, por ser a sua felicidade a consequencia mais importante; applicando-se sempre a maior vigilancia para aproveitar a occasião opportuna, sem outra contemplação com o Sunda, e seus alliados Asiaticos; especialmente achando-se as tropas inglezas em situação de não operar actualmente com elles na tomada da sobredita fortaleza; devendo-se por ora continuar as diligencias que V. Ex.ª tão sabiamente tem praticado para persuadir o Quiladar, por ser aquelle o meio mais independente e susceptivel da apropriação á diversidade dos successos futuros.

Este he o meu parecer. V. Ex.ª sobretudo resolverá o que julgar mais acertado.

Praça de Rachol, a 11 de Dezembro de 1790. — Francisco Antonio da Veiga Cabral.

N.º 2

Parecer do Chanceller do Estado

(Arch. da India, livro das Monções, n.º 172, fol. 364.)

Ill.mo e Ex.mo Sr. — Tendo visto os quesitos, acompanhados da proposta instructiva, sobre que devo interpor o meu parecer segundo a determinação de V. Ex.ª, e tendo exami- 1790 Dezembro 8

1790 Dezembro 8 nado a exposição feita por parte do Rey de Sunda, e outra dos progressos da guerra dos Inglezes, Dominante de Punem, e Nizama Aly, alliados contra o Tipú Sultan, as cartas e ordens regias que V. Ex.ª me fez ver; antes de entrar a expor o meu parecer sobre os mesmos quesitos, devo dizer a V. Ex.ª o que comprehendo das mesmas reaes ordens, assim a respeito da conservação do dito Rey neste Estado, como da exclusão dos Inglezes dos portos do sul, principalmente das praças e fortalezas da costa do Reino de Sundem.

Sua Magestade, tendo bem comprehendido a situação e forças dos Reys e Regulos desta costa da Peninsula occidental da India, depois da tyrannica exaltação de Aydar Aly Kan, e o infeliz estado a que se achava reduzido o Regulo Sunda, sem dominios e praças, sem gente, e sem thesouro, refugiado ao asylo do Estado, de quem recebe a segurança e defeza da sua pessoa e familia, e todo o necessario para o seu decente tratamento; conhecendo igualmente a tyrannia, e astucias de Aydar Aly Kan, e de seu successor Tipú Sultan, cujo projecto era extinguir toda a familia e geração do Rey refugiado, como havia feito com os outros Reys conquistados; receiando que os senhores Governadores e Capitães Generaes podessem ser illudidos por alguns enganos e estratagemas, com que se representasse a nova exaltação do mesmo Rey, em que este seria o primeiro a succumbir pelo natural desejo de reinar, ou que atemorisados os Conselheiros do Estado das ameaças de alguma guerra por esse respeito imminente, conviessem em que se sahisse do Estado para empossar-se do seu Reino, que era o mesmo que ir cahir nas mãos e tyrannia do seu conquistador, como esteve para acontecer no anno de 1782, com irreparavel damno do Estado, quiz reservar a si a concessão da licença para esta sahida, e o conhecimento desta negociação, nos termos porém da referida situação, ou outra semelhante, como parece ser a que se representa na exposição do referido Rey.

Porque nenhum juizo prudente, á vista de huma guerra iniciada sem maiores progressos, póde considerar abatido o orgulho e poder de Tipú Sultan, ou esperar com probabilidade que seja pela continuação da guerra desthronado, maiormente se estiver instruido dos successos da guerra passada, da venalidade dos alliados, e dos seus Cabos, como vem a confessar o mesmo Rey refugiado na sua dita exposição. 1790 Dezembro 8

Nestas circumstancias tão incertas e duvidosas, seria imprudencia grande considerar o dito Rey em termos de ser restabelecido, e firmado no seu antigo Reino, quando antes se deve caracterisar os movimentos acontecidos no Reino de Sundem, e relatados na exposição do sobredito Rey, huma revolução e rebellião dos povos contra o seu actual Dominante, que sendo desembaraçado desta guerra dos alliados, com bem pequena tropa faz repor tudo debaixo da sua dominação, vingando-se do mesmo infeliz Rey, e daquelles que tiverem cooperado para este inconsiderado, e quasi momentaneo estabelecimento.

Por este discurso, todo ajustado ás cartas e ordens de 23 de Fevereiro de 1782, e 20 de Março de 1784, vem-se a conhecer que Sua Magestade só quer evitar a ruina da pessoa e familia do Rey refugiado, e as consequencias della, que recahem sobre este Estado, porém não he da sua intenção privar a este Rey da sua felicidade, no caso do seguro e firme restabelecimento ao seu Reino, fazendo-o mais infeliz pelo mesmo asylo e protecção que lhe deu, do que havia ficado pela tyrannia do seu inimigo; este horroroso pensamento he inteiramente contrario á justiça, grandeza, e á religião da nossa augusta Rainha, e dos senhores Reys de Portugal; este firme porém e seguro restabelecimento não se verifica na situação da guerra, e dos negocios presentes, nem se verificará sem que seja dethronado, ou muito abatido de seu poder Tipú Sultan; o mesmo direito publico, e leis da guerra, não consideram adquiridos e conquistados os reinos e terras occupadas pelas armas inimigas, quando não ficam guarnecidas em termos de serem bem defendidas.

O systema deste Estado he, e deve ser, conservar-se em huma perfeita neutralidade, não tomando partido em guerra alguma de seus visinhos, que lhe não seja, ou venha a ser provavelmente offensiva; esta neutralidade seria pervertida

1790 Dezembro 8 se o Estado consentisse que o Rey refugiado das nossas terras estivesse fazendo huma guerra a Tipú Sultan, que ainda abstrahido de toda a nossa communicação, e justamente resentido do que no anno de 1768 lhe fizemos em Mangalor, dando entrada aos Inglezes para o atacarem, nos tem guardado huma igual neutralidade.

Firme o Estado neste inalteravel systema, deve tomar as mais prudentes medidas, para nem consentir em acção do Rey refugiado, que possa violar as leis da neutralidade, que devemos guardar a Tipú Sultan nas presentes circumstancias, nem tambem embaraçar a fortuna do Rey refugiado, procurada fóra do Estado, e tentada a todo o risco pelos seus Cabos, e antigos vassallos, de sorte que em todo e qualquer accidente resulte ao Estado a gloria de se haver comportado segundo as regras da neutralidade, da humanidade, e da razão.

Porque nas circumstancias das forças do Estado (fallo dos seus rendimentos) não deve, ainda pelo direito de protecção em que tomamos o Rey refugiado, arriscar o Estado a huma guerra trabalhosa, procurada pelo nosso desigual comportamento.

Os inesperados contrarios successos, que algumas vezes acontecem, apesar de hum regular e justo comportamento, como fôra da comprehensão e prevenção humana, devem ser contados no numero dos rigorosos acasos, que nunca poderão servir de culpa, e injuria aos mais sublimes conhecimentos humanos.

Quanto á fortaleza do Piro, parece-me que nem em nome do Estado, nem em nome do Rey de Sunda, ou auxiliando o seu partido, a devemos atacar; o contrario seria transtornar o systema do Estado, quebrantar o direito de neutralidade, e ir desafiar huma guerra, que póde vir a ser de consequencia, para remover hum prejuizo, que ou não virá a receber, ou recebendo-o, não póde evitar, nem fica removido com a tomada e possessão da Fortaleza do Piro, e qualquer que seja o successo da guerra, viria a pôr o Estado em huma triste e infeliz negociação, porque:

Se Tipú Sultan fica vencedor, todo victorioso, todo soberbo, e todo ambicioso, por bem ou por mal, será obrigado o Estado a perder a mesma fortaleza; se o partido dos alliados sahir victorioso, dethronando, ou abatendo o orgulho de Tipú, segundo a noticia dos Tratados entre elles feitos, ficam os Inglezes com o dominio e posse de toda a Costa, e Reino do Canará, donde melhor póde attrahir todo o commercio, ainda das terras mais visinhas ao Estado, como com menos favoraveis circumstancias estão praticando da Feitoria de Surrate, e da Praça de Bombaim a respeito de Goa, Damão e Dio; e o Estado se verá novamente embaraçado com os Marathas, favorecendo o Rey refugiado seu feudatario, para o fazer entrar na posse das suas terras e fortalezas, não podendo esquecerem-se de que o Estado, ou a tomou em seu nome, ou em tempo e occasião, que elle já a combatia auxiliado com forças capazes de a vencer, e com os verdadeiros direitos do seu antigo dominio; acrescendo o risco de huma guerra, que poderá o Estado ter primeiro com as tropas do Rey refugiado, e auxiliares do Bounsuló, antes de entrar no ataque da mesma fortaleza, porque eu me capacito que o Rey de Sunda vive hoje mais receioso do Estado, que do mesmo Tipú. 1790 Dezembro 8

Não póde entrar em duvida que o intento dos Inglezes he absorver todo o commercio, e pôr-nos em necessidade de desamparar, como inutil, o que possue Sua Magestade Fidelissima nesta costa da India; elles porém tem sabido dirigir a sua ambição com huma verdadeira politica, fazendo hum commercio opulento e abundante, activo e industrioso, e igualmente util, e de boa fé aos Asiaticos, de quem recebem os fructos e manufacturas, bem dessemelhante á negociação do Estado entregue a huns poucos de gentios inertes, miseros, e de má fé, que até pelo modo aleivoso tem roubado grossissimo cabedal a todo Balgate, Mangalor, e mais portos do sul. Estes homens, que indignamente sustentam commercio, o tem arruinado com grande descredito do nome portuguez, o que tem concorrido muito para o augmento do commercio, forças e gloria do nome inglez nesta parte da Asia.

1790 Dezembro 8 Se posso crer o que se refere nos ultimos paragraphos da exposição do Rey de Sunda, parece-me que esta ambição dos Inglezes não he desconhecida dos Marathas, não convindo seu Cabo Parisramo Rau que elles guarneçam as praças dos Regulos seus feudatarios, que sem dependencia dos alliados as recuperarem. Esta politica dos Marathas seria util augmental-a por algum destro e activo agente nosso na Côrte de Punem, bem instruido dos interesses do Estado, e capaz de dar algumas mais certas luzes do projecto e intento daquella Côrte a respeito do Rey de Sunda.

Em taes circumstancias, capacito-me que tem obrado V. Ex.ª quanto pedia a situação dos presentes negocios a respeito da Fortaleza do Piro. O seu Quiladar, pelas cartas que recebeu, deve estar certificado da intenção, e propensão do Estado para com seu amo; continuar, sem elle háver respondido, parece-me desairoso ao Estado, e fará talvez augmentar alguma desconfiança, de que elle esteja prevenido, se não he que Tipú queira que seja a Praça rendida com perda de tempo, e forças do exercito dos alliados.

Seguindo eu o sobredito systema, e as ordens de Sua Magestade, que a respeito do Rey refugiado ainda se verificam nas circumstancias presentes, passo a responder aos quesitos.

1.º

De que modo, sem desobedecer ás ordens Reaes, me devo comportar, e responder á exposição, que me faz o dito Rey

Na resposta, que por ordem de V. Ex.ª deu vocalmente o Desembargador Secretario do Estado, vejo principiadas a pôr em execução as sobreditas Reaes ordens ajustadas ao verdadeiro conhecimento da situação presente. O meu parecer he que deve continuar a responder debaixo do mesmo meio termo; a saber, a nenhuma subsistencia e defensa, que póde ter aquelle Reino, e as fortalezas recuperadas no caso que fique victorioso Tipú Sultan; a incerteza dos successos da guerra, e até a ruina total daquelles povos; segurandolhe ao mesmo tempo que Sua Magestade e o Estado estimarão muito a sua felicidade, quando a sua restituição ao throno seja segura, sem risco de sua pessoa no que receberá muita gloria o mesmo Estado; que elle deve esperar algum successo da guerra mais decisivo e tambem certificar-se por via do Estado dos Tratados dos Alliados, e do seu verdadeiro projecto, no que trabalha V. Ex.ª; fazendo-o capacitar da boa fé, com que o trata o Estado, e fazer desterrar do seu conceito qualquer desconfiança em que estiver contra o Estado. 1790 Dezembro 8

2.º

Que devo fazer, se me constar que elle está resoluto a fugir do Estado, ou for apanhado em acto de fuga

As cautelas, de que me podia lembrar, para embaraçar o projecto da fuga com decencia e dissimulação, vejo praticadas por V. Ex.ª como consta da mesma proposta instructiva: constando porém a V. Ex.ª que estas cautelas, e outras possiveis dentro da mesma dissimulação, não são bastantes para impedir effectivamente a resolução da fuga (que he bem de esperar), me parece deve ser removido para algum lugar, que seja mais seguro para impedir a fuga, lugar, que nunca deve ser de prisão; precedendo huma decente protestação de que o Estado só procura evitar a sua precipitação e ruina, pela qual deverá V. Ex.ª responder a Sua Magestade que elle se acha illudido por homens de pouca consideração; que o negocio do restabelecimento ao seu antigo Reino não depende da sua presença; que elle deve deixar obrar os seus Cabos até o ponto de huma segura decisão da sua fortuna, que toda he dependente do successo, e do fim desta guerra; e debaixo desta, ou outra melhor protestação ser effectivamente removido para o lugar mais seguro com sua mulher e filhos: e parecendo a V. Ex.ª o lugar, em que actualmente se acha, seguro, ser nelle conservado com sufficiente guarnição fóra das portas da mesma casa. Este artigo, Ex.mo Senhor, he o mais melindroso, porque conheço que alem da fé publica, do caracter da pessoa, e das leis da hospitalidade, ainda póde vir a ser util ao Estado para suas negociações a

1790 Dezembro 8 boa amizade do Rey refugiado, no caso de ser empossado do seu Reino; porém tambem he certo que a elle se deve dar em culpa sua leveza e precipitação.

3.°

Que resposta lhe darei, se me pedir licença para se recolher ao seu Reino, e quaes serão as razões, de que poderei usar, para o persuadir a que o não faça

Nas circumstancias presentes, e ponderadas, lhe deve ser denegada a licença que pedir para sahir do Estado, e as razões, de que se deve usar, são as mesmas que ficam ponderadas no 1.°, e 2.° Quesito, e outras semelhantes debaixo do mesmo meio termo.

4.°

E finalmente que responderei á Côrte de Punem, se ella me pedir o dito Rey para tomar posse do seu Reino, assim como consta que a tem tomado os Regulos mencionados na exposição do n.° 2.° em virtude da declaração feita pelo General Parisrama Bau

As razões expendidas sobre o 1.° e 2.° quesito devem tambem servir para responder á Côrte de Punem, sendo sempre fundamento destas respostas a incerteza dos successos da guerra, e não dever o Estado obrar inconsiderada e arrebatadamente, expondo a pessoa do Rey, e toda sua familia, que tem recebido debaixo da sua protecção, a huma total ruina, como aconteceu ao Rey de Seringapatana á Rainha do Canará, a Mourar Rau, e ao Rajá Borma.

Estas respostas me parece devem ser sustentadas até o ponto do fim, e ultimo successo da guerra dos Alliados contra Tipû Sultan tempo, em que a situação dos negocios poderá ou melhor confirmal-as, ou necessitar ao Estado tomar nova resolução. Deus guarde a V. Ex.ª Ribandar, 8 de Dezembro de 1790.—Illmo e Exmo Senhor Francisco da Cunha e Menezes.—O Chanceller Conselheiro do Estado, José da Rocha Dantas e Mendonça.

N.º 3

Instrucção dada a Vital Rão Gorqui em 21 de Dezembro de 1790

Não se achou o Livro das Instrucções, onde foi registada.

N.º 4

(Arch. da India, livro das Monções, n.º 172, fol. 371.)

Copia.—Traducção.—Ao Illmo e Exmo possuidor de gran- 1790 Dezembro 13
de Estado e felicidades, General de grande exercito, e conservador da verdadeira amizade, Grandioso Senhor Francisco da Cunha e Menezes, Governador e Capitão General da India, cuja felicidade seja perpetua.

Eu Savay Bassava Linga, Rey de Sunda, envio esta com cortezia de muitos salamos, ficando de saude pela mercê de Deus, e desejando ter as boas novas de V. Ex.ª

A infeliz conjuncção do tempo permittiu que o Magnifico Rey, meu pae e senhor, passasse á Real protecção de Sua Magestade Fidelissima haverá trinta annos, e levando Deus para si o dito grande Rey na minha menoridade no tempo da dominação do Nababo Aidar Aly Kan, a minha mãe e senhora procurou negociação com elle, visto então não haver outro remedio, cuja negociação foi suspensa, porque Sua Magestade foi servida animar-me com a sua resposta que em occasião favoravel seria eu soccorrido para restaurar o Reino, dando-me seguro deste seu desejo; e estando eu nesta esperança, agora por occasião dos crescentes progressos da alliança feita pelos Marathas, Inglezes, e Mogol, lembrou-se o Grandioso Parisramo Panta de Ravayá, pessoa minha, a quem passou papel de consentimento sobre as providencias dos dominios do dito Reino, em cuja consequencia Ravayá na fórma possivel ajuntou os povos, e mais gente, entrou nos mesmos dominios, e tomou alguns fortes dos Gates, de que me deu parte; e considerando eu que este projecto me seria

1790 Dezembro 13 vantajoso, participei a V. Ex.ª que era propria occasião de coroar-me o Estado, que me tinha na sua protecção, e neste fundamento lhe propuz o soccorro de quatro modos, para conferir aquelle que lhe fosse commodo, sem que eu declarasse hum só que julgasse firme, pois quando Devayá me avisou da negociação que se lhe offereceu da fortaleza de Sundem, o puz na intelligencia que seria soccorrido com a permissão do Estado para conseguir a restante conquista, cuja resolução fez suspender o vencimento da dita fortaleza.

Havendo no exercito (não sei como) esta noticia de estar suspendida a negociação da entrega proposta da fortaleza, expediu delle o Grandioso Parisrama Panta ao Cabo Zaeramo Panta com 4:000 homens e 500 cavallos, cujo corpo tanto que chegou a Sundem, o Quiladar largando a fortaleza fugiu com a gente da sua guarnição, e Zaeramo Panta arvorou a bandeira do Reino, e metteu guarnição do seu corpo, e veiu á minha noticia que tambem vae mettendo já suas guarnições nos fortes conquistados por Ravayá; e V. Ex.ª ha de ter certeza destas novidades.

Ainda fica por tomar unicamente do dito Reino a fortaleza Sadassiva Goddo (Piro), a cujo respeito vindo fallar-me os povos, como fieis vassallos, para pedir soccorro, o negocio fica parado, e são opprimidos em Canacona, e até succedem prisões, o que visto, afastando-se elles do amor, que me trazem, procuram protecções estranhas, por cuja causa não tardará passar a dita fortaleza ao dominio do Maratha.

Antes de estabelecer no Reino o governo Maratha, se tivesse conseguido do Panta a negociação, podiam haver providencias, conservando em meu nome os fortes conquistados, concluindo o ajuste dos tributos futuros em menor quantia; mas a minha desgraça offerece duvidas por differentes modos, de que collijo querer Deus que as terras de hum valido do Estado sejam dominadas por hum estranho, e não por mim.

Muitas Potencias e Regulos nos presentes progressos dos Marathas e Inglezes, tem conseguido nos seus Sarcares ajustes, e introduzindo-se nas suas terras as governam; eu tinha mais vantagem de ter a meu favor os povos, e de ter o tempo das cobranças dos fóros, e sobretudo o poder da protecção do Estado, e acabo de referir o meu desejo, que he de que não haja demora neste negocio depois de ter tantas cousas a meu favor. Se eu chegar a tomar posse do Reino, farei sciente a V. Ex.ª e daqui governarei o dito Reino dando nelle as providencias necessarias. 1790 Dezembro 13

O Grandioso Parisrama Panta recommendou que eu mandasse Procurador meu para firmar o ajuste, e tomar entrega do Reino, e deu então carta, cuja copia remetteu-me Ravayá, ficando este com a carta original, para por meio della fazer as conquistas do Reino, e pela demora que ha para a remessa do Procurador, que he preciso fazer por virtude da dita carta, se vae perdendo o negocio logo no seu principio, por cujo motivo pedi que viesse á minha presença o Grandioso Secretario, e lhe communiquei toda a materia, para a participar a V. Ex.ª, entregando-lhe a dita copia de que o dito Ministro já terá dado parte a V. Ex.ª [1].

Presentemente sem que eu dirija meu Procurador com os Marathas não posso alcançar a liberdade e socego do Reino, e emquanto ás despezas do Darbar, sobre ellas se farão applicações das rendas do dito Reino, e assim pretendo mandar a hum dos dois Ministros do meu paço Vir Vodder ou Devayá, por quanto sem este meio não occorre outro para eu recuperar ou ganhar o Reino, e por isso escrevo esta a V. Ex.ª e não sou mais largo. Deus guarde a V. Ex.ª com alegria.—Moulá, 7 da Lua crescente do mez Margaxir do anno chamado Sadharana (13 de Dezembro de 1790). Esta he a carta.

Traduzida por mim Ananta Camotim Vaga, Lingoa do Estado, aos 14 de Dezembro de 1790.—Sebastião José Ferreira Barroco.

[1] A copia, de que aqui se falla, fica publicada em seguida ao Tratado a pag. 13 deste tomo.

N.º 5

Carta regia

(Arch. da India, livro das Monções, n.º 172, fol. 374.)

1782 Fevereiro 23 Copia.—Dona Maria, por graça de Deus, Rainha de Portugal e dos Algarves d'áquem e d'alem mar em Africa, Senhora de Guiné e da conquista, navegação e commercio da Ethiopia Arabia, Persia e da India, etc. Faço saber a vós Rey Sunda que me foi presente a vossa carta escripta em 22 de Dezembro de 1780; e mandando considerar o que nella me representaes, me pareceu dizer-vos: Que a Dom Frederico Guilherme de Sousa, Governador e Capitão General desse Estado, ordeno que vos participe o que deveis ficar entendendo sobre os particulares referidos na mesma carta: ao dito Governador e Capitão General deveis dar inteiro credito sobre tudo o que vos disser no meu Real nome, conformando-vos com o que lhe ordeno: e tendo a certeza de que havendo vossos paes, vós e a vossa familia experimentado em os meus Reaes dominios no decurso de dezoito annos os benignos effeitos da Real clemencia, e generosa protecção de El-Rey Meu Augusto Pae e Senhor e a minha, podeis estar seguro de que sempre achareis nos meus dominios huma efficaz e vigilante cooperação para tudo o que podér contribuir á preservação da vossa Pessoa, conservação e segurança da vossa vida e a vossa verdadeira prosperidade. Deus Nosso Senhor vos alumie em sua divina graça, e com ella haja a vossa pessoa em sua santa guarda Escripta em Samora Correia, em 23 de Fevereiro de 1782.—Rainha.

N.º 6

Carta do Governador do Estado ao Rey Sunda

(Arch. da India, livro das Monções. n.º 172, fol. 375.)

1790 Dezembro 16 Magnifico e Grandioso Savay Bassavá Linga, Rey de Sunda, cuja amizade seja perpetua.

Recebi a carta, que Vossa Alteza me dirigiu em data de 13

do corrente, a qual contém em summa a mesma exposição, que o Honrado Sardessai Goinda Naique fez ao Desembargador Secretario do Estado no dia 16 do mez passado, e a que Vossa Alteza fez a este Ministro no dia 1.º do corrente. 1790 Dezembro 16

Se Vossa Alteza logo que entrou na presente negociação sobre o seu restabelecimento, me participasse as suas esperanças, como era justo, poder-me-ia ter deliberado com mais promptidão sobre hum negocio de tanta importancia, em que de qualquer modo que se caminhe devo sempre attender ás ordens Reaes, que me mandam conservar a decencia do Magestoso Estado na protecção que Sua Magestade Fidelissima dá a Vossa Alteza. Nestes termos como o Magestoso Estado não tem entrado em alliança alguma na presente guerra, não deve figurar nella, nem em seu nome, nem do de Vossa Alteza sem bastante consideração, e sem que eu por mim mesmo saiba e veja se a situação das cousas he tão favoravel para o Magestoso Estado, e para Vossa Alteza como refere na sua carta, a qual me põe bem duvidosa a intenção do Sarcar de Punem a favor do seu restabelecimento, porque se por huma parte vejo que em nome de Vossa Alteza tem Ravaiá e outros Cabos feito algumas conquistas, ou para melhor dizer roubos, vejo por outra parte que o General Maratha vae mettendo guarnições nas fortalezas tomadas, e guarnecidas pelo dito Ravaiá.

Como as materias desta supposição se costumam tratar com os Conselheiros do Magestoso Estado, os quaes são nelle as pessoas, que occupam os maiores cargos, e que tem a maior experiencia dos interesses publicos, não tenho deixado de os consultar na presente occasião, e para facilitar o seu conselho, e a minha deliberação, tenho escolhido pessoa intelligente para se informar no Sarcar de Punem de tudo que diz respeito a esta materia, em que não só se interessa Vossa Alteza mas tambem o Magestoso Estado; e como esta pessoa ha de sahir de Goa por toda esta semana, me parece que Vossa Alteza deve por ora socegar o seu animo, e esperar o que resulta desta diligencia.

1790 Dezembro 16 Quanto ás oppressões que Vossa Alteza me diz se fazem em Canacona ás pessoas que vem dos seus antigos dominios, não sei que se tenha feito naquella Provincia mais que vigiar as fronteiras della, como he indispensavel que se pratique, quando as Potencias visinhas estão em guerra; e se tem vindo algumas pessoas das que entraram na dita Provincia a esta côrte, tambem se não póde attribuir isto a violencia, mas sim á necessidade que ha de tirar dellas as informações necessarias, por cuja razão são despedidas logo que declaram o que sabem, e tendo vindo entre outras algumas pessoas que pertenciam a Vossa Alteza foram desembaraçadas, e se lhes entregaram os papeis que traziam.

Deus guarde a Vossa Alteza em a sua divina graça. Pangim, 16 de Dezembro de 1790.—Francisco da Cunha e Menezes.

N.º 7

Carta do Rey Sunda ao Governador

(Arch. da India, livro das Monções, n.º 172, fol 376.)

1790 Dezembro 23 Copia.—Traducção.—Ao Illmo e Exmo Possuidor de grande Estado e felicidades, General de grande exercito, e observador da verdadeira amizade, Grandioso Senhor Francisco da Cunha e Menezes, Governador e Capitão General da India, cuja felicidade seja perpetua.

Eu Savay Bassavá Linga, Rey de Sunda, envio esta com cortezia de muitos salamos, ficando de saude pela mercê de Deus, e desejando ter as boas novas de V. Ex.ª

Com particular estimação recebi a resposta, que V. Ex.ª deu á minha carta, e fiquei certo na materia della: por quanto o Magestoso meu Pae a escolha que fez da protecção de huma fraternal amizade para recuperar a sua felicidade perdida, me pareceu não duvidosa para eu alcançar aquelle absoluto poder, visto achar certeza do firme animo que V. Ex.ª tem de a soccorrer.

Quanto ao dizer que já me teria sido util para ter logo resolução dos negocios, se eu os tivesse participado a V. Ex.ª tanto que entrei nelles, para restaurar os dominios, digo que quando fui informado que era propria occasião de conseguir as cousas completamente, no mesmo instante dei parte a V. Ex.ª para accordar os futuros soccorros; nestes termos não considere V. Ex.ª pouca sinceridade, porque sem ser o Estado, não vem á imaginação outro que me aconselhe em meu beneficio, porque nesta protecção, por querer procurar os meus interesses, não me esquecerei do mais, e toda a duvida, que do contrario se considere, Deus me não perdoará. 1790 Dezembro 23

Quanto ao dizer que a conquista feita por Ravayá, ou por melhor dizer, roubos em meu nome, não devia dar por certa, porque nella entravam as guarnições das tropas marathas, devo explicar a V. Ex.ª que para dar as futuras providencias sobre as cousas do Reino não dei commissão ao dito Ravayá, nem auxilio á sua conquista, achando-se elle na presença do Honrado Parisrama Panta, lembrando-se este de mim, e da antiga correspondencia, passou carta de consentimento para tratar do Reino, e o sobredito reforçado deste documento se animou a entrar nestes negocios, nos quaes com effeito entrou; porém como não chegou á presença do dito Panta procurador meu com os poderes necessarios para fazer ajuste, ou convenção do dito Reino como elle desejava, da mesma fórma que praticaram os outros Reys, Nababo, e mais Regulos, então vendo o embaraço do dito procurador, foi justa a causa que teve o dito Panta para metter as guarnições das suas tropas, já que as terras conquistadas não podia providenciar quem andava com o encargo dellas.

Quanto ao dizer que tinha V. Ex.ª nomeado pessoa intelligente no Sarcar de Punem a respeito dos projectos que haviam presentemente, e que lhe parecia que eu devia estar de animo socegado esperando pelo resultado desta diligencia, se me offerece responder que este arbitrio he muito util, mas como esta pessoa do Estado seja enviada em beneficio do Reino, seria conveniente que fosse acompanhada com outra minha instruida dos negocios do Reino, para ambas de

1790 Dezembro 23 accordo tomarem as informações no Sarcar, e resolverem as duvidas que nelle offerecerem, e darem conta aos seus superiores para o mais determinar V. Ex.ª com consentimento meu, para por este meio recuperar o dito Reino, pois similhante occasião não se offereceu em tempo algum, e Deus reservou ao actual de V. Ex.ª na cuja pessoa resplandecem as seis virtudes, e conheço a intima amizade com que V. Ex.ª me trata, pelo que por effeito della peço a V. Ex.ª que na presente conjuncção seja prodigo para commigo sobre expedição do meu procurador, porque dando V. Ex.ª consentimento, e indo ambas as pessoas, as Potencias coroadas darão elogios ao Estado em prova da generosidade e affeição de ser o meu verdadeiro defensor em occasião opportuna, pois que me dirão depois de nascer Principe não procurar eu a recuperação do Reino, e ser omisso procedimento escandaloso entre as côrtes donde sou conhecido; e V. Ex.ª bem sabe o fim que terá toda esta protecção, que por commiseração tenho merecido ao Estado em passando esta occasião: por quanto ainda que só Deus he que tem no seu segredo se levantará cabeça o Nababo Tipú, ou se se arruinará de todo, he infallivel que nem os Inglezes, nem o Mogol fará pazes com elle promettendo-lhe feudos para retrocederem, e por isso quando esteja adiantada a negociação com o Felicissimo, talvez contratando de pazes com este, a materia do Reino será incluida nellas, concluindo tudo debaixo dos termos da sinceridade, e sem inimizade, porque penso que ainda que se extinga a geração do Tipú, as terras que este disfructa, terá outro Senhor, que será preciso o contemple da mesma fórma que faço ao outro, o que não duvidaria fazer, se não considerasse poucos para isso os cem annos de idade que o Creador nos destinou, ou se tivesse certeza de que Deus inteiramente me tinha por desgraçado e incapaz para o governo, não obrando mais do que divertir-me nos mattos de Moulá, e passar nelles os restantes dias da vida.

E emquanto ao ponto da conservação do decoro do Estado, eu não estou fóra da vontade de Sua Magestade, por quanto estou certo nas ordens da dita Senhora para os Ex.^mos

Governadores, a fim de me auxiliarem em occasião opportuna para recuperar os meus dominios, e tenho toda a certeza que se Sua Magestade fosse informada da presente situação, certamente se compadeceria de mim, e não experimentaria os embaraços que encontro para alcançar o que desejava, e bem tenho observado o distincto valor e poder do Estado na defeza delle em as occasiões, que se tem offerecido das perseguições dos inimigos de pequena e grande supposição, e supponho que Sua Magestade sempre ha de ter providenciado com as suas Reaes determinações para se aproveitar das occasiões que forem em beneficio e gloria do Estado. 1790 Dezembro 23

Finalmente devendo eu procurar a occasião da dita recuperação, como esta se offerece, não posso deixar de solicitar o meio de se aproveitar della, e por isso me occupo em ser effectivo a perseguir a V. Ex.ª que queira soffrer estes incommodos, por serem em beneficio meu, e elogios do Estado, concedendo-me generosamente o seu consentimento; e não sou mais largo.

Deus guarde a V. Ex.ª com alegria. Moulá, 1.º da Lua minguante do mez Margaxir do anno Sadharama (23 de Dezembro de 1790). Esta he a carta.

Traduzida por mim Ananta Camotim Vaga, Lingoa do Estado, aos 25 de Dezembro de 1790. S. E.—Sebastião José Ferreira Barroco.

N.º 8

Artigos que se devem estipular no tratado, que se faz com o Rey Sunda para o seu restabelecimento ao throno, de que seu pai foi despojado, cujo Tratado (concluindo-se) deve ser assignado pelo Rey e seus ministros.

(Arch. da India, livro das Monções, n.º 172, fol. 379.)

(Papel da letra do Governador D. Frederico Guilherme de Sousa).

1.º

Que o Rey cederá ao Estado as praças do Piro e Chimpim, como tambem a enseada das Gallés, com os seus territorios, e jurisdicções, como já antes o Estado possuiu, e isto para sempre.

2.°

Que abdicará todo o direito que suppõe ter ás Provincias de Pondá, Canacona, Zambaulim, e suas annexas, como tambem á fortaleza do Cabo da Rama, ficando esta e aquellas para todo sempre incorporadas nos Reaes dominios da Corôa de Portugal.

3.°

Que em todas as praças de armas do seu Reino serão as suas guarnições, como tambem os seus commandantes postos pelo governo de Goa, ficando ao arbitrio deste augmental-as, diminuil-as, mudal-as e finalmente fazer nellas todas as alterações, que bem lhe parecer, arvorando nellas para maior respeito a bandeira Portugueza, e sendo estas guarnições pagas pelo Rey.

4.°

Que só aos Portuguezes exclusivamente concederá Feitorias nos seus dominios, para nellas se vender o sandalo, pimenta e mais generos de commercio da producção daquelles, com o privilegio de preferencia na concorrencia de compradores de outras nações, comprando-se por justos preços, e mandando logo que estiver de posse despedir os Feitores de qualquer outra Nação, que se acharem intrusos.

5.°

Que os Ministros, Secretario e General do Rey serão nomeados pelo governo de Goa, propondo o Rey para cada hum destes empregos dois sujeitos, e ficando ao governo o livre arbitrio de nomear hum dos propostos, ou outro qualquer, sem que por isto o que for nomeado, ainda que não dos propostos, deixe de entrar logo na posse, e serventia do logar, em que for provido pelo governo de Goa.

6.°

Que o Rey logo que estiver de posse do seu Reino deixará de cobrar a congrua de 20:000 xerafins, com que Sua Magestade lhe manda assistir pelo erario do Estado, e se constituirá seu feudatario pelo devido reconhecimento a huma protecção tão antiga, e á sua instauração no throno, pagando annualmente ao Estado para sempre hum laque de Rupias de feudo.

7.º

Que o Rey pagará por hum modo suave (que com tudo não exceda o tempo de cinco annos) as despezas, que o Estado fizer para o pôr na posse do seu Reino, cuja quantia de despeza será certificada pelo governo de Goa para ser acreditada, e para o effectivo pagamento da quota parte, que couber em cada hum dos annos até total pagamento, fará o governo de Goa o arrendamento a hum ou mais rendeiros de huma parte do Reino que corresponda áquella quantia annual, e extincta dentro dos sobreditos cinco annos a total divida, deixará o Estado de cobrar do Rey e Reino de Sunda outra qualquer porção que não seja a do feudo estipulado no artigo antecedente.

Convindo o Rey Sunda nestes artigos assignados por elle e seus Ministros, o Estado se obriga a mettel-o de posse do seu Reino, mettendo-o logo na de algumas das fortalezas que tomar, e conserval-o nella até que cooperando ao mesmo tempo o Rey por seus commissarios a que os povos se sublevem, este fique na posse das suas fortalezas.

N.º 9

Carta regia

(Arch. da India, livro das Monções, n.º 172, fol. 381.)

Dom Joseph, por graça de Deos Rey de Portugal e dos Algarves, daquem e dalem mar em Africa, senhor de Guiné, e da conquista, navegação e commercio da Ethiopia, Arabia, Persia, e da India, etc. Faço saber a vós, Rey de Sunda, que havendo chegado á minha real presença a representação que me dirigistes em 9 de Fevereiro do anno proximo passado, 1768 Abril 1

1768 Abril 1 contando entre as infelicidades que tendes padecido, os attentados que o Intendente Francisco da Silva Côrte Real, e o seu Lingua Sirpoti Rao, commetteram contra a vossa pessoa, não poderam deixar de se me fazer muito estranhas aquellas desordens tão contrarias aos meus Regios sentimentos, como ás obrigações dos que as praticaram; devendo contemplar na vossa pessoa o sagrado asylo da minha Real protecção, a vossa soberania, a immunidade, que lhe era devida, o direito da hospitalidade, e os vossos afflictivos trabalhos, para não acrescentarem a elles as desattenções que vos fizeram. Em justa demonstração do sentimento com que as ouvi, mando ordem para que o Desembargador Francisco da Silva Côrte Real haja logo de sahir desse Estado; para que o lugar de Intendente, que elle exercitou, seja extincto; para que Sirpoti Rao seja prezo em ferros, e nelles fique em quanto vos não deres por satisfeito das suas liberdades; e para que na conformidade da minha Carta Regia de 24 de Abril de 1766 sejam as vossas necessidades soccorridas com tudo o que permittir a actual situação do meu Estado da India, e seja a vossa pessoa tão attendida como eu desejo, e espero que o ha de ser sempre, em quanto a Divina Providencia não abrir algum seguro caminho, por onde sejaes restituido aos vossos Estados. Podeis ter a certeza de que desde logo desejava metter-vos na posse de Zambaulim e de Pondá com a mesma generosidade, com que no anno de 1764 vos mandei entregar as Praças de Piro e Ximpim, se dahi se não seguisse o notorio perigo de virem os nossos inimigos atacar-vos naquelles dois lugares, logo que soubessem que eram vossos, trazendo huma guerra ás fronteiras de Goa.

Deos Nosso Senhor vos alumie em sua graça, e com ella haja a vossa pessoa em sua santa guarda. Escripta no Palacio de Nossa Senhora da Ajuda, no 1.º de Abril de 1768. — REY. — Sebastião José Ferreira Barroco.

N.º 10

Proposta aos Conselheiros

Depois da proposta, que dirigi a V. S.ª em data de 5 de Dezembro proximo passado, sobre a materia da exposição que o Sar Dessay Govinda Naique, Ministro do Rey Sunda, havia feito da parte de seu amo ao Desembargador Secretario do Estado no dia 16 de Novembro antecedente, teve o dito Desembargador na tarde do dia 7 do mesmo mez de Dezembro huma conferencia com o mencionado Rey, que lhe escreveu para que lhe fallasse, na qual lhe referiu o dito Sunda pelo mesmo modo conteudo na dita exposição a opportunidade, que tinha de subir ao throno de seus maiores, se mandasse pessoa sua a fazer os devidos ajustes com Parisrama Bau, General maratha, na fórma que haviam praticado varios Regulos, que havendo sido expulsos dos seus dominios por Aydar Aly, se viam restituidos a elles, ou ao menos com permissão de os receberem debaixo do patrocinio maratha, pagando ao Sarcar de Punem os antigos tributos. 1791 Janeiro 3

Respondeu-lhe o mencionado Desembargador segundo o meio termo da resposta, que por elle mandei dar ao Ministro do Sunda, e que foi entre os documentos da proposta antecedente n.º 9; mas não se contentando com isto o dito Sunda, me dirigiu em 13 de Dezembro proximo passado a carta da copia n.º 1, em que referindo a necessidade que obrigára seu pai a buscar o patrocinio do Estado, se lembra da carta de consolação que recebeu de Sua Magestade em data de 23 de Fevereiro de 1782 da copia n.º 2, e se lastima amargamente de que as terras de hum valido do Estado sejam dominadas por hum estranho, e não por elle dito Sunda, concluindo que sem que mande Procurador seu não póde alcançar a liberdade, e socego do Reino. A esta carta respondi o que consta da copia n.º 3, mas não se satisfazendo ainda com ella o mesmo Rey, me replicou com a carta da copia

1791 Janeiro 3 n.º 4, em data de 23 do mez proximo passado. Parecendo-me conveniente dar ao dito Rey por escripto as menos respostas que me for possivel, lhe escrevi succintamente que mandasse hum dos seus Ministros fallar com o Desembargador Secretario do Estado sobre a materia da dita carta; foi com effeito o dito Ministro a casa do mencionado Desembargador no dia 30 seguinte pela manhã, e na dilatada conferencia que teve com elle, forcejou o mesmo Secretario do Estado pelo persuadir a que não era util ao Sunda, nem decente ao Estado, mandar o mesmo Sunda perante o General maratha pessoa alguma, e que se devia contentar com o obsequio que o Estado lhe fazia de mandar hum Emissario a Punem, só para se informar, e tratar dos negocios de seu Amo, que por si nada podia fazer em razão de lhe faltarem todos os meios de conquistar o seu Reino, dado que lho permittissem os Marathas.

Não foi possivel convencer o dito Ministro, que oppondo razões a razões, se lastimava de seu Amo, dando por certo que se perdesse a presente occasião, não se lhe offereceria outra tão opportuna, e perderia o seu Reino para sempre, sem utilidade alguma do Estado, antes com prejuizo do mesmo Estado, a quem, segundo elle diz, he mais util ter por visinho seu Amo do que os Marathas, ou Inglezes, que vão na falta delle ficar senhores do Reino de Sundem, e entre estas razões soltou as seguintes proposições: 1.ª, que seu Amo, ainda que recuperasse o seu Reino, se obrigava a existir no Estado, o mais perto que fosse possivel de quem o governava, até que Sua Magestade lhe désse licença para sahir do mesmo Estado, e que assim mesmo escreveria á dita senhora, dando-se pelo segundo vassallo de Sua Magestade nestes seus dominios; 2.ª, que as praças conquistadas do mencionado Reino poderiam ter guarnição portugueza; e 3.ª, que poderia fazer alguma cessão.

Referindo-me o mencionado Secretario do Estado a resulta da referida conferencia, me veiu á lembrança que as sobreditas proposições concordam em parte com o papel da copia n.º 5, que se acha na Secretaria do Estado, escripto pela propria letra do meu predecessor, e que contém o projecto de hum Tratado, que se devia estipular entre o Estado e o Rey Sunda, o qual me consta que sendo apresentado ao mencionado Rey no anno de 1783, em que os Inglezês haviam feito varias conquistas contra Tipú, recusára o Sunda de assentir ao dito Tratado pelo que diz respeito á cessão de todo o direito sobre as Provincias de Pondá, Canacona, Zambaulim, e suas annexas, e sobre a Fortaleza de Cabo da Rama, munindo-se com a Carta Regia que havia recebido, assignada pelo Senhor Rey Dom José, que está em gloria, na data do 1.º de Abril de 1768, que vai por copia n.º 6. 1791 Janeiro 3

Á vista da exposição acima formo o seguinte

Quesitos

Se he conveniente e justo que se siga esta abertura de negociação mencionada nas ditas tres proposições, e se firmando o Rey Sunda hum Tratado, no qual se obrigue a ellas, e especialmente á sobredita cessão do direito, que julgar ter sobre as Provincias, que possue o Estado, desmembradas do seu antigo Reino, posso, e devo, sem embargo das ordens Reaes, que foram juntas por copia á primeira proposta, ou permittir ao Sunda que trate do seu restabelecimento, ou passar ordem ao nosso Emissario para que trate delle, e soccorrer o mesmo Rey publica, ou particularmente com algumas munições de guerra, e se devo tomar esta resolução já, ou se devo esperar mais decisivamente o exito da guerra, posto que me ponha a perigo de perder a opportunidade da occasião, senhoreando-se os Marathas, ou Inglezes, entretanto do dito Reino.

Como para V. S.ª formar o seu juizo lhe será necessario saber as noticias actuaes, que ha da guerra dos Inglezes contra Tipú Sultan, e que tem acrescido ás que foram individuadas na exposição, que acompanhou a primeira proposta debaixo do n.º 1, declaro a V. S.ª que pelas Gazetas de Bombaim consta que Lord Cornwallis, General de Bengala, tomou a resolução de commandar em pessoa o exercito gran-

1791 Janeiro 3 de, a cujo fim estava para partir no principio do mez passado, trazendo de reforço para o mesmo exercito hum regimento de Europeus, outro de 1:400 granadeiros do paiz, seis batalhões tambem do paiz, e hum regimento de cavallaria, alem de muitos officiaes, que estavam nomeados para o acompanhar.

O dito exercito grande passou finalmente o Caveri, parecendo que tem por fim unir-se ao destacamento, que estava antecedentemente em Arcate, commandado hoje pelo Coronel Markel, e que subindo os Gates, se acha acampado em Caveri Pattana, havendo rendido as pequenas fortalezas de Veniambaddi, Vassendagurrur, e Camgundi Tripatore. O Major General Abercrombie, Governador de Bombaim, desembarcou 2:000 homens da sua expedição em Talacheira, não subiu os Gates, como se suppunha, mas unindo todas as forças, que ali achou, ás suas, marchou sobre Cananor, que dizem ter tomado, posto que não ha disto toda a certeza. Os Marathas, e Nizama Aly, não tem feito maior progresso, e se acham no estado antecedente. Finalmente os povos que se tinham rebellado contra Tipú Sultan, desampararam Mirzeo e Ancolá, logo que por aquellas partes appareceram 200 homens do Nababo.

Pangim, 3 de Janeiro de 1791.—Francisco da Cunha e Menezes.

Os documentos que accusa esta proposta são os seguintes

N.º 1.—Carta regia de 23 de Dezembro de 1790, que está junta a esta conta, debaixo do n.º 4.

N.º 2.—Carta regia de 23 de Fevereiro de 1782, que está junta á mesma conta, debaixo do n.º 5.

N.º 3.—Carta de S. Ex.ª escripta ao Sunda em 16 de Dezembro de 1790, que está junta á mesma conta, debaixo do n.º 6.

N.º 4.—Carta do Rey de Sunda, de 23 de Dezembro de 1790, que vai junta á mesma conta, debaixo do n.º 7.

N.º 5.—Copia dos artigos, que se pretendiam estipular no tempo do Sr. D. Frederico, que vai debaixo do n.º 8.

N.º 6.—Carta regia do 1.º de Abril de 1768, que fica junta á mesma conta, debaixo do n.º 9. 1791 Janeiro 3

N.º 11

Parecer do Marechal de campo Francisco Antonio da Veiga Cabral

(Arch. da India, livro das Monções, n.º 172, fol. 385.)

Ill.mo e Ex.mo Sr.—Vendo attentamente, e com a brevidade que V. Ex.ª me recommenda na carta, que recebi hoje, os cinco documentos com que se adianta a Instrucção da actual dependencia do Rey Sunda; e obedecendo ao que V. Ex.ª me ordena para a interposição do que entendo, me parece: 1791 Janeiro 5

Que á vista da Carta regia da nossa augusta Soberana, n.º 2, não he incompativel com a execução das outras reaes ordens permittir-se ao Rey Sunda negociar a restauração do seu Reino, protegendo-o nella como lhe promette o senhor Rey Dom José, que está em gloria, na Carta Regia, n.º 6, porque assim se satisfaz aos magnanimos intentos dos nossos augustos Soberanos, e se assegura no Estado a continuação da residencia do Rey Sunda, como elle offerece e promette, e recommendam as ditas ordens Reaes.

O Tratado com o Rey Sunda, que declara o papel n.º 5, me parece util, e decoroso ao Estado, porque nem se póde entender que as piissimas intenções da nossa augusta Soberana se opponham á felicidade do seu favorecido, nem se tiraria nunca maior vantagem da protecção, com que se tem beneficiado.

Quanto ao modo de soccorrer o dito Sunda, me parece que por ora deve preferir o particular, reservando o publico para as consequencias da guerra entre os Inglezes e Tipú, e devendo ellas dirigir, ou suspender nossos movimentos, como já propuz a V. Ex.ª Este he o meu parecer. V. Ex.ª sobretudo determinará o que julgar mais acertado.

Praça de Rachol, 5 de Janeiro de 1791.—Francisco Antonio da Veiga Cabral.

N.º 12

Parecer do Chanceller do Estado

(Arch. da India, livro das Monções, n.º 172, fol. 386.

1791 Janeiro 8 Ill.mo e Ex.mo Sr. — Á vista da proposta sobre as instancias, que continua a fazer o Rey de Sunda, acompanhada de suas cartas, e do papel da letra do illustrissimo e excellentissimo antecessor de V. Ex.ª, e das duas Cartas Regias dirigidas ao mesmo Rey, antes de responder ao quesito especificado no penultimo paragrapho da mesma proposta, devo dizer a V. Ex.ª que o argumento do dito Rey a respeito do restabelecimento ao Reino, he fundado em toda a razão, porque nenhuma póde haver para que o Estado embarace que hum Rey refugiado com seu consentimento nos seus dominios, possa tratar de restituir-se ao seu throno, de que foi espoliado seu pai, quando esta negociação for tratada sem envolver o mesmo Estado em alguma guerra, ou em algum verdadeiro prejuizo.

Na minha primeira informação disse a V. Ex.ª que a prohibição de Sua Magestade para não se permittir a este Rey ausentar-se do Estado, e cooperar este para a mesma sahida para alguma negociação, tem por objecto evitar a ruina da pessoa e familia do mesmo Rey, e as consequencias que vem recahir sobre o Estado, consequencias que não podem ser outras, como bem declara a carta de 29 de Março de 1784, que a pretenção, que podia ter o seu conquistador Tipú, ou outro semelhante sobre as Provincias de Pondá, Zambaulim, Canacona, e Cabo da Rama, de que está de posse o Estado, e ficarmos com a perda destas uteis Provincias, e com hum mau visinho.

Estas razões porém, conforme o § 5.º da mesma sobredita carta, não podem ter lugar quando o dito Rey, sem arriscar a sua pessoa e familia, poder ser restabelecido no seu Reino, quando este mesmo Rey passa a ser o nosso confinante e visinho, e for o mesmo que tendo recuperado os seus antigos dominios, nos venha pedir as suas Provincias por nós occupadas, e quando finalmente a respeito do Estado houver cessado o direito, que as leis da guerra concedem para occupar as terras de seu visinho, que não póde defendel-as do seu inimigo, e de donde vem este a prejudicar e atacar o Estado. 1791 Janeiro 8

Ainda que todos estes referidos artigos se não acham verificados, e liquidos, estão nos termos de poderem com probabilidade acontecer, se devo crer o que refere o mesmo Rey nas duas cartas dirigidas a V. Ex.ª, e nestas circumstancias he certo que elle não póde chegar ao seu ultimo fim, sem que passe pelos necessarios e apressados meios de mandar tratar por seus Emissarios com o General da Côrte de Punem Parisrama Bau na fórma do seu bando, estipulando o tributo e mais direitos feudaes, que antigamente pagava aos Marathas, e sem que negoceie os provimentos e munições de guerra precisos para o seu restabelecimento.

Póde o Estado ter justa razão para não querer envolver-se nesta negociação, e para negar ao Rey Sunda todo e qualquer auxilio para recuperar o seu Reino; porém, embaraçar-lhe que por suas diligencias e negociações consiga estes meios, seria huma acção a mais injuriosa ao nome portuguez, mais injusta e aleivosa que a tyrannica possessão, em que do mesmo Reino se acha Tipú Sultan, e maxima inteiramente contraria á verdadeira moral, e mais infernal do que as que ensinou Machiavello.

Estas regras, porém, da justiça e da razão não obrigam ao Estado a consentir, nem na sahida do Rey e sua familia para fóra do Estado, nem na entrega das referidas Provincias, sem expressa ordem e resolução de Sua Magestade, sem embargo da Carta Regia do Senhor Rey D. José I, de eterna e saudosissima memoria, do 1.º de Abril de 1768, que V. Ex.ª me faz ver. O mesmo Rey Sunda reconhece esta dependencia a respeito de sua pessoa, e parece querer negociar a legitima cessão das ditas Provincias, em que presume conservar o mesmo antigo direito, que tem a respeito

1791 Janeiro 8 de todo seu Reino, presumpção, e direito, em que mais o favorece a mesma dita Carta Regia.

Esta cessão das sobreditas Provincias, sendo, como na verdade he, muito util e necessaria ao Estado, para com ellas conservar barreiras em defeza e socego da Provincia de Salcete, e ilhas de Goa, para quarteis das tropas, e para maior desafogo, e abundancia do Estado, parece como indispensavel entrar nesta negociação; eu porém a considero como hum ponto de politica mais melindroso, e o mais delicado, porque esta cessão se não póde esperar, nem ainda exigir pela simples permissão de poder o dito Rey tratar por seus Emissarios da recuperação do seu Reino, porque esta permissão tem elle por todas as leis, e por todo direito, e seria huma acção, e negociação tão disforme, como embaraçar-lhe as suas diligencias. He logo preciso que o Estado lhe estipule alguma cousa; nenhuma he mais necessaria e propria para este infeliz Rey nas circumstancias presentes, que tropas, munições de guerra, e dinheiro. E este he o auxilio, com que o Estado vae romper a neutralidade, que deve guardar ainda a respeito de Tipú, emquanto está duvidosa a sua sorte.

O commum e geral parecer á vista das disposições, exercito, e mais tropas dos Inglezes, he que estes, ainda independentes do effectivo soccorro dos alliados, acham-se em termos de conquistar Siringa Patana, derrotar, e vencer o exercito e tropas de Tipú, e senhorearem-se de todo o seu Reino e thesouros. Eu, porém, que não posso ser bom, nem mau contraste dos futuros successos de huma batalha, e de huma guerra, porque falta-me o conhecimento desta sciencia, e pratica militar, suspendo o meu juizo, ainda que conheço que a sciencia, e arte dos generaes, e a boa disciplina e fidelidade das tropas as mais das vezes decidem a sorte das batalhas, apesar do grande numero de tropas, preparações, e forças do exercito contrario; conhecendo tambem que algumas vezes hum bem pequeno e ridiculo acontecimento tem mudado a gloria das batalhas já quasi ganhadas.

Não he porem menos para temer a formidavel visinhança dos Marathas; ella póde vir a ser funesta ás sobreditas Provincias, e ao Estado, como já foi ás nossas aldeias, e Praças do Norte, e não deixarão de ser suggeridos dos mesmos Inglezes, se o nosso commercio, mudando de costumes, passar a ser florente, e capaz de lhe fazer ciume. 1791 Janeiro 8

Posto ainda o Estado nesta incerteza, e neste risco, devendo igualmente, quanto lhe for pessivel, evitar que os Inglezes fiquem dominando toda a costa, e portos do Reino de Sundem, e tão visinhos ao Estado, e o ficar cercado por toda a parte de Marathas; e pedindo esta negociação huma prompta, e apressada resolução, segundo assevera em suas cartas e propostas o Rey refugiado (cujos artigos a respeito da permissão dos Marathas para os Regulos e Dominantes seus feudatarios poderem recuperar seus antigos dominios occupados por Tipú Sultan, havendo primeiro reconhecido, e estipulado seus antigos feudos; a precisa brevidade deste reconhecimento e recuperação, e a irremediavel perda dos seus dominios pela demora desta recuperação e estipulação, parece que alem da asseveração do dito Rey, devem ser verificados perante V. Ex.ª por noticias adquiridas por Emissarios, e confidentes do Estado); passo a responder precisamente ao quesito.

Sou de parecer que nas referidas circumstancias deve V. Ex.ª entrar em negociação com o Rey de Sunda, segurando a favor do Estado huma legitima cessão das referidas Provincias, jurisdições, e fortalezà do Cabo da Rama, de que estamos de posse, negociando os mais interesses, a respeito do negocio exclusivo da pimenta, e mais generos de todo o seu Reino, renovando os artigos dos Tratados de 2 de Novembro de 1755, e 29 de Fevereiro de 1756, que nos forem convenientes, acautellando que em todo o caso, que pertenda, ou necessite ceder as Fortalezas do Piro, Ximpim, e outras do seu Reino, ou metter nellas guarnições, e bandeira estranha, o não possa fazer, sem convidar primeiro o Estado; quanto couber dentro da razão, e da justiça, de sorte que não possa entrar na censura por sua notoria lesão de hum Tratado constrangido, e necessitado.

Estipulando-se da parte do Estado o auxilio particular de

1791 Janeiro 8 munições de guerra, e todo mais, ainda de tropas indifferentes como Sipaes, que for possivel ás forças do Estado, e da razão, segundo a vantagem que avançarmos, e couber na dissimulação, com que deve ser dado este auxilio, e seguro o Estado com esta cessão, e Tratado, permittir-lhe V. Ex.ª licença para que em seu nome por Emissario nomeado, ou approvado por V. Ex.ª, entre logo a tratar com o General Maratha, e com a Côrte de Punem o seu reconhecimento feudal, e os mais meios necessarios para o seu restabelecimento, que não forem contrarios aos artigos estipulados com o Estado, e seus interesses, bem instruido delles o mesmo Emissario, que deve ser da confiança do Estado, conservando-se neste o dito Rey e sua familia até resolução de Sua Magestade.

Este meu voto, que parece em parte contrario á prohibição, que faz Sua Magestade na carta de 20 de Março de 1784, he conforme ás outras ordens da mesma Senhora, bem comprehendidas, do § 4.º da carta de 18 de Março de 1784, escripta ao dito antecessor de V. Ex.ª, e dos capitulos 17 e 18, e de toda a instrucção particular, que trouxe o Ill.mo e Ex.mo Sr. Conde da Louzã, em data de 9 de Abril de 1765.

Se eu tivesse a fraqueza de fechar os olhos a toda a razão e justiça, aos proprios interesses do Estado, e á mesma intenção e vontade de Sua Magestade, por cingir-me cega e materialmente a huma prohibição, que nas circumstancias e apertos presentes vem a cessar, segundo o espirito em que he concebida a mesma carta, viria a violar estas mais pungentes ordens; maiormente acautellando-se na simulação deste auxilio o perigo, e risco de desafiarmos a vingança de Tipú Sultan, e quando pelas cartas e avisos que recebeu o seu Quiladar da fortaleza do Piro, deve entender que este auxilio dado ao Rey de Sunda, (sendo-lhe notorio) se encaminhou mais a afastar das nossas visinhanças os mesmos Inglezes, e seus inimigos, que a fazermos contra elle huma guerra voluntaria; acção, que o mesmo direito das gentes permitte entre as Potencias neutras.

A distancia em que estamos do Throno, a necessidade de

huma prompta resolução, a utilidade do Estado, e a bem entendida intenção e vontade de Sua Magestade, faz necessitar a V. Ex.ª no logar que occupa, em obsequio do melhor serviço da mesma Senhora, a tomar sobre si alguns factos, que em outro governo e em outra distancia, seria hum attentado, e huma culpa reprehensivel. 1791 Janeiro 8

Deus guarde a V. Ex.ª Ribandar, 8 de Janeiro de 1791.— Illmo e Exmo Sr. Francisco da Cunha e Menezes. — O Chanceller, José da Rocha Dantas e Mendonça.

N.º 13

He o Tratado de 17 de Janeiro de 1791, que já fica publicado a pag. 4 deste tomo.

N.º 14

Diario do Marechal de campo Francisco Antonio da Veiga Cabral

(Arch. da India, livro das Monções, n.º 172, fol. 14.)

Illmo e Exmo Sr. — Na data de 31 de Janeiro participei a V. Ex.ª em poucas regras a feliz tomada desta Praça do Piro, encarregando a meu irmão, e Ajudante de ordens José Tristão, da minha carta, e das informações particulares daquelle successo, como quem o tinha presenciado com intelligencia. Agora que póde ter melhor lugar o desejo de expor a V. Ex.ª as circumstancias essenciaes, procurarei satisfazel-o em hum breve diario, desde o dia 18 do referido Janeiro, em que recebi as ultimas ordens de V. Ex.ª pessoalmente. 1791 Fevereiro 3

Na tarde do mesmo dia 18 voltei a Rachol. A 20 marchei para Cuculim, com as duas companhias de Granadeiros do meu regimento, e 50 Fuzileiros para a guarda das munições. A 21 montámos o Gate de Carambolgate e fomos acampar no arraial de Canacona. A 22 passámos os rios Talpona, e Galgibaga, e fomos pernoitar ao campo de Polem, aonde se achavam 430 homens das legiões de Pondá e Bardez, e che-

1791 Fevereiro 3 gou ao mesmo tempo hum corpo de 300 Sipaes. Na manhã de 23 desembarcaram na Enseada immediata ao dito campo duas peças com 40 homens da artilharia, dois petardos, dezeseis escadas de assalto e huma companhia de Granadeiros do segundo regimento de Infanteria; e com este corpo de 1:150 homens marchei na tarde do mesmo dia 23, seguindo o caminho de Tamberematy, a entrar no districto de Sumserra (*sic*). Das praias da sobredita enseada de Polem tinhamos visto ancoradas entre o Piro e Ximpim duas grandes Pallas de tres mastros, quatro Gurabos e vinte e tantas Galvetas dos Marathas; e assim de dia como de noite, ouviamos repetidos tiros de artilharia. Á vista da Lagoa de Sumserra nos appareceram as primeiras guardas dos Marathas, que foram cedendo voluntariamente á proporção da nossa marcha em columna, e parecendo-me vantajosa a situação de Amadaly, acampámos a menos de 1 legua de distancia desta Praça do Piro. A 24 constou que os Marathas se tinham assenhoreado de Ximpim, e que não se atrevendo a assaltar a Praça do Piro, sem embargo de desertar della muita gente, haviam estabelecido em grande distancia huma bateria de duas peças, para dizerem que a combatiam, mas trabalhando sómente em negociar a sua entrega pelas avultadas promessas de dinheiro, palanquins, suriapanos, etc. A 25 conservando-me no mesmo campo de Amadaly, escrevi ao primeiro Quiladar do Piro conforme as instrucções de V. Ex.ª Respondeu-me a 26 que não entendia a carta; mas que não deixaria de responder, se a entendesse. Tornei-lhe a escrever a 27 ponderando tudo o que V. Ex.ª me havia prevenido a respeito do seu estado, e da sua sorte, sem esperança de soccorro a huma guarnição desanimada pelo bloqueio de mar e terra, e pelas deserções; devendo prevalecer aos arriscados offerecimentos dos inimigos a amizade do Estado com Tipú, e seu pae, e a certeza de que elle Quiladar, e os seus, haviam de ficar com tudo o que possuiam, e seriam escoltados com segurança aonde lhe conviesse. Respondeu-me na manhã de 28 mostrando que entendera, mas que differia a resolução para a conferencia com huma pessoa fiel, e o mesmo asseveraram os Cabos principaes, protestando-se mais inclinados ao Estado, do que aos Marathas. Pelas quatro horas da tarde me appareceu o Embaixador dos Generaes de mar e terra, condecorado com suriapano, e outras insignias de qualidade; permitti-lhe que entrasse na minha barraca, e disse que os taes figurões se admiravam de ver alli as tropas do Estado, achando-se elles muito antes no bloqueio daquella Praça; respondi-lhe, que como eu lhe não perguntava nada, não podiam ter a confiança de indagar os meus designios; mas declarando-me, que os seus eram de tomar a Praça do Piro, lhe respondi, finalmente, que o Estado não despresava os Marathas, de quem era amigo; que eu lhe deixava livre aquella tarde e noute, e o dia seguinte para tomarem a Praça; porém, que se o não podessem conseguir, a tomava eu no domingo, e o despedi. Continuei a correspondencia com os Cabos da guarnição da Praça; e sabendo que ao corpo dos Marathas, que havia desembarcado, se ajuntavam as tropas de Sacó Panta Ramachandra, e chegára ultimamente Bicapá com as suas; havendo eu observado pelo meu oculo, do monte mais immediato á Praça, todas as suas circumstancias, e as da campanha, levantei o campo de Amadaly pelas tres horas da tarde de sabbado 29, com o intento de me estabelecer em Chitacóla á vista da Praça, e na distancia de meio quarto de legua. Chegando ao rio Maincal, achâmos a margem opposta guarnecida pelos Marathas; o maior corpo delles nos palmares do lado direito, e na vargea da parte esquerda as tropas de Bicapá. Mandei continuar inalteravelmente a marcha na mesma direcção de Chitacola, fazendo passar primeiro hum corpo de 200 Sipaes, logo as duas peças de artilharia, a Legião de Bardez, as tres companhias de Granadeiros, a Legião de Pondá, as munições de guerra, e finalmente, a guarda dellas composta de 50 soldados Fuzileiros do meu regimento, e 100 Sipaes; desejando mostrar aos Marathas, e que se vissem da praça, as escadas, e os caixões dos petardos. Tiveram a condescendencia de nos observar sómente na passagem do rio, e do salgueiral cheio de lodo, que offerecia bastante embaraço; deixando-nos sempre

1791 Fevereiro 3

1791 Fevereiro 3 livre a direcção da vanguarda, mas guarnecendo a pouca distancia os lados da columna, em que marchavamos, por pelotões, para metter em batalha ao toque de hum rufo, sobre o lado que conviesse. Em campo aberto pretendia conversar outra vez o dito Embaixador; porém, eu lhe mandei dizer, que cuidassem em aproveitar o praso, que lhe concedera no dia antecedente, porque eu tinha mais que fazer, e nenhuma outra resposta que lhe dar. Obedeceram pouo a pouco evacuando o terreno, em que acampámos junto ao Pagode de Mamay; para que isto constasse na Praça, tinham pedido os referidos Cabos o signal de cinco tiros de artilharia sem balla, a que elles fariam responder; mas não succedeu assim pela equivocação de hum artilheiro, que disparou sexto tiro. Veiu logo hum Sipae confidente perguntar-me, se havia alguma novidade para aquella alteração, e sendo a primeira cousa que me lembrou responder-lhe, que cinco era o signal e hum do cumprimento, voltou satisfeito, e na Praça se dispararam logo seis tiros de resposta, e mais hum tambem de obsequio. Para passarmos a noute mandei formar hum quadrado de todas as tropas, dentro do qual se meteram as munições, e bagagens, deixando intervallos na vanguarda e retaguarda para laborarem as duas peças carregadas de metralha, determinando o descanço por meios pelotões, e tendo sempre em todas as faces ametade da gente com as armas nas mãos, por ficarmos cercados de inimigos, que só com medo deixam de o ser, e contam por experiencia a sua força pelo nosso descuido. Na manhã do domingo 30, mandei levantar o pavilhão do altar para se celebrar o Santo Sacrificio da Missa a horas, que a força do sol não prejudicasse a devoção, e a decencia. De tarde fizeram os Marathas differentes contramarchas, e a ultima foi a dos cavalleiros de Bicapá, mostrando ao pôr do sol que o maior corpo se avisinhava á Praça para a assaltar pela parte do norte na vanguarda da sua bateria. Concorreram (*sic*) differentes noticias do adiantamento em que se achava o ajuste da entrega da praça aos Marathas, de que me persuadia; até pela apparente demora, que me mandaram pedir os sobreditos Cabos

para ajustarem as contas com os seus Sipaes; sobretudo 1791
considerei que a occasião he sómente huma, e que perdida, Fevereiro 3
se não recupera com o arrependimento; que o nosso intento estava manifesto, e arriscado o credito das tropas, se o não conseguiamos; que se huma vez fosse a Praça dos Marathas ou dos Inglezes seus alliados, a perdiamos para sempre, ainda que Tipú fosse destruido; e tendo ouvido pelas oito horas da noute do sabbado hum tiro de artilharia na direcção de Polem, que annunciava haverem dado fundo as duas fragatas, que V. Ex.ª mandou opportunamente, me resolvi a assaltar a Praça de noute, contra o meu systema, em que sempre preferem as acções dirigidas pela luz do dia, mas instado da precisão, e confiado nas ditas observações, que eu havia feito da Praça, e da campanha. Anoiteceu, mandei disparar a peça de leva na fórma do costume, e tocar a retreta, mostrando que ficavamos no mesmo campo; com intervallo de meia hora mandei tomar as armas, sem toque de caixa, e com o maior silencio. Escolhi para a vanguarda hum destacamento dos Sipaes mais praticos, com hum tambor das Legiões; mandei formar em columna por pelotões cada huma das tres companhias de Granadeiros, destinando no meu conceito a do lado direito ás portas com os petardos, e as outras duas com as escadas, aos assaltos da muralha defronte da mesquita, com dois pelotões das Legiões nos seus lados, para o fogo de mampostaria; na sua vanguarda formei o resto das Legiões em duas linhas, mettendo entre ellas as munições e bagagens, guarnecendo os flancos com huma potança (*sic*) das mesmas linhas, que apoiava as peças de artilharia; e finalmente, o corpo de Sipaes; continuando assim a marcha, nos appareceram dois homens desarmados, e despidos, que davam noticia de haverem já entrado os Marathas na Praça, aos quaes mandei immediatamente atar as mãos reputando-os como espias, que eram na verdade; pouco depois chegou o Sipay confidente, e que sempre se tinha mostrado fiel, a protestar-me que a ponte levadiça não estava levantada, e que se achava aberto o postigo das portas principaes; então despresando as proposições que se me fizeram

1791 Fevereiro 3 do nosso imminente risco, assestada sobre nós a artilharia da praça carregada de metralha, e rodeados pelos lados, e retaguarda das tropas Marathas, e do Bicapá, mandei aos Sipaes da vanguarda, que seguindo a direcção da ponte, e das portas, fizessem hum signal de rufo de caixa, se achassem que tinha fallado verdade o confidente; e que mettendo-se na sua retaguarda em columna por pelotões sobre a direita as tres companhias de Granadeiros, e as Legiões, seguissem todas as tropas os Sipaes da vanguarda; os quaes reconhecendo a verdade, e fazendo o signal determinado, se diffundiu pela columna o toque de assalto de todas as caixas, e instrumentos bellicos, causando tal horror o repentino estrepito e a resolução, que os Marathas e Bicapás fugiram precipitadamente, a guarnição da casa forte a desamparou, assim como a de todas as obras exteriores da Praça, em que os Mouros, que ficavam com os seus Cabos, não fizeram opposição alguma, entregando as armas na guarda das mesmas portas, que nos franqueou a adoravel benção do Altissimo, pelas nove horas daquella feliz noute, sem molestia nossa, nem morte de inimigos. Chegando ao Sadrid, segurando-se com differentes corpos os logares mais importantes da Praça, e mandando fechar as portas della, vieram os Cabos da sua antiga guarnição prostrar-se aos meus pés, e o mesmo fez depois o primeiro e segundo Quiladar, aos quaes eu distingui particularmente, mandando-lhe entregar as suas armas, e tudo quanto possuiam; da mesma graça gozaram os Cabos e outros Mouros, na fórma que eu lhe havia promettido; passando insensivelmente o tempo, de sorte que quando eu vi o meu relogio para tomar algum descanço, mostrava as duas horas daquella noute bem empregada.

Pelo inventario, que se está fazendo, será presente a V. Ex.ª individualmente o que achámos nesta Praça, constando me por ora de 54 peças de artilharia, grande quantidade de polvora, que se estima em 1:000 arrobas, hum armazem com mantimentos, quantidade de arrobas de chumbo e ferro, tres grandes embarcações no estaleiro, sete ou oito pequenas, muita madeira em tabuas e vigotes, e cinco elephantes.

A Ill.ma e Ex.ma pessoa de V. Ex.a guarde Deus muitos annos. Praça do Piro, a 3 de Fevereiro de 1791. — Ill.mo e Ex.mo Sr. Francisco da Cunha e Menezes. — Francisco Antonio da Veiga Cabral. 1791 Fevereiro 3

N.º 15

Carta do Governador ao Marechal de campo

(Arch. da India, livro de Cartas e ordens, fol. 168.)

Como os interesses, que o Estado tem na acquisição da Fortaleza do Piro, e da pequena Ilha de Ximpim, são bem notorios a V. S.a em razão das propostas, que lhe communiquei, nas datas de 5 de Dezembro proximo passado, e 3 do corrente, instruidas com os documentos respectivos a esta importante materia, e em rasão das repetidas conferencias, que sobre ellas havemos tido, he desnecessario que me demore em lhe referir detalhadamente o que V. S.a já sabe, e he justo por todas as razões que na conquista da dita Praça, de que o tenho encarregado, eu deixe obrar a V. S.a livremente conforme o pedirem as circumstancias do caso, para que não aconteça que pela demora de huma, ou outra resposta minha a qualquer cousa que occorra, se malogre huma occasião, em que he necessario que haja toda a actividade, e pressa, para que se não adiantem os Marathas, ou Inglezes, já que não foi possivel conseguir ha mais tempo a cessão, que o Sunda acaba de fazer da dita Fortaleza e Ilha ao Estado por Tratado do dia 17 do corrente. 1791 Janeiro 19

Sabe V. S.a muito bem que o nosso principal intento he não obrarmos publicamente nesta conquista, mas sim debaixo do nome do Sunda, a titulo de que este a faz, e que nós só o patrocinâmos; para cujo effeito espero por horas que me venha fallar hum Maldar, que chegou hontem a Bandorá, e que os Ministros do mesmo Sunda, conferentes do mencionado Tratado, affirmam ser muito instruido e de capacidade, pelo que logo que eu lhe fizer as perguntas que julgar necessarias para minha instrucção o remetterei im-

1791 Janeiro 19 mediatamente a V. S.ª, para que se possa servir delle naquillo que lhe parecer util, e principalmente em convocar elle algum dos Cabos, que se acham levantados no Reino de Sundem, seguindo o partido Sunda, para que se chegue ás nossas metas, e sobre aquillo que V. S.ª achar conveniente, a fim de rebuçar o nosso ataque. Como, porém, póde acontecer que qualquer dos ditos Cabos, que for convidado para isto, obre com demasiada frouxidão, e que haja perigo de que ella seja prejudicial ao nosso intento, havendo risco de que os Marathas, ou Inglezes se adiantem a tomar a praça; em tal caso os previnirá V. S.ª atacando-a sem mais disfarce algum, o que deixo ao seu arbitrio, e logo que for tomada a mesma Praça, se arvorará bandeira do Sunda, sem que porém salve com a artilharia della.

Deus guarde a V. S.ª Pangim, 19 de Janeiro de 1791.— Francisco da Cunha e Menezes.

N.º 16

Carta do Governador ao Marechal de campo

(Arch. da India, livro de Cartas e ordens, fol. 173.)

1791 Janeiro 21 Hontem escrevi a V. S.ª lembrando-lhe que seria conveniente tentar o animo do Quiladar do Piro, e experimentar se elle amedrontado com a perca de Xjmpim, e com os levantados, que lhe andam á roda da Praça, se resolve a entregal-a ao Estado; e porque o adquiril-a o Estado por este meio seria summamente vantajoso pelas razões que a V. S.ª são manifestas, me resolvo a remetter-lhe a norma do protesto, ou manifesto, que V. S.ª fará passar ás mãos do dito Quiladar pela pessoa que julgar mais propria.

O portador desta entregará a V. S.ª huma bandeira da nossa Nação e outra do Sunda, para servirem nas occasiões, que V. S.ª sabe. Esta madrugada sahiram deste porto quatro Manchuas para Canacona com a gente, munições, e petrechos da relação inclusa.

Sem embargo da declaração, que remetti a V. S.ª, feita

pelo mouro Minás, Maldar do Sunda, na parte em que diz que na Praça não ha mais que 300 Sipaes, e 100 gastadores ou begarins, todos naturaes do Reino de Sundem, pela maior parte affectos ao Sundem, devo participar a V. S.ª que o Governador de Angediva, em carta de 16 do corrente, referindo as informações de huns desertores, faz menção de 100 Mouros, que entraram na mesma Praça vindos de fóra do mesmo Reino de Sundem, alem dos ditos 300 Sipaes, de quem os ditos desertores dizem que estão com o animo de fugir logo que o possam fazer; e que o Tenente Coronel José Felix, em carta escripta ao Desembargador Secretario do Estado, em data de 17 do corrente, refere a informação que lhe deu Antá Sinai, Ministro que foi do Sunda, e que sahiu da casa deste por discordias, que teve naquella familia, o qual ao mesmo tempo que pede patrocinio para tornar a ser admittido nella, affirma que o Quiladar do Piro tem 500 homens capazes de toda a defensa, a saber, 200 e tantos Mouros, e 300 homens de fóra, além de 300 homens do mesmo Reino, com mantimentos, e munições bastantes. 1791 Janeiro 21

Como nada ha a receiar dos Inglezes presentemente, porque o corpo que está em Cananor se prepara para hir tomar Mangalor, e o que está sobre Darvar ainda não conseguiu a conquista desta Praça, da qual darei noticia a V. S.ª logo que me conste que se effeituou, póde V. S.ª averiguar o que ha de diminuto, ou excessivo nas sobreditas informações, e tudo o mais que for conducente ao bom exito da acção, de que está encarregado. Se V. S.ª vir que necessita de mais gente do seu regimento, póde mandal-a buscar directamente a elle; e se entender que precisa mais artilharia, me avise com declarações necessarias, para lha mandar logo, e mais artilheiros, se lhe parecer que não basta a gente deste regimento, que vae nas manchuas.

Remetto a V. S.ª a planta da situação, em que se acha a Praça do Piro, feita pelo Sargento-Mór Catalani, segundo a lembrança que tem da occasião em que alli foi.

Deus guarde a V. S.ª Pangim, 21 de Janeiro de 1791. — Francisco da Cunha e Menezes.

Protesto do Marechal de campo feito aos Quiladares do Piro

1791 Janeiro Francisco Antonio da Veiga Cabral, do Conselho de Sua Magestade Fidelissima, Commendador na Ordem de Christo, das Commendas de Santa Maria da Cidade de Bragança, de S. Romão do Baçal, de Nossa Senhora da Assumpção de Deylão, de S. Lourenço da Pedisqueira, de S. Bartholomeu do Arrabal, e de S. João de Rio Donor, Coronel do 1.º regimento de infanteria de Goa, General da Provincia de Salcete, e Marechal de Campo dos exercitos da mesma Senhora, com o commando geral e inspecção das suas tropas no Estado da India, etc.

Faço saber ao honrado Quiladar do Piro, que havendo eu sido encarregado pelo Illmo e Exmo Sr. Francisco da Cunha e Menezes, Governador e Capitão General do Magestoso Estado, de vir a estas fronteiras observar os termos, em que estão as presentes revoluções, e proceder como achar conveniente, segundo a actual situação dellas, vejo que a Fortaleza de Ximpim foi proximamente tomada pelos levantados com auxilio dos Marathas, e que logo que os mesmos levantados, ou que o partido que segue a Bicapá tiver polvora, balla, e mais munições, que por dias espera, não fará essa Praça mais do que huma resistencia vã e inutil a seu Amo, que a perderá para sempre, visto que o honrado Quiladar não tem querido responder aos offerecimentos até aqui feitos por parte do Magestoso Estado, que mostrando-se na actual conjunctura mais amigo de seu Amo do que outra alguma Nação, se não tem aproveitado da presente guerra para o hostilisar, como facilmente poderia fazer: portanto, protesto ao dito honrado Quiladar que deixe metter guarnição Portugueza na mesma Praça para a guardar, e defender contra qualquer Nação que a haja de atacar, e que se assim o não fizer ficará o dito honrado Quiladar responsavel a seu Amo, e será tido perante elle por instigador, e primeiro motivo de todas e quaesquer hostilidades, que eu me veja obrigado a fazer para evitar que a dita Praça cáia em outras mãos. 1791 Janeiro

Campo de Polem, ... de Janeiro de 1791.—Francisco Antonio da Veiga Cabral.

Relação que accusa a carta acima

Capitão	1	Todos do 2.º regimento.
Tenentes	2	
Alferes	2	
Sargento	1	
Furriel	1	
Porta-bandeiras	2	
Cabos	5	
Tambores	2	
Soldados	100	
Major	1	São do regimento de artilharia.
Capitão	1	
1.º tenente	1	
2.º tenente	1	
Sargentos	2	
Furrieis	2	
Soldados	32	

Relação das munições e petrechos de guerra que por ordem do Senhor Governador foram embarcados na manchua S. Francisco de Assiz a cargo do Guardião José da Costa

2 petardos de bronze carregados cada hum com quatro prégos do peso de hum arratel.
2 martellos grandes para cada hum.
2 caixões, em que vão os ditos petardos.
25 arrobas de ballas de chumbo.
25 cunhetes, em que vão as ditas ballas.
150 granadas de infanteria, carregadas.
5 caixotes, em que vão as ditas granadas.
16 escadas.—Joaquim Vicente Godinho, Ajudante General.

N.º 17

Carta do Marechal de campo ao Governador

(Arch. da India, livro das Monções, n.º 172, fol. 396.)

1791 Janeiro 23 — Illmo e Exmo sr. — Voltaram todas as pessoas, de que eu me servi para a communicação do Quiladar do Piro, porque os Marathas a tem evitado por mar e por terra, com as duplicadas metas, e as embarcações, que eu vi ancoradas entre o Piro e o Ximpim, o que já me obrigava a adiantar a marcha, que hoje fiz ainda mais promptamente, porque ás dez horas da manhã me mandou pedir audiencia Rogú Xette da parte do Commandante da Armada dos Marathas, Babú Ragú Saloc; mandei-lhe dizer que devia fallar com Devaiá, cunhado do Rey Sunda, e emquanto me dispuz a marchar, de sorte que estando já perto deste sitio, chamado Amadali, meia legua distante do Piro, aonde acampei, me veiu alcançar o dito Rogú Xette, e Paican Naique, tendo-me já constado que ambos haviam fallado com petulancia ao dito Devaiá, e a Goindá Naique; deixei-lhe primeiro ver as tropas, que marchavam em columna do modo seguinte: fazia a vanguarda o Tenente Coronel José Felix, acompanhando com 100 Sipaes, e a sua musica a Devaiá, Goinda Naique, e sua comitiva; seguia-se a Legião de Bardez, huma peça de artilharia, a 4.ª companhia de granadeiros do meu regimento, a musica delle, a companhia de granadeiros do 2.º regimento, a minha 5.ª companhia de granadeiros, huma peça de artilharia, a Legião de Pondá, as munições de guerra com a sua guarda de infanteria, e, finalmente, hum destacamento do resto dos Sipaes. Sobre a mesma marcha lhe admitti a pratica, e constando ella de admirações acompanhadas de grandes salamos, de quererem os Portuguezes tomar o Piro quando os Marathas o intentavam fazer, lhe respondi que o Rey Sunda he quem pretendia recuperar a sua Praça do Piro, de que elle gozara debaixo da protecção do Estado, em consequencia da qual, conforme os ultimos Tratados, recebèra eu ordem de V. Ex.ª para o auxiliar efficazmente. Instou que elles tinham adiantado o seu bloqueio e fachinas. Respondi-lhe brevemente que a Côrte de Punem não sómente se declarára em favor do Rey Sunda, mas que lhe promettêra beneficiar todos os intentos de se ver na posse do seu Reino; e de qualquer outro sujeito que intentasse contra isso, o reputava eu por hum usurpador, ao mesmo tempo que elles me não apresentavam nenhuma commissão para eu os conhecer por mandados da dita Côrte: continuei a marcha; e elles repetindo os salamos, se foram embora com a sua bandeira vermelha. Depois que nos avistaram, foram retirando toda a gente das suas metas, de sorte que espero possa entrar esta noite no Piro o mouro Gemelagá, como já intentava fazer na passada, e se o não conseguir, tentarei os outros meios que facilita a vizinhança. 1791 Janeiro 23

Por não demorar esta carta, exponho sómente a V. Ex.ª que desembarcou o Sargento Mór, Antonio Rodrigues Ferreira, com 11 artilheiros, o Capitão Manuel Joaquim de Moraes Sarmento, com os granadeiros, que V. Ex.ª foi servido determinar, á excepção do Tenente Bayana, que arribou com 25; as escadas, os petardos, e, finalmente, o official da fazenda com os 3:000 xerafins, que se reputam em muito mais, pela necessidade que havia delles para o prompto pagamento dos begarins, que conduzem as munições, e as bagagens.

Com o mais affectuoso respeito protesto a V. Ex.ª a minha fiel, e invariavel obediencia.

A Ill.ma e Ex.ma pessoa de V. Ex.ª guarde Deus muitos annos. Campo de Amadali, a 23 de Janeiro de 1791.—Ill.mo e Ex.mo Sr. Francisco da Cunha e Menezes.—De V. Ex.ª muito obediente subdito, e obrigadissimo creado.—Francisco Antonio da Veiga Cabral.

N.º 18

Carta do Governador ao Marechal de campo

(Arch. da India, livro de Cartas e ordens, fol. 178.)

1791 Janeiro 25 Recebi as cartas de V. S.ª nas datas de 22 e 23 do corrente, e por ellas fico certo na marcha que V. S.ª tem feito, e do mais que ellas contém. Quanto a Rogu Xette parece que a resposta, que V. S.ª lhe deu, he conveniente, de que o Rey Sunda he que intenta recuperar o Piro, a que se póde acrescentar que elle mostrou nesta côrte licença para entrar na conquista do seu Reino, e que nós he que nos devemos admirar de que estando o nosso campo em Polem muito antes de apparecer a armada Maratha, se queira o commandante della adiantar a perturbar o direito, com que se faz a conquista da mesma Praça, sendo certo que obra nisso sem ordem do seu Sarcar, porque se não fosse verdadeira a dita licença, que apresentou nesta Côrte o mencionado Rey Sunda, não andaria Ravaiá, e Lingana Gaurá fazendo em nome delle as conquistas, que permittiam as suas forças.

Quanto aos Granadeiros do segundo regimento, logo na mesma noite em que arribaram, tornaram a saír em outra manchua para que passaram.

Não me resta nestes termos mais que acrescentar, e me remetto inteiramente ás ordens antecedentes, que tenho expedido a V. S.ª

Deus guarde a V. S.ª Pangim, 25 de Janeiro de 1791.— Francisco da Cunha e Menezes.

N.º 19

Carta do Marechal de campo ao Governador

(Arch. da India, livro das Monções, n.º 172, fol. 398.)

Illmo e Exmo Sr.— Antes de hontem á noite pôde entrar com effeito no Piro a pessoa que Antá Sinay havia já mandado inutilmente por duas vezes com a sua carta para o Quiladar, e voltando de madrugada com a resposta inclusa, me via indeciso na precisão de lhe responder, quando recebi na melhor opportunidade as duas cartas de V. Ex.ª datadas de 21 do corrente: logo assignei o Protesto, e se lhe pozeram as datas em portuguez e gentio; e procurando introduzil-o na dita Fortaleza, se conseguiu, esperando que não tarde a resposta, para consequentemente me regular pelas ordens de V. Ex.ª

1791 Janeiro 25

Tambem recebi as duas bandeiras, escadas, petardos, granadas, e caixotes de ballas; e fica em meu poder a planta do Piro. Eu entendia que eram do calibre de tres as duas peças, que marcham comnosco, e se achavam em Canacona, mas são de dois, como diz o mappa, em duvida de serem de hum, na intelligencia do Major Ferreira, e do Capitão Biester. Como alem do que será necessario fazer contra a guarnição da Praça, será preciso desembaraçar o caminho destes ladrões Bicapás, Dolopos, etc., que já consultaram se lhe conviria atacar-nos na marcha, seria conveniente que viessem quatro peças do calibre de tres com o seu cartuxame de balla rasa e de metralha, e que trouxessem com a sua palamenta bota-fogos, murrão, e algumas velas de composição, porque aqui não ha nada disto, e eu me estou servindo de trança enxofrada, que o Major mandou buscar ás Manchuas, vindo ao mesmo tempo 50 artilheiros com alguns officiaes inferiores; porque se isto não for necessario para conseguirmos efficazmente o que desejâmos, será bom que volte por semelhante motivo.

O Capitão José Joaquim Soares, ainda que não póde apertar o sapato do pé direito, que tem doente, queria acompanhar-me; mas tendo eu aqui os officiaes de artilharia, que me podem ser precisos, ainda que venham as quatro peças, o encarreguei do commando das quatro Manchuas, ficando hum official em cada huma, e 18 soldados repartidos por ellas, pelo que póde succeder, voltando descontente a armada dos Ladrões, que não intentaria fazer-lhe nenhum mal, e até seria de utilidade á acção do Piro, se huma das nossas fragatas estivesse desembaraçada para vir ancorar defronte delle.

1791 Janeiro 25 Consta-me que a guarnição do Piro não chega á 400 homens, suppondo-se que são os melhores, porque os descontentes tem fugido; que não passa de cincoenta e seis o numero das peças de artilharia, em que se distinguem as nossas de bronze de 24; que tem panellas de polvora para lançar na occasião do assalto, e outras enterradas na direcção das portas, e outros caminhos; e que a casa forte está desguarnecida.

Tambem constou hoje que quando da armada se expediu huma galveta com as cartas, que não acceitei, para serem presentes a V. Ex.ª mandaram por outra aviso a Darvar.

Ratifico a V. Ex.ª a minha fiel obediencia.

A Ill.ᵐᵃ e Ex.ᵐᵃ Pessoa de V. Ex.ª guarde Deus muitos annos. Campo de Mamadaly a 25 de Janeiro de 1791.—Ill.ᵐᵒ e Ex.ᵐᵒ Senhor Francisco da Cunha e Menezes.— De V. Ex.ª muito obediente subdito, e obrigadissimo creado.—Francisco Antonio da Veiga Cabral.

Carta do Marechal de campo ao Governador

(Arch. da India, livro das Monções, n.º 179, fol. 400.)

Ill.ᵐᵒ e Ex.ᵐᵒ Sr.—Hontem pela manhã voltaram á minha presença os dois chamados Marathas, de que já dei parte a V. Ex.ª e como elles não quizeram fallar com Devaiá e Goindá Naique, (que estão em hum Pagode junto deste campo) e eu já estava informado de que eram huns Botiqueiros da caterva desta expedição de Dolopo, a quem pertencem as embarcações surtas defronte do Piro, com licença de Punem para furtar, mas nenhuma commissão para a tomada da dita Praça; os despedi brevemente, dizendo-lhe que recorressem a V. Ex.ª porque eu não tinha nenhuma commissão para admittir as suas praticas; e que reputaria por hum atrevimento entrar na sua idéa a indagação dos meus projectos, ou as razões porque me achava neste campo; e me achei huma maravilha com o systema de os tratar em despreso, obrigando-me a violentar o meu genio a petulancia com que haviam dito a Devaiá e Goindá Naique que voltassem dali mesmo para Goa. De tarde se me apresentaram duas cartas do chamado commandante da armada, e no mesmo instante lhas remetti, para que recorressem com ellas a V. Ex.ª porque eu não tinha nenhuma ordem para communicar com elle. Pouco depois me appareceu hum sobrinho de Zamboticar (que eu conhecia de Aquerim), com recado de Bicapá; mas fazendo festa ao rapaz, lhe não admitti pratica, ordenando-lhe que as tivessem sómente com Devaiá e Goindá Naique. 1791 Janeiro 25

O tal Bicapá terá comsigo 300 homens quando muito. Os chamados Marathas, que desembarcaram da armada, serão 500; e com esta fraca turba roubam a visinhança do Piro, andando em magotes ao redor delle; dizem que o pertendem tomar; não assustam o seu Quiladar, que de quando em quando lhe manda fazer seu tiro de artilharia, nem servirá de nenhum embaraço para o que nós tivermos que fazer.

Ximpim não foi tomado; huma traição que fizeram ao seu Quiladar entregou com elle aquella fortaleza.

Tem vindo alguns Gancares, e ainda Dessays apresentar-se a Devaiá, a quem eu recommendo lhe faça tantos agasalhos como eu pratico. Não passam de 100 os Sipaes que se tem ajuntado a Devaiá, e já lhe mandei repartir polvora e balla.

Ratifico a V. Ex.ª a minha fiel e invariavel obediencia.

A Ill.ma e Ex.ma Pesssoa de V. Ex.ª guarde Deus muitos annos. Campo de Mamadaly a 25 de Janeiro de 1791.— Ill.mo e Ex.mo Sr. Francisco da Cunha e Menezes.—De V. Ex.ª muito obediente subdito, e obrigadissimo creado.— Francisco Antonio da Veiga Cabral.

Carta do Marechal de campo ao Governador

(Arch. da India, livro das Monções, n.º 172, fol. 402.)

Ill.mo e Ex.mo Sr.—Tenho a honra de offerecer a V. Ex.ª o mappa da tropa regular, que se acha neste campo, e não faço menção dos Sipaes, por não arriscar a verdade; pois de-

1791 Janeiro 25 vendo achar 446 conforme o mappa, que me havia mandado o seu Commandante, ainda não vi mais de 200, com o pretexto da guarnição das metas, e suas distancias, de que já os mandei recolher, mas ainda não chegaram, para poder tratar com certeza do seu numero. Os partidos do Tenente Coronel José Felix, e do Capitão José Rodrigues merecem que se conte com elles em quantidade e qualidade; os outros são inferiores, e o de Narbá Naique mais desordenado que todos.

Tambem não posso por ora fazer menção exacta dos Begarins, porque se prendem os que se alcançam, fogem os que podem, queixam-se os differentes corpos, e a guarda das munições e bagagens de que lhe faltam os precisos; e quando os vejo juntos parecem-me bastantes.

Sem embargo do sol, e do orvalho, não me tem adoecido ninguem; o Capitão Callado, e o Alferes Moreira, da Legião de Bardez, que achei doentes no campo de Polem, ainda não estão livres da febre, e o cirurgião mór lhe vae applicando alguns remedios para satisfazer aos desejos, que elles mostram de acompanhar a tropa quanto couber na possibilidade. O Capitão Biester curou com trabalho a erizipela, que tinha em Rachol, quando insistiu em me acompanhar, sem embargo das ponderações, com que eu desejava corresponder á sua boa vontade.

Como seria a maior indiscrição pedir a V. Ex.ª o Babú, que está só no expediente da Côrte, e era indispensavel que eu tivesse commigo hum gentio decente, intelligente, e fiel, para me entender, e tratar com os amigos e inimigos, trouxe em minha companhia a Mocundá Ráo, que foi Capitão de Sipaes, de cujo prestimo e qualidade poderá informar a V. Ex.ª o dito Babú; estou muito agradado do modo e acerto, com que tem servido nas conferencias com Devaiá e Goindá Naique, e nas audiencias, que tenho dado aos Emissarios chamados Marathas, aos de Bicapá, etc., e deixei em Rachol a Nulló, lingua da Praça, que he hum botiqueiro ignorantissimo, e por todas as razões incapaz para semelhante commissão, e inda mesmo para continuar a da Praça tinha eu assentado de propor a V. Ex.ª que era inutil a despeza, que se fazia com elle. 1791 Janeiro 25

Ratifico a V. Ex.ª a minha invariavel obediencia.

A Ill.ma e Ex.ma Pessoa de V. Ex.ª guarde Deus muitos annos.

Campo Mamadaly a 25 de Janeiro de 1791.—Ill.mo e Ex.mo Senhor Francisco da Cunha e Menezes.—De V. Ex.ª muito obediente subdito e obrigadissimo creado.—Francisco Antonio da Veiga Cabral.

Mappa das tropas do Magestoso Estado, que se acham acampadas no campo de Mamadaly, em 24 de Janeiro de 1791

Graduações	Regimentos 1.º	2.º	Artilharia	Legiões De Bardez	De Pondá	Total
Marechal de campo, commandante das tropas.						
Tenentes coroneis	2	–	–	–	–	2
Sargentos móres	–	–	1	–	–	1
Capitães	2	1	1	2	2	8
Ajudantes	1	–	–	–	–	1
Tenentes	3	2	1	2	2	10
Alferes	2	2	1	3	4	12
Capellão	–	–	–	–	1	1
Cirurgião mór	1	–	–	–	–	1
Seus ajudantes	3	–	–	–	–	3
Sargentos	3	1	2	2	5	13
Furrieis	4	1	2	2	2	11
Portas-bandeiras	1	2	–	2	–	5
Cabos de esquadra	13	5	–	12	13	43
Musicos	12	–	–	–	–	12
Tambores	8	2	–	2	2	14
Soldados granadeiros	156	84	–	–	–	240
Soldados fusileiros	48	–	21	138	193	450
	259	100	29	215	224	827

Mappa da artilharia, munições de guerra e petrechos

Peças de artilharia de calibre 2, com seus reparos e palamenta 2

Cartuchos da mesma artilharia 600

Cartuchos de infanteria 41:400

1791 Janeiro 25	Granadas de mão	450
	Petardos	2
	Barris de polvora	30
	Cunhetes de balla	24
	Ballas em caixão, que pezam 25 arrobas de chumbo	25
	Escadas	16

Francisco Antonio da Veiga Cabral, Marechal de Campo, e Commandante das Tropas.

Carta do Marechal de campo ao Governador

(Arch. da India, livro das Monções, n.º 172, fol. 405.)

Ill.mo e Ex.mo Sr. — Agora, que he perto de huma hora da noite, me chega a resposta inclusa do Quiladar do Piro; e ainda que conforme a traducção de Mocundá Ráo não decide nada, e vem acompanhada da insolencia de dizer ao portador, que sem embargo do que continha a resposta, fossem os Portuguezes; para entreter a correspondencia, e para ver se o tento com o offerecimento de tudo o que elle Quiladar, e os seus possuem, fazendo-os escoltar até o lugar que lhe for mais conveniente, pois nas ultimas palavras da sua resposta se não despede de vir a entender; me resolvo a escrever-lhe ámanhã; até dizendo-lhe que, se não percebe bem, mande pessoa sua capaz de tratar o negocio; e se elle assim se não adiantar caberá no tempo a determinação de V. Ex.ª para eu a seguir inviolavelmente.

Ratifico a V. Ex.ª a minha obediencia com o respeito que devo.

A Ill.ma e Ex.ma pessoa de V. Ex.ª guarde Deus muitos annos. Campo de Mamadaly, 25 de Janeiro de 1791. — Ill.mo e Ex.mo Sr. Francisco da Cunha e Menezes. — De V. Ex.ª muito obediente subdito, e obrigadissimo creado — Francisco Antonio da Veiga Cabral.

Traducção da carta dos Quiladares do Piro ao Marechal de campo

Ao liberalissimo amigo, Grandioso Sr. Francisco Antonio da Veiga Cabral, que Deus tenha sempre em socego. Nós Mirzam Calbé Ali Beg, e Cadir Kan, segundo Quiladar de Sadassiva Godo (Piro) com cortezia de salamos enviamos esta, ficando de saude até hoje 21 do mez Rahimani (25 de Janeiro), e estimaremos que V. S.ª nos dê gosto, dirigindo-nos sempre cartas suas com as novas da sua saude. 1791 Janeiro 25

Recebemos o favor da carta de V. S.ª a qual acompanhava huma do idioma portuguez, que não ha aqui pessoa que a leia, nem percebemos bem a que era gentilica; pelo que mandando V. S.ª escrever-nos com clareza pelo seu official de letras, que seja pratico no nosso Darbar, lhe daremos nossa resposta, e sobre esta materia não somos mais largos, e nos tenha na sua graça. — Firma.

Traduzida por mim, Ajudante do Lingua do Estado, aos 27 de Janeiro de 1791. (S. E.) — Boguná Camotim Vaga.

O original maratha, fl. 406.

Traducção da carta de Mirzam Calbá Ali Beg, e Cadir Kan segundo Quiladar do Piro, escripta a Antá Sinay Diucar

(Arch. da India, livro das Monções, n.º 172, fol. 407.)

Recebemos a carta de V. M.cê e percebemos a materia della, e em nos escrevendo quem desejar a Fortaleza, veremos da sua resposta; e sobre esta materia não somos mais largos. — Firma.

P. S. — Fique na intelligencia de não ser preciso escrever V. M.cê mais cartas. — Firma.

Traduzida por mim, Ajudante do Lingua do Estado, aos 27 de Janeiro de 1791. (S. E.) — Boguná Camotim Vaga.

O original maratha, fl. 408.

N.° 20

Carta do Governador ao Marechal de campo

(Arch. da India, livro de Cartas e ordens, fol. 79 v.)

1791 Janeiro 27 Acabo de receber cinco cartas de V. S.ª escriptas todas no campo de Mamadaly a 25 do corrente, e segundo o que em huma dellas me declara, fico apromptando as quatro peças de calibre de tres, que me pede, com o cartuchame de balla rasa, e metralha correspondente, botafogo, murrão, e velas de composição, com o destacamento de 50 homens de artilharia, que tudo com mais 120 homens do 2.º regimento hirá com a maior brevidade possivel em duas fragatas, que ficarão ás ordens de V. S.ª para com este augmento de forças poder obrar mais seguramente, conforme as ordens antecedentes.

Li as duas respostas, que V. S.ª me remetteu do Quiladar do Piro, as quaes estão de tal sorte enygmaticas, que parece impossivel achar-lhes o verdadeiro sentido. Quero porém suppôr que a primeira resposta, que elle deu a Antá Sinai, vem a dizer que não he este pessoa apta para lhe escrever sobre a entrega daquella Fortaleza, repellindo-o inteiramente de qualquer communicação, que quizesse continuar a ter; e que na segunda resposta, que deu a V. S.ª, faz que não entende bem o Protesto, porque queria talvez o dito Quiladar que se lhe declare que o Estado tornará a restituir o Piro a seu Amo, finda a presente guerra. Nestes termos devo prevenir a V. S.ª de que sendo o motivo, que se tomou no Tratado ultimamente concluido com o Sunda da cessão, que este fez ao Estado daquella Praça, o ficar ella guarnecida pela nossa Nação, para servir de barreira e defensa ao Reino de Sundem, seria huma acção summamente indecente, e cheia de incoherencia, se ao mesmo tempo se fizesse ao Quiladar do Piro a declaração acima referida, pois que vinha em tal caso o Estado a enganar o Sunda, a negociar não para si, senão para o Tipú, e a fazer as despezas e diligencias a favor do estabelecimento do mencionado Rey, para guardar, defender, e entregar depois o Piro a Tipú, nada benemerito ao Estado, e que póde talvez fazer cessão da dita Praça aos Inglezes por convenção da paz, ficando assim frustrados todos os fins dos nossos actuaes movimentos. Pelo que se o Quiladar do Piro pedir semelhante declaração, e quizer que o Estado positivamente lhe prometta de restituir o Piro a seu Amo, finda a presente guerra, lhe responderá V. S.ª com palavras geraes, dizendo-lhe que finda ella, se negociará sobre esta materia, e que entre o Estado e Tipú se tratará ella amigavelmente á proporção das circumstancias, que occorrerem a esse tempo. 1791 Janeiro 27

Deus guarde a V. S.ª Pangim, 27 de Janeiro de 1791. — Francisco da Cunha e Menezes.

N.º 21

Carta do Marechal de campo ao Governador

(Arch. da India, livro das Monções, n.º 172, fol. 412.)

Ill.mo e Ex.mo Sr. — Tendo escripto a V. Ex.ª pela huma hora da noite passada, e não havendo mais novidade de que a frequente repetição dos tiros da artilharia da Praça sobre a gente da armada, que desembarcou quasi toda; recebi agora de Canacona (aonde entrou a Galveta, de que hontem fallava a V. Ex.ª) as cartas, de que vai encarregado o mesmo Rogú Xette Parcar, que veiu duas vezes á minha presença com os recados do Commandante da dita armada, e ameaçou petulantemente a Devaiá, e Goindá Naique, no mesmo instante lhe tornei a remetter as ditas cartas, e com ellas duas, que vinham abertas, huma de Antagi Ganez para Daqueá Camotim, morador em Pangim, em que lhe pede 1:000 rupias, que restituirá com ganhos acabada a funcção, dez mãos de cebollas, alguns lampeões, e velas de cera; e a outra do mesmo Antagi, não se sabendo a quem he dirigida, em que se queixa das trapaças dos Portuguezes. 1791 Janeiro 26

1791 Janeiro 26 Conforme as ultimas, e melhores indagações se sabe que a Praça do Piro tem actualmente tres portas que vencer na direcção recta, ou obliqua, da sua entrada; pelo que he indispensavel que venha outro petardo, ou dois, se os houver, para supprir a falha de algum delles.

A experiencia de hoje mostra que a respeito dos artilheiros, que tem fugido do Piro, ha o mesmo engano, que se tem conhecido em outras informações, porque em menos de huma hora temos ouvido perto de cem tiros de grossa artilharia; não gabo as suas pontarias, mas digo que lhe não falta gente capaz de laborar com as peças.

A respeito de outras circumstancias, de hum reducto, que cobre as portas, guarnecido de artilharia, de huma ponte levadiça, dos logares, onde ha, ou falta o fosso, e qual seja a sua profundidade e largura, não se tem ainda ajustado as informações, para eu formar o meu conceito; porque huns vêem as cousas de noite, e outros lhe escurece igualmente a sua ignorancia os objectos, de que procede a contradicção, e discordia no que respondem.

Ratifico a V. Ex.ª a minha fiel e invariavel obediencia.

A Ill.ᵐᵃ e Ex.ᵐᵃ pessoa de V. Ex.ª guarde Deus muitos annos. Campo de Mamadaly, a 26 de Janeiro de 1791. — Ill.ᵐᵒ e Ex.ᵐᵒ Sr. Francisco da Cunha e Menezes. — De V. Ex.ª muito obediente subdito, e obrigadissimo creado — Francisco Antonio da Veiga Cabral.

N.º 22

Carta do Governador ao Marechal de campo

(Arch. da India, livro de Cartas e ordens, fol. 180 v.)

1791 Janeiro 28 Esta noite ha de partir para Polem a fragata por invocação *S. Miguel e Almas*, commandada pelo Capitão de Mar e Guerra Candido José Mourão Garcez Palha, com a fragata *Temivel*, de que he Commandante o Capitão de Mar e Guerra Felix José Tinoco da Gama, as quaes ficarão naquelle porto ás ordens de V. S.ª Por ellas receberá V. S.ª não só tudo quanto me pediu em huma das suas cartas de 25 do corrente, a saber, quatro peças de calibre de tres, cartuchame de balla rasa, e metralha correspondente, botafogos, e murrões, velas de composição, e 50 artilheiros com os seus officiaes competentes; mas tambem 120 homens do 2.º regimento, hum obuz, e hum morteiro com as mais munições correspondentes, alem do partido do Bium Saunto, como já hontem fiz marchar com ordem de se unir a esse campo. 1791 Janeiro 28

Segundo o que V. S.ª me referiu nas suas cartas de 25 do corrente, creio que terá usado dos meios da persuasão, com que nos fôra util mover o animo ao Quiladar do Piro. Se V. S.ª estiver capacitado que elles não produzem o effeito, que desejâmos, e que o dito Quiladar se quer defender, tratando sómente de entreter a V. S.ª para que não tome a ultima resolução, he necessario que em taes termos, entendendo V. S.ª que he praticavel a tomada daquella Praça, se resolva a fazel-a, ou bombeando-a primeiro, para assustar a sua guarnição, e abrandar o animo do mencionado Quiladar, ou escalando-a logo, ou procedendo por outro qualquer modo, que julgar mais proprio.

Agora chega hum explorador do campo de Darvada, que dá as noticias inclusas.

Tenho mandado ao Desembargador Secretario que escreva ao Sar Dessay Goindá Naique, Ministro do Rey Sunda, a quem V. S.ª fará passar a carta inclusa.

Deus guarde a V. S.ª Pangim, 28 de Janeiro de 1791. — Francisco da Cunha e Menezes.

Carta do Governador ao Marechal de campo

(Arch. da India, livro das Cartas e ordens, fol. 181.)

Agora depois de haver escripto a antecedente, recebo huma de V. S.ª em data de 26 do corrente, e em virtude da declaração, que n'ella me faz, tenho mandado embarcar na

1791 Janeiro 28 fragata por invocação *S. Miguel*, dois petardos carregados com todos os seus pertences.

Rogú Xette Parcar, que V. S.ª me diz vir encarregado de algumas cartas para me serem entregues, ainda não appareceu. Logo que chegue, e que se ouça a sua pretensão, communicarei a V. S.ª qualquer cousa, que haja de attendivel.

Deus guarde a V. S.ª Pangim, 28 de Janeiro de 1791.— Francisco da Cunha e Menezes.

Carta do Governador ao Marechal de campo

(Arch. da India, livro de Cartas e ordens, fol. 181 v.)

Estão a partir as fragatas *S. Miguel* e *Temivel,* e sem embargo do que digo a V. S.ª na primeira das duas cartas inclusas, sobre ser necessario obrar de facto contra a Praça do Piro no caso de ser praticavel a sua tomada; se V. S.ª estiver desenganado de que o Quiladar se não resolve a entregal-a por meio de persuasão, como pela carta que recebi de V. S.ª em data de 26 do corrente, me parece que V. S.ª pelo que vê, e pelas informações, que vai recebendo, acha que a expugnação da mencionada Praça será mais difficil, e perigosa do que o asseguravam todas as informações, que se haviam recebido nesta Côrte; julgo nestes termos necessario fazer considerar a V. S.ª que o não se tomar na occasião presente o Piro, será cousa de terriveis, pessimas, e embaraçadissimas consequencias, mas que o hostilisar aquella Praça, e fazermos publicos os nossos intentos, não a tomando, será cousa, a que só póde competir o nome de desgraça da primeira ordem.

Nestes termos bem conhece V. S.ª que antes de qualquer movimento contra a mesma Praça, he necessario que esteja informado tão detalhadamente, quanto for possivel, dos obstaculos, e forças que tem que vencer, e que com officiaes, de quem fizer maior conceito, peze se os ditos obstaculos se poderão prudentemente vencer com hum golpe de mão, com que se premeditava expugnar a referida Praça. Se V. S.ª entender que para fazer esta combinação necessita de algum, ou alguns dos officiaes do Estado, que se não acham nesse campo, com o seu aviso os farei marchar logo para elle; e se lhe parecer que para o mesmo golpe de mão lhe posso mandar mais alguma das forças militares do Estado, póde V. S.ª contar com ellas até aquelle ultimo ponto, que sabe que o posso fazer, porque as conhece. 1791 Janeiro 28

Remetto a V. S.ª a relação inclusa dos petrechos, e munições de guerra que vae do regimento de artilharia.

Deus guarde a V. S.ª Pangim, 28 de Janeiro de 1791. — Francisco da Cunha e Menezes.

N.º 23

Carta do Marechal de campo ao Governador

(Arch. da India, livro das Monções, n.º 172, fol. 411.)

Ill.mo e Ex.mo Sr. — Na duvida de haver Manchua prompta para a remessa do que tenho pedido a V. Ex.ª nas ultimas cartas, que foram pela posta, mandei fazer immediatamente á vela a Manchua, que commanda o Official portador desta carta, recommendando-lhe que faça toda a diligencia para que ella seja entregue com a maior brevidade. 1791 Janeiro 26

Tem continuado o fogo da artilharia da Praça sobre as turbas dos chamados Marathas, que me consta haverem assentado embaraçar-nos na marcha, em que não poderá haver nenhuma demora por semelhante motivo, quando nos convenha avizinharmo-nos á dita Praça, por bem ou por mal. E emquanto isto se não decide pelas ordens de V. Ex.ª, ou pelo ajuste com o Quiladar, me conservo neste campo, que he proporcionado para tudo.

Ratifico a V. Ex.ª a minha fiel obediencia.

A Ill.ma e Ex.ma pessoa de V. Ex.ª guarde Deus muitos annos. Campo de Mamadaly, a 26 de Janeiro de 1791, pela duas horas da tarde. — Ill.mo e Ex.mo Sr. Francisco da Cunha

1791 Janeiro 26 e Menezes. — De V. Ex.ª muito obediente subdito, e obrigadissimo creado — Francisco Antonio da Veiga Cabral.

N.º 24

Carta do Marechal de campo ao Governador

(Arch. da India, livro das Monções, n.º 172, fol. 415.)

1791 Janeiro 27 Ill.mo e Ex.mo Sr. — Prosegui a correspondencia com o Quiladar do Piro, dizendo-lhe quanto correspondia á amizade entre o Estado e Tipú, deduzida da que conservou com seu pae; qual era a actual situação do mesmo Tipú, as forças dos Inglezes, a total impossibilidade de ser soccorrido o Piro; o offerecimento de tudo quanto possuia o Quiladar, e os seus, mandando-os escoltar com segurança até o logar que elegessem; e até lhe ponderava a entrega daquella Praça como hum deposito, que na ultima consternação fazia no poder do Estado sempre amigo, livrando-a dos seus inimigos. Respondeu com a carta inclusa, que por não gastar tempo na sua traducção, a mandei ler sómente.

Como o Quiladar não escreve pela sua mão mais que o signal da firma, e se serve de hum Bragmane apaixonado dos gentios, que estão dentro da Praça, se assenta que a ultima regra da carta he escripta pela insinuação dos mesmos gentios, sem que a dictasse o Quiladar; e se prova porque a pessoa, que veiu em companhia da que tinha levado a minha carta, não he pertencente ao Quiladar, nem fallou com elle, nem he mouro; he sómente hum dos Sipaes dos quatro partidos, que se acham desanimados dentro da Praça, por quem os seus Cabos Zamacandy Vir Naique, Canará, Raguraz, Gentio, Ambagy Dessay, Gentio, e Kamal Xerif, Mouro, me mandam dizer que marchem os Portuguezes de noite em direitura á Praça, que elles a entregarão, ainda que o Quiladar se pretenda defender. Sobre este mesmo assumpto escreveram já os ditos Cabos a Devaiá, que hoje me apresentou as cartas.

O Quiladar reconhecendo a guarnição pouco disposta ha defensa, que elle deseja, lhe declarou ultimamente que não estivessem ali consternados, que se fossem embora os que quizessem, porque mandava abrir a porta para sahirem todos os que não estivessem dispostos a morrer com elle, mostrando-lhe a faca, que trazia para atravessar o peito, quando se visse sem remedio em meio de seus inimigos. Consta pelos que conhecem este Quiladar que elle tem governado dezoito Praças, no tempo de Tipú, e de seu pae, e que lhe foi esta encarregada pelo conceito, que mereceu a ambos. 1791 Janeiro 27

Pareceu-me não tornar a escrever ao Quiladar sem determinação de V. Ex.ª, e premiando os portadores, lhe mandei dizer que por molestia lhe não escrevia hoje, mas que o faria em me sendo possivel. E aos quatro Cabos mandei agradecer de palavra a sua boa vontade, promettendo-lhe os beneficios, que podiam esperar da generosidade do Estado, pedindo-lhe informações exactas dos logares, e hora mais propria para se conseguir o intento, e animando-os a esperar o meu ajuste, com desprezo destes frivolos ameaços dos Marathas e Bicapás, mostrando-lhe ao mesmo tempo desejo de alguma sorte de refens para acreditar os seus offerecimentos.

V. Ex.ª, ha vista de tudo o referido determinará o que devo fazer, e eu applicarei á execução das suas ordens todo o meu disvelo.

Hoje chegou a este campo meu irmão José, mais acompanhado de desejos, que de restabelecimento.

Com o mais affectuoso respeito protesto a V. Ex.ª a minha fiel, e invariavel obediencia.

A Ill.ᵐᵃ e Ex.ᵐᵃ pessoa de V. Ex.ª guarde Deus muitos annos.—Campo de Mamadaly, a 27 de Janeiro de 1791, pelas onze horas e meia da noite.—Ill.ᵐᵒ e Ex.ᵐᵒ Sr. Francisco da Cunha e Menezes.—De V. Ex.ª muito obediente subdito, e obrigadissimo creado—Francisco Antonio da Veiga Cabral.

Traducção da carta dos Quiladares de Piro ao Marechal de campo, junta á antecedente

(Arch. da India, livro das Monções, n.º 172, fol. 418.)

1791 Janeiro 27

Ao liberalissimo amigo, grandioso Sr. Francisco Antonio da Veiga Cabral, que Deos tenha sempre em socego.

Nós Mirzam Calbé Aly Beg, e Cadir Kan, segundo Quiladar de Sadassivagodo (Piro), com cortezia de salamos enviamos esta, ficando de saude até hoje 23 do mez Rahamani (27 de Janeiro), e estimaremos que V. S.ª nos dê gosto, dirigindo-nos sempre suas cartas com as novas da sua saude.

Recebemos a carta de V. S.ª, e percebemos a materia della.

Quanto ao dizer que o Magnifico Rey Tipú Sultan se achava cercado de 60:000 homens dos Inglezes, ainda que estes os tenham, o Magnifico Rey tem 100:000 delles, com os quaes se acha em Sati Mangal, guarnecendo os seus Gates; dividiu em duas partes as suas forças, e teve tres ou quatro choques, nos quaes o Sarcar alcançou muita vantagem; os Inglezes não podem adiantar os ataques, por não poderem subir os Gates, os quaes, e o Magnifico Rey, tem guerras continuas, muitas vezes tiveram semelhantes successos que agora ha, e este actual será de quatro dias, como V. S.ª terá disso provas. Quanto ao dizer que alem dos referidos marcharão 10:000 homens apressadamente a Patana, V. S.ª ha de ter ouvido a resulta dos 2:000 Europeus, e 60:000 homens de cavallo, que ha seis mezes trabalham contra huma fortaleza de Darvada com huma força tão extraordinaria, e nada farão hindo a Patana.

Quanto aos Inglezes, estes se acham com cousas grandes, por cujo motivo não he possivel dividir forças em quatro partes, comtudo se fossem precisas algumas tropas, as mandaria. Quanto ao dizer que V. S.ª vinha com bastantes petrechos de guerra, cada hum traz aquelles effeitos que entender lhe serão precisos. Quanto á materia do Bicapá, este homem appareceu aqui por tres vezes, retirando-se sempre destroçado, até que fugiu a Supem, o que V. S.ª sabe. Quanto ao dizer que se se unissem os nossos animos, não era para fazer caso dos Marathas, nem de Bicapá, estamos admirados da introducção de terceiro inimigo, que chegou até aqui, lugar da amisade do Magnifico Rey, e do Soberano de V. S.ª Quanto ao dizer que deixasse a cousa como depositada, V. S.ª sabe muito bem que as cousas, como fazendas, só se depositam com os Soberanos, ou com os corretores. E em quanto a dizer que ao tempo de sahir eu daqui, se me impedir no caminho o inimigo, o castigaria, fazendo continuar para diante a jornada, tendo o Magnifico Rey amigo como V. S.ª nunca haverá que receiar dos inimigos. 1791 Janeiro 27

Não somos mais largos, e tenha-nos na sua graça.—Firma.

P. S.—O mais será presente pela verbal exposição dos portadores de V. S.ª—Firma.

Traduzida aos 29 de Janeiro de 1791. (S. E.)—Bogunà Camotim Vaga, Ajudante do Lingua do Estado.

O original maratha, fl. 419.

N.º 25

Carta do Governador ao Marechal de campo

(Arch. da India, livro de Cartas e ordens, fol. 283 v.)

Pelas oito horas da manhã do dia de hoje recebi a carta de V. S.ª em data de 26 do corrente, e antes de receber a outra de V. S.ª em data de 27 seguinte, já eu havia mandado formalisar a proposta inclusa, para ouvir sobre ella o seu parecer, em quanto as circumstancias, que em grande parte se tem alterado, soffrem que se tome huma deliberação livre, ou ao menos nos não obriga a tomal-a por ora violenta. 1791 Abril 29

Em quanto eu não resolver sobre o parecer de V. S.ª, se conservará V. S.ª sem se adiantar com o corpo do seu commando, e sem fazer hostilidade alguma, ou á Praça, ou aos

1791 Abril 29 Marathas, e as mesmas ordens passará por ora a Devayá, dizendo-lhe que mande o Sar Dessay Govindá Naique a vir fallar com o Desembargador Secretario do Estado, e terá V. S.ª a maior cautela para que o seu campo não seja por algum modo insultado, conservando os soldados na mais apertada disciplina, e fazendo que as rondas e guardas, que V. S.ª não deixará de ter posto, se observem com a maior exactidão. As duas fragatas, que estão ás ordens de V. S.ª, he conveniente que fiquem em Polem, e por ora não he necessario que seja conduzido para diante o morteiro e obuz, que foi em huma dellas.

Parece pela carta que V. S.ª recebeu do Quiladar do Piro, que elle está de animo de defender a Praça, e não de a entregar voluntariamente, pelo que he inutil que V. S.ª multiplique mais cartas ao mesmo Quiladar, sendo só conveniente que continue a entreter, e animar os Cabos do partido, que se lhe offereceram para entrega da referida Praça, posto que he bem natural que o Quiladar tenha os olhos sobre elles, e que lhes não será tão facil como dizem o introduzir nella guarnição estranha.

Deos guarde a V. S.ª Pangim, 29 de Abril de 1791.— Francisco da Cunha e Menezes.

Proposta dirigida ao Chanceller, e «mutatis mutandis» ao Marechal de campo

(Arch. da India, livro das Monções, n.º 172, fol. 182.)

1791 Janeiro 29 Conformando-me com o parecer de V. S.ª, na data de 8 do corrente, estipulei com o Rey Sunda o Tratado de 17 deste mez, junto por copia, pelo qual faz o Rey Sunda ao Estado cessão das Provincias, e jurisdicções de Pondá, Zambaulim, Ganacona, Cabo da Rama, e permitte da sua parte que o mesmo Estado se possa metter de posse das fortalezas do Piro, Ximpim, e Enseada das Galés, com as mais vantagens mencionadas no dito Tratado, para alcançar do mesmo Estado o auxilio declarado no artigo 7.º delle, que se refere quanto ao modo por que deve ser prestado, ao artigo secreto do Tratado de 17 de Setembro de 1762, que vai tambem por copia. 1791 Janeiro 29

Sabe V. S.ª muito bem que deram causa a este Tratado, e ao parecer de V. S.ª, as cartas que o mesmo Rey me escreveu nas datas de 14 e 16 de Dezembro proximo passado, e que foram por copia debaixo dos n.os 1 e 3 com a segunda proposta, que dirigi a V. S.ª na data de 3 do corrente, pelas quaes affirmava que Parisrama Bau, General do exercito maratha, lhe havia permittido a conquista do seu perdido Reino, em cujos termos nada havia que receiar de opposição pela parte dos Marathas, nem dos seus alliados Inglezes na conquista do dito seu Reino, e por consequencia na do Piro, Ximpim, e Enseada das Galés, se esta conquista se fizesse em nome delle dito Rey, que nas ditas cartas affirma ter a seu favor os povos, que o chamam para subir ao throno dos seus maiores.

São estes em summa os fundamentos, que deram motivo ao mencionado Tratado, e ao parecer de V. S.ª, e pareciam verdadeiros, porque o Sunda apresentava huma copia da ordem, e licença dada por Parisrama Bau a Ravayá sobre a conquista do Reino de Sundem, a qual se comprovava com os factos do mesmo Ravayá, que sem opposição dos Marathas, tomou algumas fortalezas do Reino de Sundem, e arvorou a bandeira Sunda, parecendo ainda hoje que a dita ordem he verdadeira, porque a casa de Parisrama Bau foi sempre procuradora para com o Dominante de Punem dos Reis de Sunda, e porque fundado na referida ordem escreveu ha poucos dias o mencionado Rey ao sobredito General, pedindo-lhe a continuação do seu patrocinio, e preparando-o para fazer os ajustes competentes com a pessoa que elle Rey mandasse á sua presença; e tambem parecia verosimil que o Sunda tinha a seu favor os povos, pela facilidade com que o dito Revayá fez sem opposição, e sem forças, as primeiras conquistas naquelle Reino, em que constava por multiplicadas noticias que os seus habitantes haviam levantado a obediencia a Tipú, ou para se livrarem da sua tyrannia, ou para lhe não pagarem os tributos vencidos.

1791 Janeiro 29 Agora porém com os primeiros movimentos, que se entraram a fazer em virtude dos referidos Tratados, se tem observado: 1.º, que não será possivel intentar a conquista do Piro sem romper hum corpo maratha, que depois de haver tomado Ximpim, tem aquella praça em bloqueio, cujo Commandante desprezando, e tratando com arrogancia o cunhado do Rey Sunda, chamado Devayá, tem feito varios protestos ao Marechal de Campo, tem mandado pessoa a fallar-me, que ainda me não appareceu, e despedido ao campo maratha de Darvadda hum aviso da opposição que lhe fazemos, posto que por ora se não possa o dito Commandante queixar com razão de se lhe haver feito hostilidade alguma; e 2.º, que o dito Devayá, posto que em nome do Sunda tenha sido cumprimentado por alguns Dessays, e outras pessoas daquelles povos, apenas tem podido juntar 100 sipaes; concluindo-se daqui que nem he certo que no auxilio, que o Estado presta ao Sunda, geralmente fallando a respeito da conquista do seu Reino, e particularmente do Piro e Ximpim, obra sem opposição dos Marathas, mas sim com consentimento, e approvação delles; nem que o povo de Sundem esteja de tal fórma a favor dos seus antigos Reis, que em multidão, e corpo consideravel busquem o dito Devayá para concorrer ao restabelecimento do Rey actual de Sunda, de fórma que o auxilio do Estado lhe possa ser proveitoso, e se possa chamar auxilio disfarçado, e não conquista, que cáia directamente sobre o Estado, e que haja provaveis esperanças de que as despezas, que o mesmo Estado adianta, as poderá recuperar com o bom successo desta empreza.

Acresce a isto que, constando por todas as informações dadas pelos Ministros do dito Sunda, que na verdade eram concordes com as que eu recebi por outras partes, ser a guarnição do Piro desprezivel toda, ou quasi toda de habitantes do Reino de Sundem, affirmando-me hum Mouro trazido á minha presença pelos Ministros do dito Rey, que tendo estado na visinhança daquella Praça quinze dias antes do dito Tratado, não tinha mais guarnição que a de 300 sipaes do

Reino de Sundem, e 100 begarins, ou gastadores, com os quaes tinha intelligencia o Rey Sunda para desampararem a praça, consta-me agora pelas cartas do Marechal de Campo Francisco Antonio da Veiga Cabral, que está visinho ás nossas fronteiras, commandando hum corpo, que alli mandei formar, ter aquella praça 400 homens de guarnição, que servem promptamente a artilharia della, e de quem se confia o Quiladar, que a governa; em cujos termos, por esta declaração do dito Marechal de Campo, e por outras das suas cartas, parece que elle tem a conquista daquella praça por mais difficultosa para hum golpe de mão, do que se suppunha; sendo visivelmente certo que quando se possa fazer, já não será senão publicamente em nome da Nação Portugueza, visto que nem ha corpo consideravel do Sunda, que cubra a dita acção, nem quando o houvesse, bastaria o auxilial-o com tropas do paiz possivelmente disfarçadas.

1791 Janeiro 29

Acresce mais receber esta manhã noticia que o Dessay de Uspá Mahé Gaunço, a cujo filho eu havia dado hum partido de 100 homens para o oppor aos Dessays rebeldes, e fechar aquella provincia ao Bounsuló, que por ella infesta, como V. S.ª sabe, a provincia de Bicholim, patrocinando os Dessays rebeldes, está repentinamente unido com o dito Bounsuló, com os mesmos Dessays rebeldes, e com o de Zambotim e Ervalem, de sorte que ameaçam aquella Provincia com roubos e hostilidades mais consideraveis, e de tal sorte está o referido Dessay de Uspá descaradamente fóra da obediencia, e respeito ao Estado, que tendo prendido o Dessay rebelde Sidobá Ráo, o não quiz entregar, tendo-lhe eu mandado 50 sipaes para o auxiliarem, e defenderem contra os mesmos rebeldes antes da referida prisão, agora os mandou sahir para fóra do seu Dessayado, e tendo a sua familia em Querim, fugiu toda hontem pela manhã, com bastante suspeita, ou quasi certeza de que Satrogi Rane entra nesta união, e a faz mais consideravel pelo poder, respeito, e auctoridade, que tem na provincia de Sanquelim[1].

[1] Vejam-se as condições de vassalagem do Dessay de Uspá, a pag. 1 d'este tomo, e os mais documentos alli citados na *Nota*.

Quesito

1791 Janeiro 29 Que passos se devem continuar na presente situação das cousas, tanto pelo que diz respeito ao auxilio promettido ao Sunda, como á conquista da Fortaleza do Piro.

Pangim, 29 de Janeiro de 1791.—Francisco da Cunha e Menezes.

N.º 26

Carta do Marechal de campo ao Governador

(Arch. da India, livro das Monções, n.º 172, fol. 421.)

Ill.mo e Ex.mo Sr.—Os quatro Cabos ou Sardares, Zamacandy Vir Naique, Roguraz, Ambagy Dessay, e Kamal Xerif, que commandam os partidos da guarnição do Piro, e de quem eu fazia menção na minha ultima carta, mandaram esta noite as inclusas para Devaiá, e para mim, declarando-me por hum dos seus Sipaes de maior confiança que se eu não marchava hoje mesmo, perdesse as esperanças daquella praça; porque havendo os chamados Marathas feito apprehensão da mulher de hum Mouro, Cabo menor daquelles partidos, tinha elle sahido da Praça com alguns, e se unira aos ditos Marathas, causando tão grande inquietação aos outros Mouros, que têem igualmente arriscadas as suas familias, que se não atreviam a contel-o: que de hum pagode, que me mostraria o seu fiel, mandasse eu fazer cinco tiros de artilharia sem bala: que a estes corresponderia a Praça com outros cinco, igualmente sem bala: e que immediatamente sahiriam os ditos Cabos com a sua gente para introduzir as nossas tropas na mesma Praça.

Em companhia da dita pessoa fiel dos sobreditos Cabos vieram dois irmãos delles em refens; e diz o tal fiel que conservando-se sempre juntos de mim, será responsavel com a sua cabeça pelo ajustado. Em consequencia de tudo, como a occasião he sómente huma, e elles protestam que se não póde emendar, me ponho em marcha com o que tenho, porque até agora não recebi carta de V. Ex.ª em resposta das que dirigi pela manchua, e por terra ao mesmo tempo; sendo a ultima carta, que tenho de V. Ex.ª datada de 25 do corrente em resposta da que lhe escrevi de Coculim, e da primeira que lhe enviei deste campo. Tambem não chegaram ainda a este campo 300 homens, que mandei vir do meu Regimento, aproveitando-me da permissão de V. Ex.ª, mas espero em Deus que nenhuma destas demoras nos prejudique, porque eu, sem embargo de toda a referida segurança, e solemnidade dos ajustes referidos, me hei de haver sempre com a maior cautela. 1791 Janeiro 29

Aqui não ha hum grão de arroz, e justamente se desculpa o Tenente Coronel José Felix com a invasão dos Garoupeiros, chamados Marathas, que surprehenderam todos os mantimentos que poderam, fazendo enterrar aquellès de que não tiveram noticia. Eu mandei logo por huma manchua buscar duzentos fardos a Angediva, escrevendo ao Sargento mór Teixeira para que os remettesse sem demora, esperando-os hoje mesmo; e até agora se tem remediado com a espertèza, e efficacia do dito Tenente Coronel José Felix pelos gentios de Canacona seus conhecidos.

Já consegui pelo trabalho e prestimo de Goinda Naique separar dos Marathas a Bicapá, que se estabeleceu a pouca distancia com a sua gente, confiado na protecção do Estado; e nos favores do Rey Sunda.

Ratifico a V. Ex.ª com o mais affectuoso respeito a minha fiel e invariavel obediencia.

A Ill.ᵐᵃ e Ex.ᵐᵃ Pessoa de V. Ex.ª guarde Deus muitos annos. Campo de Mamadaly a 29 de Janeiro de 1791, pelas dez horas do dia.—Ill.ᵐᵒ e Ex.ᵐᵒ Senhor Francisco da Cunha e Menezes.—De V. Ex.ª muito obediente subdito, e obrigadissimo creado.—Francisco Antonio da Veiga Cabral.

P. S. Remetto tambem a inclusa memoria dos Sipaes, e da repartição, que hontem tinha feito dos begarins.

Relação dos Sipaes que se acham no Campo de Mamadaly, em 28 de Janeiro de 1791

1791 Janeiro 28

Partidos	Do Tenente Coronel José Felix da Cunha	100
	Do Capitão José Rodrigues	64
	Do partido vago	60
	Do Cabo Mocú Naique	20
	Do Cabo Pondelico Porobo	20
	Do Cabo Rama Chandra Naique	20
		284

Sipaes destacados nos metas das barras de Agonda, Talpona e Galgibaga, Enseada de Polem, e nas postas para a remessa das cartas

Partidos	De Narbá Naique	100
	Do Cabo Fondú Naique	20
	Do Cabo Giú Naique	15
	Do Capitão José Rodrigues	16
	Do partido vago	15
		166

Recapitulação

No campo	284
Destacados	166
	450

Francisco Antonio da Veiga Cabral, Marechal de Campo e Commandante das tropas.

Repartição de 251 Begarins

Para as minhas bagagens e conducção da barraca	50
Para a do meu Ajudante de ordens	10
Para a do Tenente Coronel Commandante do primeiro Regimento	10
Para a do Tenente Coronel Bernardo Brondle	6

Para a do Sargento mór de artilharia	4	1791 Janeiro 28
Para a dos oito Capitães, a dois cada hum	16	
Para a dos 23 officiaes subalternos	23	
Para as das tres companhias de Granadeiros, a 40 cada huma	120	
Para as do Padre Capellão e altar	4	
Para a do Cirurgião mór e botica	4	
Para a do Lingua do Estado	4	
Para a conducção das munições de guerra	100	
	351	

Campo de Mamadaly a 28 de Janeiro de 1791.—Francisco Antonio da Veiga Cabral, Marechal de Campo e Commandante das tropas.

Traducção da carta dos Cabos ao Marechal de campo

Ao nosso Chefe e Senhor Marechal de Campo e Tenente Coronel, cuja felicidade desejâmos sempre, esperando receber suas ordens. 1791 Janeiro 23

Nós subditos muito obedientes Ranga-Raz Official do Exercito, e Abagi Dessay fouzadar do districto de Peirá, com venerações de estylo, dirigimos está hoje 23.º dia do mez Pouxa (Janeiro) gosando de boa saude por graça do Senhor.

Com esta he expedido o Sipai chamado Givagi, esperando que S. S.ª chegará aqui ámanhã muito cedo, pois logo que S. S.ª chegar, tudo ficará aqui em devida ordem.

V. S.ª receia, que a gente da Praça fará fogo. Nada tem a duvidar a tal respeito; antes tenha V. S.ª certeza de que não faremos fogo; porém se V. S.ª vier com armada, como he possivel, que esta gente seja capaz de commetter roubos, e fazer outros disturbios prejudiciaes, esperâmos que dará sobre este objecto as ordens convenientes, mandando porventura postar a armada no sitio mais proximo, quando esteja em maior distancia.

Á vista do que dito fica, se V. S.ª deixar de chegar a este

1791 Janeiro 23 sitio ámanhã muito cedo, não correrá em nós responsabilidade de qualquer successo.

Queira pois esforçar-se de modo possivel para conseguir o fim, apreciando devidamente esta nossa exposição franca, e sobretudo fará o que achar de razão, pela sua reflexão.

E sobretudo se se deixar ficar, não tem que culpar a nós — Salama — (em caracteres canarás).

Traduzida por mim Lingua do Estado abaixo assignado. — 31 de Agosto de 1875. — Suriagi Ananda Ráo.

Original maratha, fl. 425.

A carta a Devayá está junta no original canará, de que não podemos agora obter traducção.

N.º 27

Traducção dos Protestos dos Cabos marathas

(Arch. da India, livro das Monções, n.º 172, fol. 429.)

1791 Janeiro 24 Amparo dos amigos, e conservador da verdadeira amisade, grandiosissimo General dos portos de Goa.....[1] cuja amizade seja perpetua.

Eu Babú Ráo Saloc, Subedar da armada dos dominios Vizaedurga (Griem), com cortezia de salamo envio esta, ficando de saude, e desejando ter as novas da sua boa.

Por ordem do Sarcar expediu-me o honrado Gangadar Panta Tateá, Subedar, com tropas e armada por mar, e por terra veiu mandando tambem com tropas o honrado Sacó Ramachandra, Subedar de Calanidi.

A fortaleza da ilha Ximpim conquistámos por escalada; e sitiámos a fortaleza do Piro, a qual vendo-se em aperto, entrou a negociar comnosco: nestes termos as tropas do Grandioso amigo, que se conservavam na sua jurisdicção em Polem, se adiantaram, vindo a postar-se perto da fortaleza em o sitio de Madali, o que foi util ao Quiladar para entreter o negocio em prejuizo do intento do Sarcar; e como o Gran-

[1] Esta lacuna está na traducção escripta pelo Lingua do Estado.

dioso amigo tem grande amizade com o Felicissimo Panta Pradan, meu Senhor, e com o Subedar, a qual não he preciso eu aqui expressar, o Grandioso amigo em contemplação a ella deve mandar retirar as suas tropas, cuja materia communicará ao Grandioso amigo o honrado Rogú Xette Parcar. O Subedar brevemente voltará de Punem, e escreverá ao Grandioso amigo com clareza. Nada será util se quebrar a amizade com a ambição da fortaleza, pois lhe acharam fortalezas, e tambem sahiram de mão nos seus tempos, porém não será facil adquirir, ou achar amizade. Esta materia merece reflexão, pois o meu Soberano e os Inglezes têem empenho de arruinar o Tipú, e quando agora quebrando a paz conquiste a fortaleza, ella não passará em poder do Grandioso amigo. A tropa, que aqui se achava do exercito superior das ordens do Senhor Bhau, queria resistir, no que eu tive mão, e escrevo esta ao Grandioso amigo para o fim de não haver embaraço na amizade, pois quando entrarem a pelejar as tropas do Grandioso amigo, e do meu Amo, sómente para as do Grandioso amigo ninguem segurará victorias, e a resulta será de destruições, e quebrantamento da paz. Não sou mais largo. 1791 Janeiro 24

Esta he a carta.

Traduzida por mim Ananta Camotim Vaga. Lingoa do Estado, a 31 de Janeiro de 1791. (S. E.)

O original maratha, fl. 430.

Traducção.—Amparo dos amigos, e conservador da verdadeira amizade, Grandiosissimo..... [1] General dos portos de Goa, cuja amizada seja perpetua.

Eu Sacó Ramachandra, encarregado dos Dominios de Caladini pelo Felicissimo, com cortezia de salamo envio este, ficando de saude, e desejando que o Grandioso amigo me dê as novas da sua boa.

O meu Soberano me mandou com tropas contra as terras

[1] Esta lacuna está na traducção escripta pelo Lingua do Estado.

1791 Janeiro 24 do Concão de Carnate, e por mar chegou á fortaleza do Piro a armada do commando do honrado Gangadar Panta Tateá, Subedar, e tambem tropas, as quaes resistindo contra a fortaleza da Ilha Ximpim, conquistaram por escalada, e tem sitiado a Praça do Piro, que se acha em aperto; nestes termos as tropas do Grandioso amigo, que ficavam em Polem, se adiantaram e se acham postadas em Madali, perto da fortaleza, ou praça, fazendo negociação com o Quiladar contra o projecto do Sarcar, com o qual tem amisade o Grandioso amigo; por isso o referido procedimento não he praticavel, pelo que me parece proprio se retirarem as ditas tropas do Grandioso amigo; do contrario haverá quebrantamento de paz em prejuizo de ambas as partes. Toda a nossa tropa, deixando suspenso o intento da Praça, tem voltado com cara ao campo das tropas do Grandioso amigo, e nenhuma demora haverá para infracção; no que ficando certo o Grandioso amigo, me mandará resposta, para proceder conforme a ella, pois a força, ou o poder do meu soberano he grande; e no caso de não mandar praticar a referida retirada, sem duvida haverá contenda. Escripta a 18 do mez Zamadilavol (24 de Janeiro). Não sou mais largo.

Esta he a carta.

Traduzida por mim Ananta Camotim Vaga, Lingoa do Estado, a 31 de Janeiro de 1791.—S. E.

Original maratha, fl. 434.

(Arch. da India, livro das Monções, n.º 172, fol. 433.)

N.º 28

Carta do Governador ao Marechal de campo

(Arch. da India, livro de Cartas e ordens, fol. 186.)

1791 Janeiro 31 Recebo agora a carta de V. S.ª em data de 29 do corrente, e pelas ultimas minhas, qué V. S.ª terá recebido, colligirá o cuidado, perplexidade, e embaraço, em que fico com a noticia, que me dá, de estar naquelle dia para se pôr em marcha contra o Piro. Juntamente com a carta de V. S.ª chegaram os protestos formalisados pelo commandante da esquadra maratha, e pelo da tropa de terra, aos quaes não pude responder de outro modo, senão pelo que consta da copia inclusa, porque não sei o successo da marcha de V. S.ª que desejo se tenha suspendido, havendo ainda recebido a tempo as que lhe escrevi em 28 do corrente, sendo necessario de qualquer modo que seja evitar que depois de tantas reflexões feitas sobre esta materia, se não venha a fazer a conquista da mencionada Praça com justo escandalo, não só de Tipú, senão até dos Marathas e Inglezes. 1791 Janeiro 31

Fico esperando com a maior ancia carta de V. S.ª a quem não necessito encarecer o agasalho, com que deve tratar os Commandantes Marathas, quando as cousas estejam em termos de haver com elles alguma negociação.

Deus guarde a V. S.ª Pangim, 31 de Janeiro de 1791.— Francisco da Cunha e Menezes.

N. B. As respostas que acusa esta carta, constam do numero seguinte 29.

N.º 29

Carta do Governador para Babú Ráo Saloc, Subedar da armada de Griem

(Arch. da India, livro de Reis visinhos, fol. 16.)

Acabo de receber agora a carta, que V. m.cê me escreve, dando-me parte de estar sobre a Fortaleza do Piro por ordem de seu Amo, e que nestes termos não he proprio da amizade, que o Magestoso Estado tem com o Felicissimo, que as tropas Portuguezas se avancem a senhoriar-se da referida Praça.

As ordens do Felicissimo a respeito da conquista do Piro ainda agora chegam á minha noticia, porque eu sómente sabia que o Magestoso Estado tem antigos direitos á Praça, que tomou ao Sunda, e por amisade a tornou a restituir ao mesmo Rey, o qual apresentou nesta Côrte huma licença ampla

1791 Janeiro 31 concedida pelo Honrado Parisramo Panta, pela qual lhe permitte sem restricção alguma conquistar as terras do seu perdido reino, o que já em alguma parte executou Revayá, arvorando bandeira do mencionado Rey publicamente nas fortalezas que conquistou, sem que disto se originasse escandalo algum ao sobredito General. Nestes termos me parecia a mim que qualquer auxilio, que eu désse ao Rey Sunda para proceder na fórma da licença que tem, era agradavel ao Felicissimo, e que as suas tropas obrariam como em causa commum a favor delle contra Tipú. Sómente me constava que a esquadra de que V. m.cê he Commandante tinha chegado proximamente a esse porto, mas não que estivesse bloqueando o Piro pelo modo que me refere. De qualquer sorte que seja, estimo que não tenha havido de huma e outra parte hostilidade alguma, a qual nunca foi o meu intento que houvesse, e agora mando ordem expressa ao Marechal de Campo Francisco Antonio da Veiga Cabral, para que em obsequio ao Felicissimo não dê passo algum na conquista da mencionada Fortaleza, e que amigavelmente, como se deve esperar, trate com V. m.cê os pontos essenciaes desta materia, para tudo se acabar sem discordia.

Deus guarde a V. m.cê Goa, 31 de Janeiro de 1791.— Francisco da Cunha e Menezes.

Outra resposta como esta se deu á carta de Sacó Ramachandra, encarregado dos dominios de Calenidi, commandante da tropa de terra, com a mudança das seguintes palavras. Em lugar de dizer «que a Esquadra» se dirá «que a tropa». Em lugar de dizer «a esse porto» se dirá «a essas partes».

N.º 29-A

Carta do Governador ao Marechal de campo

(Arch. da India, livro de Cartas e ordens, fol. 186 v.)

1791 Fevereiro 1 Acabo de receber pelo Sr. José Tristão da Veiga Cabral duas cartas de V. S.ª de 30 e 31 do mez passado, e com ellas a agradavel e feliz noticia da tomada do Piro por hum modo tão extraordinario, que me faz dar a V. S.ª hum milhão de parabens pelo bom exito das suas acertadas disposições. Como espero a todas as horas outras cartas de V. S.ª mais circumstanciadas sobre a dita Praça, darei logo á vista dellas as providencias, que parecerem mais proprias ao tempo presente, as quaes poderá levar o Sr. José Tristão, que necessita de algum descanço em attenção á violenta jornada que trouxe. Desejaria que os Quiladares do Piro quizessem vir a esta Côrte para eu lhes adoçar o animo, e os capacitar de que o Estado obrou em beneficio de seu Amo; mas como elles recearão talvez de vir me fallar, para que não aconteça ficarem suspeitos a seu Amo, escrever-lhe-hei a elles com as razões, que julgar mais proprias para a persuasão acima referida. 1791 Fevereiro 1

Hoje receberá V. S.ª a carta, que hontem lhe dirigi a respeito dos Marathas. Se ahi apparecerem com ella, acrescentará V. S.ª ás razões, de que tem usado em outras occasiões, que não devem vir em consideração todos os passos, que de huma e outra parte se dessem antes do recebimento das suas cartas nesta Côrte.

Deus guarde a V. S.ª Pangim, 1.º de Fevereiro de 1791.

P. S. Agora passo ordem ao Intendente Geral da Marinha para que mande officiaes da sua repartição a essa Praça fazer inventario, e arrecadação de tudo que se achar nella pertencente á mesma Praça, excepto daquellas cousas, que V. S.ª tiver promettido a cada hum levar comsigo dos Sipaes que a guarneciam. — Francisco da Cunha e Menezes.

Carta do Secretario do Estado ao Arcebispo Primaz

(Arch. da India, livro de Cartas e ordens, fol. 187.)

Exmo e Rev.^mo^ Sr. — Agora acabo de receber do Illmo e Exmo Sr. Governador e Capitão General a feliz noticia de ser entrado no Piro o Marechal de Campo Francisco Antonio da Veiga Cabral, domingo 30 do mez passado pelas nove horas

1791 Fevereiro 1 da noute; e como ás orações de V. Ex.ª se deve attribuir em grande parte a felicidade das armas do Estado, me manda o meu General já participar a V. Ex.ª esta noticia, para lhe não retardar a alegria, que com ella hade V. Ex.ª receber. A Ex.ᵐᵃ Pessoa de V. Ex.ª guarde Deus muitos annos. Secretaria, 1.º de Fvereiro de 1791.—Sebastião José Ferreira Barroco.

N.º 30

Carta do Governador aos Quiladares do Piro

(Arch. da India, livro das Monções, n.º 172, fol. 436.)

1791 Fevereiro 2 Honrados Mirzam Calbé Ali Beg, e Cadi Can, cuja felicidade seja perpetua.

Quando no anno de 1768 esteve o muito illustre Nababo Aydar Aly Kan em guerra com os seus inimigos, mandou elle a esta Côrte o honrado Xá Nurlá com poderes para tratar os negocios respectivos a ella, e em virtude dos mesmos poderes se ajustou que as Praças do Piro, Ximpim, e Ancólá seriam entregues ao Magestoso Estado, para não cahirem nas mãos dos mesmos seus inimigos. Em virtude deste ajuste marcharam as tropas do Magestoso Estado para Polem, mas o honrado Mirzam Cabir Bek com intentos de ser tão infiel a seu Amo como o havia sido o Cabo da sua armada, não quiz fazer entrega dessa Praça na fórma ajustada, a qual o Magestoso Estado então recebia sem outro algum intento mais de que o de não ter outrem por visinho, de sorte que as hostilidades, que então fez a tropa do Magestoso Estado ao Piro foram sómente feitas ao Quiladar delle, e não ao muito illustre Nababo.

Quando no anno de 1783 se renovou a guerra com o muito illustre Rey Tipú Sultan, expoz o Magnifico Estado ao honrado Lacximona Naiquo Gurcar, que devia entregar a dita Praça ao mesmo Magestoso Estado, o qual não tinha nisto mais interesse do que não querer por visinha outra alguma Nação estranha, e só sim ao mesmo muito illustre Rey. O dito

Quiladar resolveu-se a fazer a mencionada entrega, mas tão tarde, que quando foram as tropas do Magestoso Estado, já a Praça estava perdida. 1791 Fevereiro 2

Parecendo-me que as intenções do Magestoso Estado por estes dois factos antecedentes estavam bem manifestas, e que delles se conhecia que o dito Magestoso Estado não tem alguma ambição a respeito do Piro, mas só sim desejo de apartar de si outro qualquer visinho, que não seja o mesmo muito illustre Rey, me resolvi a insinuar a V. m.cês por via do honrado Nil Naique estas boas intenções, participando-lhe ao mesmo tempo todas aquellas noticias verdadeiras, que V. m.cês desejariam saber para tomarem a resolução que lhes fosse mais conveniente.

Não se mostraram V. m.cês com o animo de estarem pelas minhas proposições, affirmando que tinham forças para se defenderem, pelo que lhes fiz expressamente declarar que em taes termos nada tinha que pertender sobre essa Praça, porque os meus unicos desejos consistiam em não querer que ella cahisse em mão dos inimigos de seu Amo, sem embargo que eu sabia que a guarnição della estava com animo de a entregar a quaesquer dos ditos inimigos; mas vendo finalmente que as cousas chegavam ao ultimo aperto, porque os Marathas tinham tomado Ximpim, estavam batendo essa Praça, e tratando com a guarnição della prompta a entregal-a, mandei o honrado Marechal de Campo Francisco Antonio da Veiga Cabral, que se adiantasse com as tropas portuguezas, e que repetisse a V. m.cês de mais perto os ditos offerecimentos, com ordem positiva de não dar nenhum tiro, ou fazer a mais pequena hostilidade a essa Praça, mas sómente de impedir que ella cahisse por convenção em mão dos inimigos de seu Amo, porque em tal caso lhe ordenava que os prevenisse, e que buscasse modos de entrar nella amigavelmente.

Agora me participa o dito Marechal de Campo Francisco Antonio da Veiga Cabral que obrando em virtude destas minhas ordens, e sabendo que a guarnição estava sublevada contra V. m.cês, e proxima a entregar a Praça aos Marathas, se adiantára, e se mettera dentro della, sem que houvesse

1791 Fevereiro 2 hum unico tiro, ou outra hostilidade alguma; em cujos termos espero que pondo V. m.[cês] na presença do muito illustre Rey Tipú Sultan todas as circumstancias do presente comportamento do Magestoso Estado, elle o tome por hum acto de generosidade, e conheça que o Magestoso Estado não obrou presentemente com outro fim diverso daquelle que teve nas ditas guerras antecedentes, e que para encobrir aos seus inimigos estes intentos favoraveis do mesmo Estado, he que tem mandado arvorar bandeira do Sunda na dita Praça, posto que a guarnição della he portugueza.

Goa, 2 de Fevereiro de 1791.—Francisco da Cunha e Menezes.

N.º 31

Carta do Secretario do Estado ao Emmissario na côrte de Punem Vital Ráo Gorqui

(Arch. da India, livro de Reis visinhos, fol. 19 v.)

1791 Fevereiro 3 Recebi huma carta de V. m.[cê] escripta em Vislamapur a 6 de Janeiro proximo passado, e outra escripta em Punem a 20 do mesmo mez, na qual me dá V. m.[cê] parte de haver sido bem acceito pelo primeiro Ministro, e por Boiró Panta, chamado nosso Procurador.

Pelas novas instrucções, que V. m.[cê] recebe de S. Ex.[a] [1], verá a mudança, que tem tido os negocios nesta Côrte, depois que V. m.[cê] sahio della, porque tem alcançado o Sunda o patrocinio do Estado para ser restabelecido na posse do Reino, de que foi expulso seu pae por Aydar Aly. O mesmo Sunda apresentou nesta Côrte huma licença que Parisramo Bau lhe tinha dado para recuperar o seu Reino, e mostrando-se verdadeira a dita licença, achou S. Ex.[a] que devia fazer com elle hum Tratado, que contém varias condições, com as quaes o Estado se obrigou a auxiliar o mesmo Sunda, e a protegel-o quanto lhe for possivel.

1 As instrucções foram registadas no livro competente, que não apparece.

Pelas ditas Instrucções perceberá V. m.cê mais amplamente quaes são os passos, que tem que dar presentemente nesse Sarcar, e persuasões que tem que fazer, o que tudo se póde reduzir aos seguintes pontos: 1791 Fevereiro 3

1.° Que o Estado concede auxilio ao Sunda para este recuperar o seu Reino, porque vio que nisto obrava conforme o gosto, e intenções da Côrte de Punem, e para isto tem V. m.cê razões claras nas mencionadas Instrucções, principalmente nos artigos 2.°, 3.° e 11.°

2.° Que he util áquelle Sarcar o restabelecimento do mencionado Rey, e justo que assim como Parisramo Bau tem concedido licença a outros pequenos Dominantes para recuperarem as suas terras, pelo mesmo modo que concedeu ao Sunda, que a licença dada a este tenha effeito assim como teve a dos outros; e para isto tem V. m.cê razões claras no dito artigo 2.° das mencionadas Instrucções, e nos artigos 11.° e 19.° dellas.

3.° Que a conquista, que o Estado fez do Piro, não foi de fórma alguma offensiva ao Sarcar de Punem, pelo modo com que foi feita, porque o Estado tinha principiado desde Agosto do anno passado as suas negociações, e porque he falso que aquella Praça estivesse bloqueada por algum corpo maratha, porque sómente o que havia era gente dispersa sem mais força do que a que bastava para roubar o povo. Para V. m.cê mostrar isto deve ler com muita attenção as ditas Instrucções, porque nellas lhe conta S. Ex.ª como as cousas aconteceram desde as primeiras negociações, que houve com o Quiladar do Piro até entrega da mesma Praça, e especialmente achará V. m.cê razões proprias para este ponto nos artigos 11.°, 12.° e 13.° das mencionadas Instrucções.

Este terceiro ponto he o mais essencial de todos, e nelle he que V. m.cê deve trabalhar com todas as forças para não haver alguma discordia entre o Estado e esse Sarcar, onde não he necessario que V. m.cê se faça por ora sabedor que entre o mesmo Estado e o Rey de Sunda ha hum Tratado particular feito proximamente.

As Instrucções de S. Ex.ª vão em gentilico, para que

1791 Fevereiro 3 V. m.cê as entenda perfeitamente, e aquelles lugares, que vão em cifra, estão escriptos em portuguez, para que V. m.cê possa usar da cifra, que lhe foi entregue nesta secretaria.

Como S. Ex.ª quer que V. m.cê não demore noticia alguma do que se passar sobre esta importante materia, lhe manda declarar que por ora serão pagos por esta secretaria todos os patamares, que V. m.cê dahi mandar, para o que deve remetter em papel separado dentro das suas cartas huma declaração dos ajustes que fizer com elles, e se lhes houver lá dado algum dinheiro á conta, cá se entregará outra igual quantia a quem V. m.cê declarar.

V. m.cê está em termos de fazer hum serviço muito consideravel ao Estado, e que eu não julgo muito difficultoso, porque os Marathas o que querem he que lhe paguem os tributos os Dominantes, a quem deixam recuperar as suas terras, e o Sunda não tem nisto duvida alguma. Os Inglezes vão praticando o mesmo, e já o Samorim se acha restabelecido no Reino de Calicute. Todos estes exemplos lhe podem servir a V. m.cê e como a materia da presente negociação se mostra por si mesmo de tanta importancia, não necessito encarecer-lhe o empenho, que S. Ex.ª tem na boa conclusão della, e a diligencia e actividade, com que V. m.cê deve portar-se.

Deus guarde a V. m.cê Goa, 3 de Fevereiro de 1791. — Sebastião José Ferreira Barroco.

N.º 32

Traducção da carta do Cabo da armada Maratha ao Governador

(Arch. da India, livro das Monções, n.º 172, fol. 438.)

1791 Fevereiro 9 Amparo dos amigos, e conservador da verdadeira amizade, Grandioso Francisco da Cunha e Menezes, General dos portos de Goa, cuja amizade seja perpetua.

Eu Babú Ráo, Subedar da armada de Vizaedurga (Griem), envio esta com cortezia de muitos salamos, e ficando com desprazer, espero sempre a continuação das suas cartas.

Tendo afachinado, e bloqueado a Fortaleza Sadassiva Godo (Piro), e estando em negociação o Quiladar, marcharam as tropas do Grandioso amigo, e postando-se na porta da Fortaleza, entrarão nella confederadas com o Quiladar, separando-se os termos da amizade. Nesta occasião estava toda a tropa prompta, e disposta a pelejar; porém suspendi esta tenção, porque entrei em hum largo discurso, e creio que isso mesmo terão escripto as tropas do Grandioso amigo. Agora mando o honrado Rogú Xette, o qual dirá tudo; espero que attenda a sua exposição, e á amizade; e mande entregar a Fortaleza, sendo este o meio para a conservação da nossa amizade. Pelo incomparavel poder do Felicissimo, não faltam fortalezas a este Sarcar, e tambem o Estado tem grandes dominios, e muitas fortalezas, de que não tem falta alguma; porém a amizade ficou com nota de que depois de estar a fortaleza bloqueada pelo Sarcar, virem as tropas do Grandioso amigo, e conquistarem a fortaleza sem haverem tiros de balla, cujo facto o Felicissimo tomará muito a peito, por cuja causa para a conservação da amizade, sendo entregue a fortaleza, ella será augmentada, e nesta consideração queira praticar a dita entrega.

1791 Fevereiro 9

Muito me contentou a carta do Grandioso amigo, por ter significado nella que tinha passado expressa ordem para retrocederem as tropas, mas antes que esta chegasse, adiantaram as tropas do Grandioso amigo, não importa a mesma tenção que o Grandioso amigo tem a respeito da conservação da amizade; igualmente desejamos da nossa parte o mesmo, e neste fundamento não quiz pelejar contra a seu General; porém o fim disto he que eu não faça queixa do Grandioso amigo ao meu Amo; por isso tanto que receber esta, tomando a materia em reflexão, mande entregar a fortaleza, pois será acção grande. Esta he a carta. — Firma.

Traduzida por mim Ananta Camotim Vaga, Lingua do Estado, a 9 de Fevereiro de 1791. (S. E.)

Original maratha, fl. 439.

N.º 33

Carta do Secretario do Estado ao Subedar da armada de Griem Babú Ráo Saloc

(Arch. da India, livro de Reis visinhos, fol. 24 v.)

1791 Fevereiro 9 O Illmo e Exmo Sr. Governador, e Capitão General, me manda dizer a V. m.^cê^ que quando recebeu a sua primeira carta, capacitado de que V. m.^cê^ tinha formalmente bloqueado a Fortaleza do Piro, mandou ao Generoso Marechal de Campo Francisco Antonio da Veiga Cabral, huma ordem a mais favoravel que V. m.^cê^ podia desejar, mas que hoje está informado de que V. m.^cê^ não tinha forças, nem tropas, nem artilharia para semelhante bloqueio, e que sómente eram proprias para opprimir o povo, tirando-lhe alguma cousa, que ainda lhe restasse de tantos roubos antecedentes.

Deos guarde a V. m.^cê^ Goa, 9 de Fevereiro de 1791.— Sebastião José Ferreira Barroco.

N.º 34

Carta de Gangadar Panta Subedar de Griem ao Governador

(Arch. da India, livro das Monções, n.º 172, fol. 442.)

1791 Fevereiro 11 Ao Illmo e Exmo Possuidor de grande Estado, e felicidades, Grandioso Francisco da Cunha e Menezes, General residente nos portos de Goa, cuja amizade seja perpetua.

Eu Gangadar Govindá, Subedar dos dominios de Vizaedurga (Griem), envio esta com cortezia de salamo, ficando de saude, e desejando ter as boas novas de V. Ex.ª

No anno presente o meu Sarcar declarou guerra contra o Grandioso Faté Aly Kan (Tipú), e por terra marcharam para este effeito exercitos para a parte do sul; o projecto do Concão, e das jurisdicções maritimas, encarregou me o Magnifico, Excellentissimo, e Felicissimo meu Amo; eu já estou nesta ilha, e tendo mandado sahir os Generosos Babú Ráo Saloc, e Antagi Ganêz Gongato, com as tropas da armada, conseguiram senhoarem todas as praças e districtos do inimigo, e da Fortaleza Ximpim, que já he do Sarcar; bloquearam a Fortaleza de Sadassiva Goddo (Piro), a qual sendo batida, obrigaram a pedir capitulação, e estando nos termos de entrar a gente do Sarcar com bandeira, no mesmo instante se adiantaram as tropas de V. Ex.ª, e em nome do Sunda se approximaram; então para que por qualquer embaraço não quebrasse a amizade, os sobreditos enviaram á presença de V. Ex.ª o honrado Rogú Xette Parcar; a este asseverando em termos de amizade, de que aquelle auxilio, que havia prestado ao Sunda das suas tropas, mandava retirar-se, sabendo que eu mandava fazer a conquista, e lhe entregou a resposta; por outra parte se viram entrar as suas tropas em nome do Sunda, e foi arvorada bandeira, conquistando V. Ex.ª desta fórma a Fortaleza, segundo as noticias que tenho, cujo facto me tem sido de summa admiração, por sermos amigos. V. Ex.ª tomando em consideração o presente projecto do Sarcar; que a minha Côrte tem paz com Goa; e que em nome do Sunda publicando guerra por parte de V. Ex.ª occasionarão embaraços a huma fortaleza bloqueada pelo Sarcar, estando em capitulação, procedimento para infracções, se sirva de mandar entregar aos sobreditos a referida Fortaleza do Sarcar, mandando retirar as suas tropas, e as fragatas, que estão fóra, fazendo a respeito do futuro que por causa do referido (se entende o Sunda) não hajam embaraços nos intentos do Sarcar. Em quanto os negocios do Sunda, sabendo do Sarcar, se dará a providencia competente, V. Ex.ª deverá soccorrer os mencionados intentos, concorrendo com as cousas necessarias sem embaraços, nem duvidas nos casos de occorrencia, para cujo fim remetto a V. Ex.ª a carta que recebi de meu Amo, juntamente com outras dos honrados Bairó Panta Mendló, Procurador de V. Ex.ª em Punem, pelas quaes ficará certo na materia. Agora envio mais soccorros de gente, e armada, e espero que V. Ex.ª queira permittir que as cousas 1791 Fevereiro 11

1791 Fevereiro 11 daquellas partes se vençam com boa amizade e harmonia, que ha entre nós; e não sou mais largo.

Escripta aos 7 do mez Zamadilacar (11 de Fevereiro de 1791); e me tenha na sua graça e amizade. Esta he a carta.

Traduzida por mim Ananta Camotim Vaga, Lingua do Estado, aos 16 de Fevereiro de 1791. (S. E.)

O original maratha, fl. 444.

Carta do Dominante de Punçm Madou Rão Narana Panta Pradan ao Governador

(Arch. da India, livro das Monções, n.º 172, fol. 446.)

1791 Fevereiro 2 Ao Illmo e Exmo Possuidor de grande Estado, e felicidades, Grandioso Francisco da Cunha e Menezes, Governador e Capitão General dos portos de Goa, cuja amizade seja perpetua.

Depois das expressões da primorosa amizade, passo a dizer-lhe que havendo eu resolvido castigar a Tipú, mandei sahir a armada do meu Sarcar contra as terras do mesmo Tipú, a qual se carecer de agoa, lenha, e do mais necessario, quando busque esses portos, queira V. Ex.ª permittir-lhe a livre entrada e sahida com o dito soccorro. Igualmente mandará V. Ex.ª dar aos Cabos da armada aquelles generos, que elles requererem a V. Ex.ª nos casos de occorrencia, cujo preço os mesmos Cabos mandaram satisfazer á ordem de V. Ex.ª em termos de razão.

Escripta em 27 do mez Zamadilavol (2 de Fevereiro de 1791). Não sou mais largo.

Traduzida por mim Ananta Camotim Vaga, Lingua do Estado, aos 16 de Fevereiro de 1791. (S. E.)

Original maratha, está junto.

Outra carta de Bairó Panta, escripta ao Sr. Secretario do Estado Sebastião José Ferreira Barroco, nos mesmos termos, e dizendo que remette huma carta de Vital Rão Gorqui.

Carta de Vital Ráo Gorqui, Emissario em Punem, ao Governador

(Arch. da India, livro das Monções, n.º 172, fol. 452.)

Illmo e Exmo Sr. — O Felicissimo Panta Pradana tem ordenado ao Subedar Gangador Govindá de Guiriem para hir com a sua armada conquistar as terras da jurisdicção do Tipú, e a V. Ex.ª pede o Panta Pradana, que sendo preciso á dita armada agoa, lenha, ou outro qualquer mantimento, que pedir a qualquer tempo o dito Subedar, ou outro qualquer que for em seu lugar, que este ha de pagar o preço, que passe as ordens necessarias para este fim, e que elle tambem escrevia a V. Ex.ª sobre a mesma dependencia, e me disse a mim que desta sorte tambem escrevesse a V. Ex.ª, a cuja Exma Pessoa Deos guarde muitos annos. 1791 Fevereiro 3

Punem, 3 de Fevereiro de 1791. — De V. Ex.ª subdito muito obediente, humilde creado, e venerador servo. — Vital Ráo Gorqui.

N.º 35

Carta do Secretario do Estado a Vital Ráo Gorqui, Emissario em Punem

(Arch. da India, livro de Reis visinhos, fol. 27 v.)

Por estes patamares recebi antes de hontem tres cartas de V. m.^cê datadas de 3 e 4 do corrente com huma carta de Boiró Panta em resposta da minha, que V. m.^cê lhe levou; e hontem recebeu S. Ex.ª huma de V. m.^cê em data de 3 do corrente, remettida por Gangadar Goindá, Subedar de Guiriem. 1791 Fevereiro 17

Pela primeira das ditas suas cartas me dá V. m.^cê parte das noticias, que tem podido adquirir sobre a negociação do Rey Sunda, e como a este respeito lhe tenho escripto largamente em cartas de 3 e 5 do corrente, não me resta acrescentar mais do que dizer-lhe que hoje se despediu de mim o Sar Dessay Goindá Naique, e que hontem me veio fazer o mesmo cumprimento Vir Vodder, os quaes me prometteram fazer a sua jornada a Darvadda com a menor demora possi-

1791 Fevereiro 17 vel, e elles communicarão com V. m.cê os termos que seguir a sua negociação [1].

A sua carta, que lhe foi pedida, para o Ill.mo e Ex.mo Sr. Governador e Capitão General dar nos portos do Estado bom acolhimento á armada de Griem, e lhe deixar comprar agoa, lenha, e outro qualquer mantimento, veio remettida a S. Ex.a pelo dito Subedar de Griem com a carta da copia inclusa, a que acompanhára huma do Dominante, e outra de Boiró Panta, de que tambem vão as copias com as das respostas, que S. Ex.a lhes fez dar. Pelas ditas copias ficará V. m.cê bastantemente instruido para responder ahi sobre a materia das ditas cartas, encarecendo a fineza que faz o Estado em patrocinar claramente a sua armada contra Tipú; e a respeito do Piro, alem das razões de que V. m.cê terá usado para acommodar o animo desse ministerio, parece bem a S. Ex.a que V. m.cê acrescente, se for necessario, o dizer que os Inglezes deram parte ao Estado de que declaravam guerra ao Tipú, persuadindo-o a fazer lhe as hostilidades possiveis, e que como esse Sarcar ainda agora he que declara ao mesmo Estado a tenção, com que está de tomar

[1] O Sar Dessay Goinda Naique, e Vir Vodder, foram a Darvadda como Procuradores especiaes do Sunda perante o General Parisrama Panta, como consta da seguinte carta do Secretario do Estado Sebastião José Ferreira Barroco a Ananda Ráo:

«O Ill.mo e Ex.mo Sr. Francisco da Cunha e Menezes, Governador e Capitão General do Magestoso Estado, me manda participar a V. m.cê que os honrados Vir Vodder, e Govindá Naique Sar Dessay, vão desta Côrte tratar perante o Grandioso Parisrama Panta os ajustes respectivos ao estabelecimento do Magnifico Savai Bassavá Linga, Rey de Sunda, e como o Magestoso Estado deseja que se effeitue o mencionado estabelecimento, e que o Magnifico Rey suba ao throno dos seus maiores, espera S. Ex.a que V. m.cê queira interpor toda a sua auctoridade e valimento neste negocio, a fim de que elle se conclua com toda a brevidade, no que V. m.cê adquirirá bastante gloria, e mostrará a generosidade do seu animo.

«Deos alumie a V. m.cê em a sua divina graça. Goa, 17 de Fevereiro de 1791. — Sebastião José Ferreira Barroco.»

(Arch. da India, livro de Reis visinhos, fol. 28 v.)

as terras do sul ao Tipù, não póde estranhar que o mesmo Estado patrocinasse ao Sunda, e tratasse de recuperar huma praça visinha aos seus dominios, e de nenhuma importancia para o Dominante, á qual praça tem o referido Estado os direitos, que vão declarados na data de 13 do corrente. 1791 Fevereiro 17

Quanto aos Dumós, como Narana Sinay ahi residio muitos annos, e adquirio amizade nesse Sarcar, ficaram conhecidos nelle, e pouco antes de V. m.cê chegar a Punem, escreveu ao filho delle Custam Sinay, o primeiro Ministro Naná Fodnis, e Boiró Panta, a respeito da compra da polvora, sobre que hontem escrevi a V. m.cê [1]

Se elles tem ahi alguns negocios particulares, não se póde estranhar que os tratem por si, e por amigos de seu pai.

[1] Em carta do Secretario do Estado a Vital Ráo Gorqui, Emissario em Punem, escripta a 14 de Fevereiro de 1791, lê-se:

«Poucos dias depois do dia 5 do corrente, em que escrevi a V. m.cê, chegou a esta Côrte Bagi Custam, Carcuno da Repartição da artilharia, com duas cartas do Dominante de Punem, e huma de Bairó Panta para S. Ex.ª, nas quaes se diz que o dito Bagi Custam vem comprar polvora e balla no Estado, cujos effeitos consta que tem Ramessar Pandé, e no caso de poder o dito Carcuno apressar alguma polvora e balla da Fazenda Real, lhe mandasse S. Ex.ª dar até 25 candins de polvora e balla, que seria paga por esse Sarcar. Deu S. Ex.ª licença ao sobredito Bagi Custam para comprar os ditos effeitos onde os achasse; mas como elle ante-hontem me expoz que o dito Ramesar Pandé tinha pouca quantidade de polvora, e essa arruinada, lhe mandou S. Ex.ª declarar que lhe mandaria dar da Fazenda Real 35 candins de polvora, não por dinheiro, mas sim gratuitamente, concedendo tambem licença de elle a poder levar para Darvadda.»

(Arch. da India, livro de Reis visinhos, fol. 26 v.)

Por occasião desta carta será curioso confrontar outra escripta pelo Governador do Estado a David Carneguy, Governador de Bombaim, em 21 de Fevereiro de 1791:

«Recebi a carta de V. S.ª na data de 12 do corrente, pela qual me participa que tem que mandar transportar algumas munições, e barracamentos para uso das tropas da sua Nação, que servem com os Marathas em Darvar, e que deseja saber se o poderá fazer por este porto.

«A mesma pergunta de V. S.ª me faz entender que conhece, que sem sahir dos limites da neutralidade, não posso dar passagem por este porto

1791 Fevereiro 17 E quanto a negocios publicos, parece que não terão daqui por diante, porque com a assistencia de V. m.[cê] o buscarão para elles, assim como já buscaram para o bom acolhimento da armada maratha nos portos do Estado.

Deos guarde a V. m.[cê] Secretaria, 17 de Fevereiro de 1791. — Sebastião José Ferreira Barroco.

Carta do Governador do Estado ao Dominante de Punem Madou Ráo

(Arch. na India, livro de Reis visinhos, fol. 29 v.)

Muito Illustre, Felicissimo, e Grandioso Madou Ráo Naraena Pandit Pradan, cuja amizade seja perpetua.

Recebi huma carta do Grandioso Amigo na data de 2 do corrente, em que me dá parte da resolução, em que está, de castigar Tipú, para cujo fim tem mandado sahir a armada do seu Sarcar, a qual me pede seja acolhida nos portos deste Magestoso Estado, e soccorrida com agua, e lenha, e com o mais que lhe for necessario. Sem embargo das difficuldades,

á polvora, balla, artilharia, ou outras quaesquer munições de guerra, com que, segundo o estylo geral de todas as Nações, se julga quebrada, ou offendida a mesma neutralidade; mas para tudo o que não disser respeito ás cousas acima referidas, está este porto prompto, e a minha vontade em razão da antiga, e fiel alliança das nossas Nações.

«Tenho a honra de ser — De V. S.ª muito certo obsequiador — Francisco da Cunha e Menezes.»

(Arch. da India, livro de Reis visinhos, fol. 22.)

No mesmo dia ha outra carta do Governador do Estado ao de Bombaim, que diz:

«Logo que recebi a carta de V. S.ª na data de 3 do corrente, declarei ao seu Agente, que em obsequio á antiga alliança das nossas Nações, lhe concederia que o fardamento remettido por V. S.ª fosse livre de direitos na alfandega de Goa, onde elles se cobram por conta de Sua Magestade Fidelissima.

«Estimarei ter outras muitas occasiões em que possa servir a V. S.ª e mostrar que sou — De V. S.ª muito certo obsequiador — Francisco da Cunha e Menezes.» (Arch. da India, livro de Reis visinhos, fol. 22.)

que podia haver nesta materia, he tal o desejo que tenho de lisonjear o Grandioso Amigo, que expeço ordens para que nos portos do Magestoso Estado se dê á sua armada o auxilio que pede. 1791 Fevereiro 17

Deus allumie ao Grandioso Amigo em a sua Divina graça. Goa, 17 de Fevereiro de 1791. — Francisco da Cunha e Menezes.

Carta do Governador do Estado a Gangadar Panta, Subedar de Griem

(Arch. da India, livro de Reis visinhos, fol. 30.)

Hontem recebi huma carta de V. M.cê na data de 11 do corrente, em que me dá parte da resolução, que tem tomado o seu Sarcar, de conquistar as terras do sul a Tipú, e da expedição, que para esse effeito V. M.cê fez commandada pelos honrados Babú Ráo Salok, e Antagi Ganês, os quaes pelo que vejo da sua carta, lhe deram parte de terem tomado Ximpim ha força de armas, e de haverem bloqueado o Piro, de fórma que tinham reduzido o Quiladar daquella Praça a termos de capitular com elles, quando as tropas do Magestoso Estado, que auxiliaram ao Rey Sunda, entraram nella.

Como o que obraram os ditos Commandantes não he em parte tão distante, que não possa chegar brevemente aos ouvidos de V. M.cê a falsidade de semelhante informação, espero que brevemente se capacite que nella nada houve de verdade, porque as tropas do Magestoso Estado entraram no Piro em virtude de huma negociação aberta com os Quiladares desde Agosto do anno proximo passado, e os ditos Commandantes nem tinham bloqueado a dita Praça, nem muito menos batido, para o que não tinham artilharia, com que o fizessem, como mais largamente tem declarado a V. M.cê o honrado Ramacustam Panta, ao que devo accrescentar que se o seu Sarcar me tivesse feito antecedentemente, como praticaram os Inglezes, a declaração, que me faz agora, e eu soubesse que intentava tomar as terras do sul pertencentes ao Tipú, poderia em tal caso por amizade, antes de intentar alguma cousa contra o Piro, participar-lhe

1791 Fevereiro 17 as razões por que o fazia, e declarar-lhe os direitos, que o Magestoso Estado tem áquella Praça, que já foi sua, e nunca deixou de o ser inteiramente.

Quanto ao auxilio, que o seu Sarcar pede para a sua armada nos portos do Magestoso Estado, já tenho passado as ordens necessarias para que se lhe dê, e que se permitta aos Cabos della o comprarem tudo quanto for preciso; mas esta acção pede que V. M.cê faça cohibir os mesmos Cabos da sua armada para que não insultem as embarcações mercantes destes portos, como estão continuamente fazendo. Ainda ahi se conservará hum choco de Angediva, que essas galvetas tomaram carregado de mantimento, e haverá cousa de dois mezes que o Commandante do forte de Chaporá me deu parte de que humas embarcações de guerra com a bandeira Maratha tinham roubado os pescadores daquelle porto levando-lhe até as velas, e cordas das suas tonas.

Na enseada das Galés estiveram duas fragatas, e outras embarcações de guerra do Magestoso Estado muito superiores em forças ás palas de V. M.cê e sem embargo de que os Commandantes das mesmas palas, e a sua gente fizeram roubos, e crueldades inexplicaveis, tiveram os Officiaes Portuguezes mão nos seus soldados para que não commettessem contra ellas a mais minima hostilidade; mas bem vê V. M.cê que nem sempre se acharão Officiaes com a mesma prudencia, e que a defensa dos insultos he necessaria a todos. Os mesmos Commandantes enganaram ha poucos dias ao honrado Devaiá Nourú, cunhado do Rey Sunda, que se achava junto ao rio de Cadrem com alguns Sipaes sem commetter a menor hostilidade; e a titulo de que queriam fallar com elle, e communicar-lhe varios particulares, lhe feriram, e mataram alguns Sipaes.

O bom animo, que eu tenho achado em V. M.cê até o presente, me faz esperar sem duvida alguma que dará todas as ordens para que cessem semelhantes insultos, e que não acreditará informações, que por si mesmo se mostram falsas.

Deus guarde a V. M.cê Goa, 17 de Fevereiro de 1791.— Francisco da Cunha e Menezes.

Carta do Secretario do Estado a Boiró Panta

(Arch. da India, livro dos Reis visinhos, fol. 55.)

Eu Sebastião José Ferreira Barroco, Desembargador da Casa da Supplicação de Lisboa, Procurador da Corôa e Fazenda de Sua Magestade Fidelissima, Secretario do Magestoso Estado da India e Asia Portugueza, etc. 1791 Fevereiro 17

Depois de haver hontem escripto ao Grandioso Amigo, tive o gosto de receber duas cartas suas, huma em data de 29 de Janeiro, que serve de resposta ha que escrevi ao Grandioso Amigo pelo honrado Cabo Vital Ráo Gorqui, e outra em data de 2 do corrente mez, pela qual o Grandioso Amigo me faz saber que o Felicissimo Madou Ráo Naraena Panta Pradan tem mandado sahir a sua armada a conquistar as terras de Tipú, e que deseja que neste porto permitta aos Cabos della fazer agua, e prover-se de lenha, e das mais cousas, que lhe forem necessarias para continuar a expedição de que estão encarregados.

Em obsequio ao Felicissimo tem S. Ex.ª passado as ordens necessarias para que a armada desse Sarcar seja bem acolhida em quaesquer dos portos do Magestoso Estado, e que se lhe concorra com os provimentos possiveis em cada hum delles, posto que isto não deixa de ter alguns inconvenientes, que o honrado Vital Ráo Gorqui explicará verbalmente ao Grandioso Amigo; porém parece que este signal de amizade, que S. Ex.ª dá ao Felicissimo, pede que a sua armada se porte a respeito das embarcações mercantes do Magestoso Estado de outro modo muito differente do que está praticando até agora, hostilisando-as e perseguindo-as de tal sorte que se não atrevem a navegar sem serem comboiadas por embarcações de guerra.

No porto de Angediva tomaram as embarcações desse Sacar húma embarcação mercante carregada, pertencente a hum morador daquella Praça, e em Chapoará roubaram as almadias dos pescadores, sem lhe deixar nem ainda as suas

1791 Fevereiro 17 pequenas vélas, alem de outras particularidades, que não refiro, porque como o Bounsuló, Melondim, e Angriá de Culabo usam da bandeira do Felicissimo cada vez que lhe parece, poderão alguns destes ter commettido as mais hostilidades, de que não faço aqui menção. Proximamente estiveram duas fragatas, e varias embarcações do Magestoso Estado em Madaly, onde tambem se achavam algumas palas desse Sarcar, e posto que os Cabos Marathas deram bastante motivo para se lhes fazer hostilidade, cumpriram os Officiaes da marinha Portugueza com as ordens apertadas, que tinham do Ill.mo e Ex.mo Sr. Governador e Capitão General, para lhe não fazer offensa alguma; mas bem vê o Grandioso Amigo que não será possivel sempre reprimir os nossos Officiaes, os quaes sendo mandados a patrocinar o commercio, e impedir que as nossas embarcações mercantes não sejam roubadas, não podem deixar de hostilisar todas aquellas embarcações que as hostilisarem, nem entre tantas, que andam com o pavilhão desse Sarcar, se póde conhecer quaes são amigos ou inimigos.

Queira o Grandioso Amigo considerar bem esta materia, e com o valimento e auctoridade, que tem nesse Sarcar, buscar os meios que achar convenientes para que a amizade do Magestoso Estado lhe seja justamente compensada de sorte que não venha elle a ser offendido por aquella mesma armada, a quem está prompto a dar nos seus portos os auxilios.

O Honrado Vital Rão Gorqui tem exposto ao Ill.mo e Ex.mo Sr. Governador e Capitão General os obsequios, que tem recebido do Grandioso Amigo, a quem S. Ex.a me manda agradecer os signaes de amizade, com que o Grandioso Amigo trata ha muitos annos o Magestoso Estado.

Deus allumie ao Grandioso Amigo em a sua Divina graça. Goa, 17 de Fevereiro de 1791.—Sebastião José Ferreira Barroco.

N.º 36

Carta do Subedar de Griem ao Governador do Estado

(Arch. da India, livro das Monções, n.º 172, fol. 454.)

Traducção.—Ao Illmo e Exmo possuidor de grande Estado, e felicidades, Grandioso Francisco da Cunha e Menezes, General residente no porto de Goa, cuja amizade seja perpetua. 1791 Fevereiro 21

Eu Gangadar Govinda, Subedar dos dominios de Vizeadurga (Griem), envio esta com cortezia de salamo, ficando de saude, e desejando ver as boas novas de V. Ex.ª

Recebi a carta de V. Ex.ª em 14 do mez Zamandilacar (18 de Fevereiro), que V. Ex.ª me dirigiu, e percebi a materia della. Na dita carta me dizia V. Ex.ª que na barra de Canacona fôra reprezada a embarcação chouca pela minha armada, sobre que tendo-me escripto carta antecedentemente, não recebêra resposta della, e que por isso tornava a fazer outra a respeito de dar liberdade á dita embarcação; ao que se me offerece dizer que não recebi a carta, que me diz escrevêra antecedentemente. A dita embarcação estava no mar, e não tinha cartaz, nem havia passaporte, nem bandeira de V. Ex.ª por cuja razão foi represada justamente, nem parece ser ella dos dominios de V. Ex.ª; e sendo isto assim, admira-me muito escrever sobre a liberdade della. Como entre nós ha amizade, em attenção a ella faço esta a V. Ex.ª, dizendo que segurando-me ser a dita embarcação como diz na sua carta, se dará a providencia. Da minha parte não ha de haver falta na amizade que ha; e esta não serve de mais que pedir-lhe me tenha na sua graça e amizade.

Escripta aos 17 do mez Zamandilacar (21 de Fevereiro).

Traduzida por mim, Ananta Camotim Vaga, Lingua do Estado, a 26 de Fevereiro de 1791.

O original Maratha, está junto.

N.º 37

Carta de Vital Ráo Gorqui ao Secretario do Estado

(Arch. da India, livro das Monções, n.º 172, fol. 458.)

1791 Março 4 Ill.mo Sr. Sebastião José Ferreira Barroco.—Ao Grandioso Balagy Panta Naná Fodnis fiz presente que a Fortaleza do Piro foi tomada por soccorro do Estado antes que o Rey Sunda trouxesse e apresentasse ao Estado a carta de Parisrama Panta, e que tambem antes o dito Rey encaminhava suas diligencias na dita fortaleza; que a dita fortaleza, estando antes em poder do Estado, por lhe pedir o dito Rey que lhe desse a dita fortaleza, o mesmo Estado lha tinha entregue deixando nella seu mando ou senhorio, e que nisso Tipú por seu poder conquistou todas as fortalezas, e terras do dito Rey, o qual não tivera tempo naquella occasião de entregar a dita fortaleza ao Estado: que como o Estado tinha sempre jurisdicção na dita fortaleza, tinha mandado marchar tropas a fim de tomar a dita fortaleza, e fazer-se senhor della, estando em poder do dito Tipú; que haveria vinte annos, e que como elle entrára a soccorrer a dita fortaleza por todas as partes os Cabos do Estado deixaram de escalar a dita fortaleza, e por isso foram elles presos; mas que a pretensão do Estado sempre era de tomar a dita fortaleza: que actualmente fôra tomada aquella fortaleza em virtude da carta do dito Parisrama Panta, e estar adiantada a negociação, que a respeito della se tinha feito. Estando o dito Parisrama Panta informado do referido, Babú Ráo Salanque, Cabo da armada do Felicissimo, da jurisdicção de Gangadar Panta, escreveu expressamente ao Felicissimo, e tambem a Parisrama Panta o que lhe parecia, de que sendo o dito Grandioso Balagy Panta Naná Fodnis informado, me entrou elle a responder asperamente o que não posso nesta expressar, e finalmente me disse fallando eu sinceramente que do Sarcar hiam cartas aos Portuguezes, e vendo o que nellas se contém, seria bem, e que pelas respostas dellas se conheceria a sinceridade, e me deu licença para me recolher á pousada. Esta pratica foi estando o Grandioso Boiró Panta junto com o dito Naná Fodnis. Sahindo eu daquelle lugar fui a casa do dito Boiṛó Panta Mahadalé, a quem fiz presente a minha sinceridade, e razão que tinha para ser conquistada a dita fortaleza, significando-lhe que tendo eu razão no que tive pratica com Naná Fodnis, ficava elle crente no que os sobreditos Gangadar Panta e Parisrama Panta tinham escripto, pedindo que da minha parte procurasse a dependencia que eu tenho: que fizesse de sorte que o Felicissimo ficasse certo da sincera amizade dos Portuguezes, e que o Rey de Sunda se aproveitasse do agrado do dito Felicissimo; ao que respondeu-me que do Sarcar hia carta, e que elle tambem escrevia, e me entregava para eu as expedir, as quaes remetto com esta minha, cujas respostas se dignará V. S.ª de mandar, com as quaes queira-me V. S.ª dizer o como devo responder ao sobredito. 1791 Março 1

Quando V. S.ª for servido responder a Boiró Panta Mahedollé, seja com politica, mostrando grande affecto. A intenção das mais pessoas de cá he que como este Sarcar tinha mandado marchar suas tropas para a tomada da dita fortaleza, e esta tomaram os Portuguezes, deve o mesmo Sarcar tomar a dita fortaleza sem dissimulação. Eu para hir em casa destes Ministros a visitar, e capacitar-lhe para se fazerem meus amigos, e poderem procurar as dependencias com affecto, he preciso cumprimental-os com roupa, he necessario fazer despeza grande. Depois de eu sahir dessa Côrte, atraz de mim chegou cá noticia que o Estado tomou a fortaleza do Piro, e o que a este respeito me perguntaram, respondi como devia responder. Eu não posso communicar a dependencia com os mais Ministros, sem que tenha ordem de V. S.ª para isso. O dito Boiró Panta inclinando-se á amizade do Estado, procura as suas dependencias, e tenho esperança que em diante fará elle o mesmo. Como o Felicissimo já está crescido, anda procurando, e examinando toda a qualidade de negociações, e augmento á sua felicidade; os Ministros principaes administram as negociações conforme elle quer,

1791 Março 1 mas procurando sempre seus interesses. Gangadar Panta e Parisrama Panta escreveram a este Sarcar a respeito da fortaleza do Piro, arguindo menos verdade. Eu já tenho dito antes de virem as referidas cartas que não devia haver excessos, porque o que a este respeito deve fallar, fallarei eu na presença, e que por ora ordenasse aos Subedares Babú Ráo Salqué[1] e Socó Ramachandra para se absterem de procedimento. Estes ambos escreveram cá dizendo que as despezas que fizeram com as tropas, com que tinham marchado, não sabiam quem as havia de pagar, porque se a intenção do Superior he deixar ficar a dita fortaleza em poder dos Portuguezes, o Sarcar deve pagar as ditas despezas, e que do contrario viriam elles ambos a perder, e seria preciso procurar resarcir as referidas despezas por algum modo; e estão ambos os sobreditos nesta consideração. Os sobreditos ambos, ainda que sabem que o Estado está muito bem acautellado, mas sempre estão na intelligencia de tomar as terras; e para que por elles não succeda alguma questão, disse eu a Boiró Panta Mehedollé que a respeito deste caso escrevesse cartas. Eu não posso isto repetir com estes Ministros para se persuadirem como desejam, porque não tenho para isso ordem de V. S.ª por cuja razão faço esta representação a V. S.ª para que me determine o que for servido para eu poder executar.

No Sarcar me perguntaram a respeito de Babú Ráo Naraena Bimumgorcar, a respeito dos Garcaris, e a respeito do filho de Babú Ráo: eu respondi segundo me constava, com o que estavam quietos; mas como o Grandioso Trimboca Ráo Essovanta fez representação por carta ao Felicissimo, elle remetteu a dita representação ao Grandioso Boiró Panta Medolé, o qual me deu a referida representação dos de Biugoro para eu ver, cuja copia remetto a V. S.ª Eu responderei a respeito dos ditos Bimumgorcares segundo me consta.

[1] Este nome, como outros muitos, está escripto com variada orthographia: a mais frequente he *Saloc.* Em alguns logares fica escripto *Saloé,* por engano.

A respeito da restituição da embarcação chouca de Angediva, carregada de batte, que hia para as partes de Goa, e os de Vizaedurga (Griem) reprezaram, e levaram para Zaygoddo, fallando o dito Grandioso Boiró Panta no Sarcar, obteve faculdade para ser restituida, para o que foi carta ao Subedar Gangadar Panta. 1791 Março 1

Estou persuadido da materia expressada nas cartas assim da letra Portugueza, como da gentilica, que V. S.ª me mandou fallando a respeito da fortaleza do Piro. Como V. S.ª dizia nas cartas escriptas a Boiró Panta, e Naná Fodnis que a razão da tomada da Fortaleza do Piro, faria presente Vitol Ráo Gorqui, elles me perguntaram o motivo que os Portuguezes tiveram para tomar a dita fortaleza; eu lhes respondi expondo as razões que haviam para isso, e o que a este respeito me disseram elles, e houve fallar no Sarcar, tenho expressado assim nesta, como nas outras, pelas quaes será a V. S.ª presente.

Hoje 1.º de Março de 1791. Escripta em Punem.

Depois de estar prompta esta carta para se expedir, recebi huma de V. S.ª da data de 14 de Fevereiro, e mais duas fechadas nas vias, huma a Boiró Panta Pradan, as quaes entreguei a elle, e lhes fallarei na mesma fórma, como V. S.ª me ordena, e a resposta que elles me derem, farei a V. S.ª presente. — Vitol Ráo Gorqui.

Traduzida por mim, Annanta Camotim Vaga, Lingua do Estado, em 16 de Março de 1791.

O original Maratha está junto.

N.º 38

Carta do primeiro Ministro de Punem Naná Fodnis ao Governador do Estado

(Arch. da India, livro das Monções, n.º 172, fol. 466.)

Traducção. — Ao Ill.mo e Felicissimo Possuidor da felicidade, Grandioso Francisco da Cunha e Menezes, Governador e Capitão General residente em Goa, cuja felicidade seja perpetua. 1791 Fevereiro 26

1791 Fevereiro 26 Eu amigo Balagi Zinardana envio esta com expressões de cordeal affecto.

Recebi a carta que V. Ex.ª me dirigiu, e estimei muito. Na dita carta me diz V. Ex.ª que enviava na presente occasião neste Sarcar ao honrado Vital Ráo Gorqui, encarregando-lhe fazer presente a este Sarcar negocio, e que attendendo eu á boa amizade que ha entre ambas as partes, fizesse a elle ouvir o que elle disser, o que foi presente, e tambem a desculpa com que elle fallou da tomada da fortaleza do Piro a favor do Sunda. Este Sarcar tem mandado marchar tropas contra Tipú, e o valoroso Parassaramo Ramachandra vae encarregado dos projectos.

O mesmo Sarcar tem ordenado ao sobredito que todos aquelles que tem perdido seus dominios, e forem a incorporar-se, sejam protegidos para serem restituidos dos ditos seus dominios. Na conformidade da dita ordem o Sunda tem mandado seu Carcumo, ou Bramane com o sobredito. As tropas assim por mar como por terra mandou o Sarcar marchar, e tendo estas chegado nas terras do districto da Fortaleza do Piro, não era necessaria a gente dessa parte de V. Ex.ª contra a dita Fortaleza do Piro. O dito Bramane do Sunda devia estar junto com as ditas tropas do Sarcar. V. Ex.ª não devia mandar ahi suas tropas, porque entre ambas as partes ha boa amizade, em attenção á qual os Cabos da armada do Sarcar tendo feito advertencia ás tropas de V. Ex.ª ellas se não retiraram, e entrando na dita fortaleza, arvoraram bandeira; o que não obraram bem no logar donde ha amizade. O Cabo da armada Babú Ráo Salanqué (ou Salocu) tinha mandado a Rogú Xette Parcar com chito á gente da tropa, mas antes que elle chegasse com o dito chito, já a gente dessa parte tinha entrado na dita fortaleza. Tudo isto participou V. Ex.ª ao dito seu procurador, e elle significou. Como consta que sem embargo da advertencia, que a gente da armada do Sarcar fez, a gente dessa parte de V. Ex.ª entrou na dita fortaleza, e não se retirou, devendo ella fazer entrega na dita fortaleza á gente da armada do Sarcar, V. Ex.ª escreveu ao dito seu procurador, e tambem a este Sarcar significando o motivo, e está conduzindo para Goa o provimento e mais cousas que estavam na dita fortaleza, de que causa novidade. O dito procurador de V. Ex.ª fez presente tudo, e teve resposta o que pela expressão delle será a V. Ex.ª presente; entendendo tudo, queira mandar V. Ex.ª retirar a sua gente que está na dita fortaleza, e entregal-a ao dito Babu Ráo Salanqué (ou Salocu) com tudo quanto havia na mesma fortaleza, e para pôr em boa ordem aquellas terras o Sarcar tem passado ordem aos Cabos que ahi estão, os quaes assim o hão de executar. O Sunda, que ahi se acha, deve vir cá, o qual será attendido como deve. Entre este Sarcar e os Portuguezes havendo boa amizade, tem-se offerecido estes motivos, sobre que tem communicado como devia communicar o dito Vital Ráo Gorqui, o qual fará presente a V. Ex.ª, e queira permittir o que convem á amizade. Escripta em 22 do mez Zamandilacar (26 de Fevereiro). E esta não serve de expressar mais. Esta he a carta. 1791 Fevereiro 26

Traduzida por mim Ananta Camotim Vaga, Lingoa do Estado, em 14 de Março de 1791.

O original maratha está junto.

Ha outra carta de Boiró Panta, ou Boiró Rogunata, escripta ao Secretario do Estado, a qual contém a mesma materia da carta de Naná Fodnis, por outro nome Balagy Zanardana, na mesma data.

N.º 39

Traducção da carta de Gangadar Panta, Subedar da fortaleza de Viziadurga (Griem), escripta ao Ill.mo e Ex.mo Sr. Francisco da Cunha e Menezes, Governador e Capitão General da India, na qual depois da cortezia sempre costumada, diz o seguinte:

(Arch. da India, livro das Monções, n.º 172, fol. 472.)

A noticia da tomada da Fortaleza do Piro já eu tinha participado ao Felicissimo Senhor, dizendo que estando a dita fortaleza batida bem, e fachinada pela minha armada, hindo a guarda dessa parte de V. Ex.ª tomára a dita fortaleza com 1791 Março 15

1791 Março 15 motivo do Sunda, e na conformidade do que eu tinha participado ao dito Senhor nos dias passados tinha escripto a V. Ex.ª, dizendo que a dita fortaleza mandasse entregar aos Cabos da minha armada com tudo quanto se achava nella. Na presente occasião remetto outra, que agora veiu. Queira V. Ex.ª ordenar aos seus Cabos e gente, que a dita fortaleza com tudo quanto se achava nella entregue á gente da minha armada, sobre que vão daqui expedidos os honrados Naró Donddeu e Hary Bicá; espero que dê V. Ex.ª brevidade a este negocio, e não sou mais largo. Escripta em 9 do mez Rajibo (15 de Março de 1791). Esta he a carta.

Traduzida por mim Ananta Camotim Vaga, Lingua do Estado, em 20 de Março de 1791.

O original marathа está junto.

Traducção da carta de Badou Ráo Panta Pradan

(Arch. da India, livro das Monções, n.º 172, fol. 476.)

Ao Ill.mo e Felicissimo Possuidor da felicidade e conservador da amizade, Grandioso Francisco da Cunha e Menezes, Governador e Capitão General residente no porto de Goa, cuja felicidade seja perpetua.

Depois da expressão do cordeal affecto diz.

Estando acampada a gente da armada deste Sarcar contra a Fortaleza do Piro de Tipú, a gente de V. Ex.ª entrou na dita fortaleza, e a tomou em nome do Sunda, sobre que V. Ex.ª me escreveu carta por seu procurador, a quem tenho dado resposta expressamente, supponho que elle tem feito a V. Ex.ª presente. Queira V. Ex.ª mandar entregar a dita fortaleza aos Cabos da dita armada do Sarcar com tudo quanto estava na dita fortaleza. A gente do Sarcar tem naquelles portos duas embarcações, as quaes para se conduzirem á fortaleza de Vizaedurga tenho ordenado aos Cabos da armada do dito meu Sarcar, os quaes assim o hão de executar. O que seja presente a V. Ex.ª Escripta em 29 do mez Zamadalicar do anno Ihede Tixoen meyam alaph (15 de Março de 1791). E esta não serve de mais. 1791 Março 15

Traduzida por mim Ananta Camotim Vaga, Lingoa do Estado, em 20 de Março de 1791.

O original maratha está junto.

N.º 40

Traducção da carta de Parisrama Báu ao Governador

(Arch. da India, livro das Monções, n.º 172, fol. 377.)

Ao Illmo e Exmo Possuidor do Estado, Grandioso Francisco da Cunha e Menezes, Governador e Capitão General assistente no porto de Goa, cuja amizade seja perpetua. 1791 Fevereiro 21

Eu Parisrama Ramachandra com cortezia de salamo faço esta, etc.

Devendo vir soccorro dessa parte de V. Ex.ª para as tropas do Sarcar, que tem fachinado a Fortaleza de Darvar, tive noticia que para soccorrer os dominios do Sunda tomou V. Ex.ª a Fortaleza do Piro, e metteu nella sua guarnição, estando a dita Fortaleza fachinada, e batida pela armada do Sarcar; o que não foi justo, razão porque faço esta a V. Ex.ª Na presente occasião he necessario que venha soccorro dessa parte de V. Ex.ª para as tropas que estão contra a dita Fortaleza de Darvar, para o que queira V. Ex.ª mandar cá 5:000 homens, 50 candins de polvora, e 25 candins de chumbo com a possivel brevidade, e mandar que a Fortificação do Piro seja entregue ao honrado Zaerama Babogy, Adgente das terras do Sunda.

O Rey de Sunda está nos dominios de V. Ex.ª, e como elle tem suas dependencias, deve vir cá hum Carcumo (Bramane), que seja capaz, e a este respeito vae expedido de cá o honrado Donddó Crustna, Carcumo ou Brama, por quem queira remetter logo o referido. Escripta em 17 do mez Zamandila-

1791 Fevereiro 21 car (21 de Fevereiro de 1791). E esta não serve de expressar mais. Esta he a carta.

Traduzida em 21 de 1791.

O original maratha está junto.

N.º 41

Traducção da carta de Madou Ráo Panta Pradan, Dominante de Punem, ao Governador do Estado, na qual alem das cortezias diz o seguinte:

(Arch. da India, livro das Monções, n.º 172, fol. 487.)

1791 Março 20 Sou informado que estando a Fortaleza do Piro sitiada pela gente, e armada do meu Sarcar, a gente de V. Ex.ª tomando aquella fortaleza metteu nella sua guarnição, fazendo retirar a gente do Sarcar, entre a qual e V. Ex.ª havendo paz, não foi esta acção justa.

Faço esta a V. Ex.ª para que á vista della mande entregar a dita fortaleza, que está guarnecida com a gente de V. Ex.ª a Zairama Babogy, Agente de Parisrama Panta, que anda cuidando, ou pondo em ordem as terras de Sunda, sem que haja mais duvidas, e quando as haja, haverá discordia na paz; e attendendo V. Ex.ª a isto, mande entregar a dita fortaleza ao sobredito Zairama Bapogy, deixando tambem guarnecer as metas com a gente do Sarcar, a qual gente que V. Ex.ª tinha feito retirar, dando ordem que sobre esta materia não haja mais duvida. Escripta em 12 do mez Rajebo do anno Ihidé Fisoin meam alaph (20 de Março de 1791).

Traduzida por mim Ananta Camoty Vaga, Lingoa do Estado, em 10 de Abril de 1791.

O original maratha está junto.

N.º 42

Carta do Governador do Estado a Gangadar Panta, Subedar de Griem

(Arch. da India, livro de Reis visinhos, fol. 42.)

Parecia-me que tinha V. m.cê tempo de estar já bem capacitado da falsa informação, que lhe deram os seus Cabos, do comportamento, que o Magestoso Estado teve na tomada do Piro, e que seria V. m.cê o primeiro que tratasse de desenganar o seu Sarcar, declarando-lhe que os ditos seus Cabos de mar e terra nunca cercaram, nem investiram a mencionada fortaleza; mas vejo agora com bastante admiração, pela carta que me escreveu em 15 do corrente com as duas que a acompanharam, que he V. m.cê o primeiro motor desta desconfiança, sem embargo dos obsequios, que o Magestoso Estado lhe tem feito em todas as occasiões, que se lhe offereceram. 1791 Março 21

Como o honrado Vital Ráo Gorquy, Emissario do Magestoso Estado em Punem, me dá parte que do seu Sarcar se ordenou a V. m.cê a entrega do Choco de Angediva, ámanhã parte a buscal-o o honrado Rama Custam Madeu; e como o que V. m.cê me refere nesta sua carta não concorda com as ultimas que me escreveu, e com o que disse o dito honrado Rama Custam Madeu, mostrando-se vencido das suas rasões na primeira occasião, em que elle lhe fallou; vae elle encarregado de lhe tirar toda a duvida sobre esta materia, porque me quer parecer que estas cartas, que V. m.cê me remette, lhe vieram de Punem, por effeito de alguma parte, que deu ao seu Sarcar quando estava mal instruido da verdade do presente caso. Se assim foi, como devo crer, compete a V. m.cê mesmo ser quem componha a presente desconfiança, antes de me ver obrigado a responder ás ditas cartas, e mostrar ao seu Sarcar a vaidade, com que os seus Cabos se gabaram de ter afachinado o Piro, de o ter batido, e de lhe haver deitado hum baluarte em terra, sem morrer huma unica pessoa em semelhante acção, sem terem artilharia, ou petrechos de

1791 Março 21 guerra proprios, e sem que se veja naquella muralha o mais minimo signal, ou de ruina, ou de concerto.

Deus guarde a V. m.cê Goa, 21 de Março de 1791.—Francisco da Cunha e Menezes.—Honrado Gangadar Panta, Subedar de Griem.

Carta do Governador do Estado a Gangadar Panta, Subedar de Griem

Como o honrado Vital Ráo Gorquy, Emissario do Magestoso Estado em Punem, me tem participado que obteve ordem para V. m.cê fazer entrega do Choco de Angediva, injustamente apresado com sua carga pelas Galvetas desse porto, e affirma que a dita ordem já foi dirigida a V. m.cê me resolvo a mandar o honrado Rama Custam Madeu para desvanecer ahi qualquer difficuldade, que ainda queira haver na entrega da dita embarcação.

Hoje respondi á carta, que V. m.cê me dirigiu em data de 15 do corrente, a qual me encheu de admiração, porque o julgava já capacitado da falsa informação, que os seus Cabos lhe deram sobre a tomada do Piro, e me resolvo a encarregar o dito honrado Rama Custam Madeu de saber positivamente de V. m.cê, se ainda está em alguma duvida do bom comportamento do Magestoso Estado na tomada da Fortaleza do Piro, ou se as cartas, que me remette do seu Sarcar, são provenientes da primeira parte, que V. m.cê lhe daria antes de estar informado de toda a verdade do caso.

Não póde deixar de ser isto assim, porque não estando V. m.cê muito longe do Piro, já terá conhecido a vaidade com que os seus Cabos quizeram fingir que tinham cercado, batido e arruinado aquella Praça, ao mesmo tempo que isto se não podia fazer sem mortandade, que não houve, sem artilharia e petrechos de guerra proprios, que lhe faltavam, e sem que nas muralhas do Piro se vissem ruinas, que não apparecem. Portanto se conheço a V. m.cê por primeiro motor da presente desconfiança, que ha entre o Magestoso Estado e o seu Sarcar, espero que seja V. m.cê quem a componha, para eu poder continuar a obsequial-o em todas as occasiões que se me offerecerem. 1791 Março 21

Deus guarde a V. m.cê Goa, 21 de Março de 1791.—Francisco da Cunha e Menezes.—Honrado Gangadar Punta, Subedar de Griem.

N.º 43

Traducção da carta de Gangadar Panta, Subedar de Vizaedurga (Griem), escripta ao Ill.mo e Ex.mo Sr. Governador e Capitão General da India, na qual alem da cortezia costumada diz o seguinte:

(Arch. da India, livro das Monções, n.º 172, fol. 486.)

Recebi a carta que V. Ex.ª me dirigiu, e percebi o que nella me dizia. Para V. Ex.ª mandar entregar a Fortaleza do Piro ao Sarcar com tudo quanto nella se achava, tinha o Felicissimo Senhor escripto carta a V. Ex.ª e devendo na conformidade da dita carta mandar entregar a dita fortaleza, dá V. Ex.ª razão que a dita fortaleza não estava fachinada, nem tinha morrido pessoa alguma naquella occasião, nem que havia artilharia para bater a fortaleza. Vejo pela expressão da carta que quer levar isto em demora. Depois da gente do Sarcar tomar a fortaleza de Ximpim, tinha passado a dita gente para tornar a dita Fortaleza do Piro, deixando em ordem as terras que estavam guarnecidas com metas, e sendo isto notorio a todos, diz V. Ex.ª que os Cabos do Sarcar informavam mal; isto não he permittido á amizade. A fortaleza estava cercada pela gente do Sarcar, e sendo isto assim, não he justo que por amor de huma cousa tão pequena haja differenças na amizade; queira V. Ex.ª attender isto, e mandar resposta desta carta. Nos dias passados enviei ahi os honrados Naró Danddeó e Hary Bicagy, dando-lhe os poderes necessarios, os quaes farão presente tudo a este respeito, e dando V. Ex.ª attenção ao que elles fizerem presente, queira mandar entregar a elles a dita fortaleza; e esta não serve de expressar mais, etc. Escripta em 19 do mez Rajebo (26 de Março). Esta he a carta. 1791 Março 26

Traduzida por mim Ananta Camoty Vaga, Lingoa do Estado, em 28 de Março de 1791.

O original maratha está junto.

Traducção da carta de Gangadar Panta, Subedar da fortaleza de Viziadurga (Griem), escripta ao Illmo e Exmo Sr. Francisco da Cunha e Menezes, Governador e Capitão General da India, na qual depois do cumprimento costumado, diz o seguinte:

(Arch. da India, livro das Monções, n.° 172, fol. 491.)

1791 Abril 6 Recebi a carta de V. Ex.ª na qual me dizia que mandasse dar liberdade á embarcação Choco de Angediva, que as Galvetas da armada do Sarcar tinham represado; sobre que já antes o honrado Rama Custam Mahadeo, quando cá veiu mandado me tinha fallado, e fazendo eu as averiguações, que a dita embarcação Choco não trazia cartaz, e quando fosse dessas partes de V. Ex.ª traria ella sua bandeira, e como não tinha ella estas circumstancias, e V. Ex.ª affirma ser dessas suas partes; em attenção á dita carta de V. Ex.ª mandei entregar a dita embarcação ao honrado Rama Custam Mahadeo, que veiu mandado por V. Ex.ª com sua carga de batte, e tudo o mais que pertencia á dita embarcação. Ao sobredito tenho encarregado dizer tudo de palavra, por cuja expressão será presente. Escripta em o primeiro do mez Xaban (6 de Abril); e me tenha na sua graça e amizade. Esta he a carta.

Traduzida por mim Ananta Camoty Vaga, Lingua do Estado, em 10 de Abril de 1791.

Está junto o original maratha.

N.° 44

Carta do Secretario do Estado ao Capitão Vital Rão Gorqui, Emissario em Punem

(Arch. da India, livro de Reis visinhos, fol. 43.)

1791 Março 24 1. Na semana passada recebi varias cartas de V. m.^{cê} humas escriptas em portuguez, e outras em gentio nas datas do 1.°, 2 e 4 do corrente com huma carta de Naná Fodnis para S. Ex.ª e outra de Boiró Panta para mim, em que esse Sarcar pede a entrega da Praça do Piro.

2. Como este negocio se deve ir pondo em dilação, porque não convem a conclusão delle emquanto esse Ministerio estiver capacitado, de que os seus Cabos tinham cercado e batido o Piro, quando as tropas do Estado se senhoriaram delle, por esse motivo não responde S. Ex.ª por ora a Naná Fodnis, nem eu a Boiró Panta, o que não deve causar admiração, nem a hum nem a outro, visto que elles mesmos gastarão obra de hum mez para escrever as suas. 1791 Março 24

3. Entretanto trata S. Ex.ª de ver, se póde fazer com que Gangadar Panta seja o mesmo que escreva a esse Ministerio, desenganando-o da falsa informação que lhe dera, e para este effeito já foi expedido hum Bragmane de Pondá, chamado Rama Custam Madeu, que parece mais habil para esta negociação, a qual ha esperanças de que elle conclua, porque tendo elle sido mandado por S. Ex.ª a Griem, logo depois da tomada do Piro, a titulo de recuperar o Choco de Angediva tomado pelas Galvetas daquelle porto, teve o dito Bragmane hum grande debate com algumas pessoas, que informavam mal da tomada da dita Praça, e o mesmo Gangadar Panta ficou tão convencido da verdade, que chamando a Rama Custam lhe disse, que ainda que elle desistisse do direito de muitas praças como a do Piro, tudo era pouco para compensar os obsequios, que devia a S. Ex.ª principalmente na occasião em que o livrou dos grandes embaraços em que estava, por causa da preza feita ao navio francez *Dadelay;* acrescentando que elle já havia dado parte ao seu Sarcar segundo a má informação, que tinha recebido dos seus Cabos, mas que estava prompto a escrever de novo a Boiró Panta, seu cunhado, referindo-lhe a verdade do caso, sem embargo de que não podia já evitar que viessem as primeiras cartas do dito seu Sarcar pedindo a restituição do Piro.

4. As ditas cartas chegaram com effeito por dois Bragmanes, que vieram de Griem na semana passada, e que se conservam aqui, dando-lhe a subsistencia o Estado, sem embargo de haver respondido S. Ex.ª ante-hontem á carta, que elles trouxeram de Gangadar Panta, dizendo-lhe que já que elle era causa primaria desta desconfiança, devia ser elle

1791 Março 24 mesmo quem a compozesse antes de S. Ex.ª responder á carta, que elle lhe remettia, do Dominante, e Boiró Pata.

5. Quasi no mesmo dia em que chegaram os sobreditos Bragmanes, veiu com huma grande comitiva outro Bragmane, chamado Dondó Custam, mandado por Parisrama Bau, o qual ainda me não fallou, mas já me remetteu a carta, que traz, datada de 21 de Fevereiro deste anno, em que o sobredito General se não mostra tão forte, nem tão escandalisado da tomada do Piro, como esse Ministerio, porque unicamente diz que a dita Praça deve ser entregue a Zoirama Bapugi, Agente das terras do Sunda, o qual deve mandar hum Carcuno para tratar com ella Parisrama Bau das suas dependencias, e posto que dá por certo que a dita Praça se achava afachinada, e batida pela armada do seu Sarcar, quando foi tomada pelo Estado em nome do Sunda, apenas diz que esta acção não foi justa, e conclue pedindo a S. Ex.ª o soccorro de 5:000 homens, 50 candins de polvora e 25 candins de chumbo com a possivel brevidade.

6. Como V. m.cê me diz que quem deu as informações a esse Ministerio, e se queixou do procedimento do Estado na tomada do Piro, foi Gangadar Panta, e Parisrama Bau, he certo que se se fizer desdizer o primeiro, e convencer o segundo, mostrando que a sobredita Praça está entregue ao Sunda, porque nella está a bandeira do mesmo Rey, não haverá difficuldade alguma em V. m.cê fazer callar esse Ministerio.

7. Em quanto isto se não consegue pelo Bragmane, que se mandou a Griem, e pelos Ministros do Sunda, que foram ao exercito, não deve V. m.cê poupar occasião de trabalhar nessa côrte por Boiró Panta, ou por onde lhe parecer mais conveniente, usando da sua Instrucção, a qual conclue innegavelmente o justo procedimento, que tem o Estado na conquista do Piro, tanto em razão dos seus antigos direitos, como porque he falso e falsissimo que aquella Praça estivesse fachinada e batida pelas tropas marathas, quando nella entraram as do Estado.

8. Deve V. m.cê fazer considerar a esse Ministerio que se

o Estado tinha ou não motivo para se valer dos seus antigos direitos, e tomar o Piro, he questão esta, de que sómente Tipú poderia pedir a resolução, porque elle he que estava de posse da dita Praça, quando o Estado lha tomou. Que se esse Sarcar tinha intentos de se apoderar daquella Praça, não ficava por isso o Estado logo perdendo os seus direitos, nem por qualquer razão de alliança, ou de amizade lhe era prohibido adiantar-se a tomar a dita Praça, muito principalmente porque essa Côrte não declarou a esta semelhantes intentos, nem outros quaesquer da presente guerra, por modo muito differente do que praticaram os Inglezes, os quaes logo no principio della a noticiaram a S. Ex.ª, e o convidaram a fazer ao mencionado Tipú todas as hostilidades que lhe fosse possivel. E que finalmente se esse Ministerio se trata com sinceridade, e quer saber se fallam verdade os seus Cabos quando lhe affirmam que tinham fachinado, batido, e derrubado hum baluarte da Fortaleza do Piro, deve mandar pessoa de confidencia, e que falle mais verdade do que os ditos Cabos, a qual veja com os seus proprios olhos, e testemunhe se no terreno visinho ao Piro ha algum vestigio, ou signal de se terem levantado trincheiras, se nas muralhas ha algum signal de que fossem batidas, e principalmente se ha algum baluarte arruinado, ou concertado novamente. 1791 Março 24

9. Faça tambem V. m.cê considerar a esse Ministerio, que huma Praça daquella importancia se não podia cercar, e bater, sem que houvesse mortandade de huma e outra parte, a qual certamente não houve, donde se conclue serem falsas as affirmativas dos Cabos Marathas, e que o Estado nenhuma injuria, damno, ou offensa fez a esse Sarcar em tomar por negociação huma praça de Tipú, a que o mesmo Sarcar não tinha direito algum, muito principalmente quando o Estado procedeu soccorrendo o Sunda, que tinha huma licença expressa de Parisrama Bau para entrar na posse do seu Reino, de que a dita Praça he parte, licença que se acha publica, confirmada, e innegavel com as conquistas, que Ravaiá fez em nome do mesmo Sunda das visinhanças do exercito Maratha.

1791 Março 24 10. Parece perigoso tratar V. m.cê esta negociação por outro qualquer Ministro, que não seja Boiró Panta, porque este se poderá escandalisar, e fazer-se inimigo do Estado; mas se V. m.cê achar que sem lhe causar escandalo póde, ou deve fallar a mais algum Ministro, não nega S. Ex.ª que V. m.cê faça aquelles sagoates ordinarios, e proporcionados aos que o Estado costuma fazer.

11. Se ahi se souber que V. m.cê recebeu despachos desta Côrte, e lhe perguntarem pela resposta de S. Ex.ª a Naná Fodnis, e a Boiró Panta, dirá V. m.cê que a carta que recebe minha he do dia immediato ao em que chegou a Goa a sua, e as dos ditos dois Ministros, as quaes se ficaram traduzindo para S. Ex.ª lhe responder com a maior brevidade possivel, depois de ouvir os Bragmanes, que estão a chegar do exercito, e de Griem, e que poderão talvez trazer negocio semelhante ao das ditas cartas.

12. No caso de se lhe offerecer occasião opportuna, affirme V. m.cê que Ximpim foi tomado por convenção, ajustando-se os Cabos Marathas com o Quiladar de atirarem varios tiros sem balla de parte a parte, para o dito Quiladar ter alguma razão apparente de se render.

13. Como no caso de se não poder claramente decidir este negocio, he util embaraçal-o, e confundil-o, oppondo queixas a queixas, as fará V. m.cê nesse Sarcar com toda a força e vehemencia de que as embarcações de guerra marathas, ao mesmo tempo que o Estado lhe tem concedido os seus portos para serem recebidas, como de huma nação amiga e alliada, estão roubando todas as embarcações do mesmo Estado, que vem com mantimentos, ou com generos para os ditos portos, de sorte que he necessario que as fragatas, manchuas, e galvetas portuguezas andem comboiando todas as embarcações mercantes, como se o Estado estivesse em guerra declarada com os Marathas.

14. Affirme V. m.cê que em Mirgeo estão algumas nove embarcações do Estado carregadas de arroz, comprado ao Regente da terra, que he Maratha, e impedidas por huma palla, e varias embarcações marathas, que lhe embaraçam,

e embaraçarão a saída daquelle porto, em quanto S. Ex.ª lho não manda abrir por quaesquer embarcações de guerra do Estado. 1791 Março 24

15. Diga V. m.cê que o mesmo que se está praticando em Mirgeo se vê em Ancolá, Canliampor, Barcur, etc. de sorte que em vez desse Sarcar formar queixas contra o Estado, deve agradecer a S. Ex.ª a paciencia, e moderação com que soffre estas hostilidades, porque está capacitado por ora não serem ellas da intenção desse Ministerio, que em razão dos vastos dominios que rege, se deixa facilmente enganar pelos seus Cabos, faceis em furtar, e em saber disfarçar os seus furtos.

16. Póde V. m.cê acrescentar, que os dois Cabos Sacó Ramachandra, e Babu Ráo Saloco, que deram parte a essa Côrte de tantas proezas, que tinham feito sobre o Piro, e que foram os primeiros motores deste enredo com o Subedar de Griem, são elles hoje os mais obsequiosos e attentos com o Estado, porque o dito Sacó Ramachandra se retirou na semana passada de Cadrem, e subiu os Gates, bem satisfeito com o dinheiro que levou, e mais obsequios recebidos, e o dito Saloco remetteu aqui hum Bando, pelo qual convida todos os negociantes de Goa a que vão negociar ao porto de Onor, porque o tem conquistado com as mais terras vizinhas.

17. Todas estas cousas deve V. m.cê tratar com a maior efficacia, e actividade, mas sem baixeza, que nem he necessaria, nem convem para o bom exito de qualquer negociação.

18. Se nesse Sarcar lhe perguntarem se sabe alguma cousa dos Francezes, ou Castelhanos, diga que tem noticia certa de que está declarada a guerra por França e Hespanha contra Inglaterra, porém não dirá V. m.cê isto senão no caso de ser perguntado, nem o fará publico de fórma alguma.

Deus guarde a V. m.cê Secretaria, 24 de Março de 1791.—Sebastião José Ferreira Barroco.

N.º 45

Carta do Governador a Naná Fodnis, Primeiro Ministro na Côrte de Punem

(Arch. da India, livro de Reis visinhos, fol. 54.)

1791 Abril 2 Ao Illustre e Generoso Balagi Zanardan Fodnis, cuja amizade seja perpetua.

Recebi a carta do Grandioso Amigo, em data de 26 de Fevereiro proximo passado, na qual me participa a chegada do honrado Vital Ráo Gorqui a essa capital, encarregado de tratar nesse Sarcar os negocios, que se offerecerem do Magestoso Estado.

Na mesma carta levado o Grandioso Amigo das falsas informações, que havia recebido até aquelle tempo, trata de injusta, e de pouco regular a tomada do Piro, feita pelo Magestoso Estado em auxilio do Sunda. A razão, em que o Grandioso Amigo se funda, consiste em os Cabos de mar e terra, os honrados Babu Ráo Saloc, e Sacó Ramachandra, haverem fachinado, cercado, e batido aquella Praça, quando as tropas do Magestoso Estado se apoderaram della.

Esta atrevida affirmativa, que os ditos Cabos fizeram a esse Sarcar, he impossivel que não esteja desmentida por outras informações mais verdadeiras, que o Grandioso Amigo terá recebido daquellas partes por pessoas menos interessadas do que os ditos Cabos, que ao mesmo tempo que para se fazerem dignos de grande louvor e premio, encarecem a esse Ministerio o seu procedimento militar, tratam aqui de se mostrar affectos, e de agradar ao Magestoso Estado, para que lhe não declare os immensos roubos, em que unicamente se occuparam, e as avultadas dadivas, que receberam para a sua retirada, principalmente pelo que diz respeito a Sacó Ramachandra, sendo bem digno de admiração que estes dois Cabos, que deviam ser os mais escandalisados do Magestoso Estado, no caso de ser certa a sua affirmativa, são os unicos que se mostram amigos do mesmo Magestoso Estado.

Nem serão necessarias mais informações para se conhecerem as falsidades das que deram os ditos Cabos, do que considerar o Grandioso Amigo que elles não tinham nem artilharia, nem algumas daquellas muitas cousas, que seriam necessarias para a tomada de huma Praça tão bem fortificada, e que he fóra de toda a verosimilhança que sem ella, e sem se chegarem á mesma Praça, e haver mortandade de huma e outra parte, a tivessem fachinado, e batido, derrubando-lhe hum baluarte. 1791 Abril 2

Despindo este facto de tudo que póde ser affectação, se reduz ao seguinte: Tendo o Magestoso Estado antigos direitos áquella Praça, que havia dominado, buscou sempre de se senhorear della todas as vezes, que teve occasião opportuna, como intentou fazer os annos de 1768 e de 1782, em que Aydar Aly e Tipú se viram embaraçados em guerra. Por este mesmo motivo desde Agosto do anno proximo passado, muito antes de apparecer por alli alguma tropa maratha, mandei formar em Polem hum corpo de tropas do Magestoso Estado, e pelo honrado Nil Naique, Dessay da Provincia de Canacona, principie huma negociação com os Quiladares do Piro, para que o entregassem ao Magestoso Estado. Estando esta negociação aberta, e com muita probabilidade de se concluir, apresentou nesta Côrte o Rey Sunda a ampla licença, que havia alcançado do valeroso Parisrama Bau para recuperar o seu Reino, mandando pessoa que fizesse os devidos ajustes, cuja ampla licença se mostrava confirmada com as conquistas, que Ravaiá tinha feito publicamente em nome delle Rey, e agora se mostra muito mais confirmada, porque o Grandioso Amigo me confessa, que o dito valeroso General tinha poderes e ordens para proteger todos aquelles Dominantes, que houvessem perdido os seus dominios, e para lhos fazer restituir.

Á vista desta declaração do Sunda, posto que sem offensa alguma desse Sarcar podesse continuar as ditas negociações, que estava fazendo em nome do Magestoso Estado, com as quaes, se a alguem fazia injuria, seria sómente a Tipú, me pareceu mais proprio á generosidade do Magestoso Estado continuar na acquisição do Piro, auxiliando o Sunda, e se-

1791 Abril 4 guindo as intenções desse dito Sarcar declaradas pelo seu General, com cujo procedimento tive para mim que faria ao Grandioso Amigo hum grandissimo obsequio, pois concorria como em causa commum contra o dito Tipú, sem embargo que o Magestoso Estado não mereceu ao Felicissimo huma declaração da presente guerra, como lhe devia merecer, e como mereceu aos Inglezes.

Para continuar na conquista da dita Praça pelo modo acima dito, mandei reforçar o dito campo de Polem, e por-lhe á testa o Grandioso Marechal de Campo Francisco Antonio da Veiga Cabral, o qual me informou que naquella jurisdição andava Bicapá, e os sobreditos dois Cabos roubando, e assolando o povo sem piedade, nem misericordia alguma, e que fallando-lhe da parte dos mesmos Cabos Rogú Xette Parcar, lhes declarára que fallassem com o honrado Devaiá, cunhado do Sunda, que se achava presente; o qual lhe exporia as razões porque o mesmo Sunda, com permissão do dito valeroso General Parisrama Bau, tratava de se apoderar daquella Praça, ou por conquista, ou por negociação; porém, que o dito Rogú Xette Parcar sem verificar semelhante ordem, tratára muito mal o dito Devayá, e se retirára.

Então vendo o dito Grandioso Marechal de Campo, que nem os mencionados Cabos, nem Bicapá, nem outra alguma pessoa proseguia na conquista do Piro, fez declarar aos mesmos Cabos, que tratassem de o conquistar até o dia seguinte, porque quando assim o não praticassem, elle o faria com a gente do Sunda, e com o auxilio que lhe prestara o Magestoso Estado; e porque elles lhe declararam que não podiam conquistar a dita Praça, se apoderou della o sobredito Marechal de Campo por meio daquella mesma negociação, que o Magestoso Estado tinha principiado desde o mez de Agosto do anno proximo passado, em tempo que nenhumas tropas desse Sarcar se achavam naquellas visinhanças, de sorte que o corpo das tropas Portuguezas entrou no Piro sem ver, nem romper fachinas, baterias, ou corpo algum maratha, nem haver hum unico tiro ou hostilidade.

Posto que o Piro não seja em grande distancia desta Côrte,

nunca em menos de dois dias me chegavam as noticias do que se passava naquelle campo, por cuja razão quando no dia 31 de Janeiro pelas 10 horas da manhã recebi por mão de Rogú Xette Parcar humas cartas dos ditos Cabos, em que me davam a mesma falsa informação, que depois deram ao Grandioso Amigo, não sube responder-lhes senão pelo modo que consta da copia inclusa, não sabendo, nem podendo saber que poucas horas antes havia entrado no Piro o Grandioso Marechal de Campo pelo modo acima dito. 1791 Abril 2

Da deducção deste facto verá o Grandioso Amigo que o procedimento do Magestoso Estado foi todo cheio de obsequio a esse Sarcar, e que podendo sem a menor sombra de offensa continuar as suas proprias e primeiras negociações, as largou para seguir as intenções desse Ministerio. E na verdade que seria huma cousa nova, e bem digna de admiração, se tendo o valeroso General Parisrama Bau, como o Grandioso Amigo confessa, poderes, e ordens para restabelecer os antigos Dominantes, se reputasse como huma grande injuria ter o Magestoso Estado patrocinado hum delles para o mesmo fim.

Quanto a dizer o Grandioso Amigo, que o Bragmane do Sunda, devia estar junto com as tropas desse Sarcar, respondo que assim aconteceria se os ditos Cabos consentissem nisso quando o Grandioso Marechal de Campo dirigiu Rogú Xette ao honrado Devaiá, porque sendo os fins desse Sarcar, e os do Magestoso Estado os mesmos, não havia implicancia alguma em que todas as forças obrassem juntas; mas os ditos Cabos não estiveram por isto, porque os seus intentos não eram de demorar-se, nem de arriscar-se á tomada da dita praça, mas sim de se encher de despojos daquelle miseravel povo, como fizeram, e até agora está fazendo o honrado Ramachandra Canó, sem que o Commandante do Piro lho impeça, segundo as positivas ordens que tem minhas de o tratar como Cabo de huma nação amiga e alliada, deixando a esse Sarcar o reprimir tantas desordens, e impiedades dos ditos seus Cabos, para que elles não queiram por utilidade propria urdir novas desconfianças, que nem ha, nem deve haver.

1791 Abril 2 E quanto finalmente a dizer-me o Grandioso Amigo, que o Magestoso Estado tem extrahido do Piro alguns provimentos, e effeitos, que estavam nesta Praça, venho a capacitar-me de que a mentira não he castigada nesse Sarcar, porque se o fosse, não haveria quem se atrevesse a huma tão falsa affirmativa, quando pelo contrario devia dizer que nada se tirou do Piro, porque todas as munições, que lá existiam, são necessarias para sua defensa, ás quaes se tem acrescentado outras muitas que foram desta capital, daquellas de que costumam usar os Europeus nos provimentos das suas Praças.

Espero que o Grandioso Amigo fique inteiramente satisfeito com as razões que tenho expendido, e que conheça a verdade, assim como já a conhece o honrado Subedar de Griem, e todos quantos Carcunos aqui tem vindo com cartas do Felicissimo a este respeito.

O Sunda tem mandado os seus Ministros para formalisar os seus ajustes com o valeroso Parisrama Bau, mas o Magestoso Estado desejaria que elles se formalisassem nesse Sarcar perante o Grandioso Amigo, porque como todos os seus intentos são proprios da antiga e mutua alliança que ha de parte a parte, não deseja que se concluam ao longe desse Ministerio, como mais amplamente declarará o Illustre Desembargador Secretario do Estado, na carta que escreve ao Generoso Boiró Panta, e ao honrado Vital Ráo Gorqui, que me tem participado a ordem expedida pelo Grandioso Amigo aos Cabos da sua armada para suspenderem as hostilidades, que praticaram tão repetidas vezes nestes mezes passados com as pequenas embarcações mercantes do Magestoso Estado, sem embargo do auxilio, e amizade que acharam sempre nos officiaes da marinha do Magestoso Estado, como mais amplamente declarará o sobredito Emissario.

Deus alumie ao Grandioso Amigo em a sua Divina graça. Goa, 2 de Abril de 1791. — Francisco da Cunha e Menezes.

Outra carta como esta escreveu o Secretario do Estado a Boiró Panta Rogunata Mendoló em Punem, na mesma data.

(Arch. da India, livro de Reis visinhos, fol. 6.)

Alem da antecedente foi outra carta a Boiró Panta nesta fórma. 1791 Abril 4

Alem da carta publica, que nesta occasião escrevo ao Grandioso Amigo, lhe devo dizer particularmente que como o honrado Vital Ráo Gorqui não cessa de encarecer a amizade, que o Grandioso Amigo tem ao Magestoso Estado, vindo a conformar-se nisto com outras iguaes informações, que deu a esta Côrte o honrado Narana Ráo Vital, quer o Illmo e Exmo Sr. Governador e Capitão General do Magestoso Estado, que elle se governe e reja unicamente pelas direcções do Grandioso Amigo, apresentando-lhe a propria carta de ordens, que recebe nesta occasião, para que o mesmo Grandioso Amigo desfaça do modo que julgar mais conveniente a mal fundada desconfiança desse Sarcar. O que S. Ex.ª mais que tudo deseja he que o Grandioso Amigo possa attrahir toda essa negociação a si, para mais facilmente a compôr, livrando-a da confusão em que está com tantas pessoas, que se mettem a negociar.

Creio que pelo honrado Subedar de Griem estará o Grandioso Amigo inteiramente informado, de que elle fôra enganado pelos seus Cabos quando escreveu a esse Sarcar contra o Magestoso Estado. O dito honrado Subedar declarou positivamente o seu engano ao honrado Rama Custam Mahadeo, que S. Ex.ª mandou a Punem para pessoalmente fallar ao Grandioso Amigo.

Como chegou o navio de viagem de Macau, remetto ao Grandioso Amigo humas amostras dos generos, que vieram daquella cidade.

Deus alumie ao Grandioso Amigo em a sua Divina graça. Goa, 4 de Abril de 1791.—Sebastião José Ferreira Barroco

Relação dos generos, que accusa a carta acima

1 fonte de prata.
25 covados e $^3/_4$ de velludo carmezim.
22 covados e $^1/_4$ de velludo verde.
2 caixotes de chá.

(Arch. da India, livro dos Reis visinhos, fol. 57.)

N.º 46

Carta do Governador a Parisrama Panta, General do Maratha em Darvadda

(Arch. da India, livro dos Reis visinhos, fol. 49.)

1791 Abril 8 Ao Illustre e Grandioso Parisrama Panta, cuja amizade seja perpetua.

Recebi a carta do Grandioso Amigo, em data de 21 de Fevereiro do presente anno. Por ella me dá o Grandioso Amigo parte de ter cercado a Fortaleza de Darvadda, pede-me o soccorro de 5:000 homens, com polvora e chumbo, e que a Fortaleza do Piro, proximamente tomada pelas armas do Magestoso Estado, seja entregue a Zoirama Bapogi, Agente das terras do Sunda, o qual deve mandar a esse exercito hum Carcuno, que complete os seus ajustes com o Grandioso Amigo.

Respondendo a cada hum dos pontos da mencionada carta, digo: quanto ao soccorro dos 5:000 homens, que para eu o mandar seria necessario que o Felicissimo tivesse declarado ao Magestoso Estado a guerra, em que entrava contra Tipú, e que o convidasse para ella com ajustes de nova alliança e convenção, visto que pelos Tratados até agora firmados de huma e outra parte não ha artigo algum, pelo qual o Magestoso Estado estipulasse semelhante soccorro, o qual muito menos póde ter lugar depois de haver França e Hespanha declarado proximamente guerra a Inglaterra. Quanto á polvora e chumbo, posto que o Magestoso Estado não tinha feito até o presente semelhante fineza ao Sarcar de Punem, me resolvi a mostrar-lhe o quanto desejo o bom exito dos seus progressos militares, por cuja razão sendo-me expedido de Punem o Honrado Bagi Custam, com carta do Grandioso Balagi Panta Fodnis, em que me pedia que lhe deixasse comprar polvora e balla em Goa para se avançar a conquista de Darvadda, vendo eu que os mercadores de Goa não tinham polvora, lhe mandei dar gratuitamente 25 candins dos depositos do Magestoso Estado, que se estão já carregando em huma boiada, que o dito Honrado Bagi Crusnam comprou aos mercadores do Magestoso Estado. Quanto á entrega do Piro, he escusado fazel-a ao Agente do Sunda, quando esta Fortaleza foi tomada em nome do mesmo Rey, cuja bandeira tem arvorada, não fazendo o Magestoso Estado mais que auxilial-o por causa da licença, que elle aqui mostrou do Grandioso Amigo, em que lhe permittia fazer a conquista de seu Reino, mandando o dito Rey algum Agente a ultimar os seus ajustes com o Grandioso Amigo, o qual assim com effeito tem praticado, e creio que já chegariam a esse exercito os honrados Vir Vodder e Goindá Naique Sar Dessay, que sahiram a este fim destes dominios, e que poderão desenganar o Grandioso Amigo da falsa informação que recebeu de que o Piro estava batido, e cercado pelas tropas marathas, quando foi tomado pelas do Magestoso Estado. Como o Grandioso Amigo he General, e sabe que huma Praça de importancia se não cerca, nem bate sem mortandade de huma e outra parte, e que haja no terreno grandes signaes de que foi atacada, facilmente conhecerá que he falsa a sobredita informação, porque nem houve mortandade alguma, nem no terreno visinho á dita Praça ha signal de que se levantassem batarias, ou que se fizessem quaesquer aproxes, sendo a verdade do caso, a que referiram ao Grandioso Amigo os Emissarios do Rey Sunda. 1791 Abril 8

Deos guarde ao Grandioso Amigo. Goa, 8 de Abril de 1791.—Francisco da Cunha e Menezes.

Carta do Governador ao Secretario de Estado Martinho de Mello e Castro

(Arch. da India, livro das Monções, n.º 172, fol. 494.)

Ill.mo e Ex.mo Sr.— Na carta de 18 do corrente, em que dou parte a V. Ex.ª da acquisição da Praça do Piro, reservei algumas reflexões, que devo fazer sobre o Tratado, que em 17 de Janeiro proximo passado conclui com o Sunda, e que remetto com a dita minha carta debaixo do n.º 13. 1791 Abril 19

A principal reflexão he que o aperto do tempo não per-

1791 Abril 19 mittia largas negociações, pelo que me vi obrigado a romper por todas as difficuldades, que se oppunham a findar pelo modo possivel o dito Tratado, para que qualquer demora, ou obstaculo inesperado, o não tornasse inutil, como na verdade aconteceria, pelo que refiro a V. Ex.ª largamente na dita carta.

Como a primeira vantagem que o Estado busca sempre tirar das suas negociações publicas, he o augmento da Religião Catholica Romana, por isso fiz estipular tão amplamente no artigo 3.º do dito Tratado a liberdade da dita Religião no Reino de Sunda.

Os seguintes artigos 4.º e 5.º são quasi semelhantes aos que se estipularam ultimamente com o Bounsuló no Tratado de 29 de Janeiro de 1788, e não merecem que se faça maior reflexão sobre elles.

A primeira estipulação do artigo 6.º que permitte ao Rey Sunda huma casa em Goa para vender pimenta, sandalo, e os mais generos do seu Reino, pagando os devidos direitos, he deduzida do artigo 3.º do Tratado de 16 de Agosto de 1697, e do artigo 18.º do outro Tratado de 4 de Dezembro de 1735, que servem de base a este. A segunda estipulação deste artigo he tirada do expresso artigo 5.º do Tratado de 24 de Junho de 1742, que tambem serve de base a este, e conforme ao artigo 4.º do projecto delineado pelo meu predecessor, que vai por copia com a dita minha carta debaixo do n.º 8.

O artigo 7.º contém o auxilio, que indispensavelmente se devia dar ao dito Rey, para terem honestamente lugar as cessões pretendidas, como bem considerou o Chanceller do Estado na resposta, que deu á minha proposta, que vai por copia debaixo do n.º 10 da sobredita carta. He porém este auxilio promettido por tal modo, que nunca o Estado se obriga a comprometter-se, nem a romper com os Marathas, ou com outra alguma Potencia por causa delle, e para este fim he que se suscitou o artigo secreto de 17 de Setembro de 1762, que contém esta expressa declaração, e vai junto por copia ao presente Tratado, vindo por este modo a ser a sobredita estipulação, e auxilio de muito menos perigo ao Estado do que a obrigação, que o meu predecessor queria impor ao mesmo Estado de metter o Rey Sunda de posse do seu Reino pelo ultimo artigo do referido projecto. 1791 Abril 19

Pelos artigos 8.º e 9.º cede o dito Rey ao Estado, não só todas as Provincias, que este possue desmembradas do Reino de Sundem, mas tambem as Praças do Piro e Ximpim, e a Enseada das Galés com os seus territorios e jurisdicções, pelo mesmo modo que o dito Estado possuio antigamente, no que vem a ser esta estipulação conforme aos artigos 1.º e 2.º do referido projecto.

Não foi possivel fazer que os Ministros do Sunda cedessem das pretenções mencionadas no artigo 10.º, a que acrescentavam a continuação da consignação, que o mesmo Sunda percebe actualmente pela Real Fazenda, affirmando os ditos Ministros que seu Amo queria ter a honra de comer o pão de Sua Magestade, ainda depois de restituido ao seu Reino. Rejeitei-lhe esta pretenção como absolutamente impraticavel, e já assim a havia considerado o meu predecessor no artigo 6.º do mencionado projecto. Consenti que ficasse o dito Rey com o usufructo dos palmares, que possue em Canacona, porque me não podia demorar com cousa de tão pequena consideração, contentando-me de deixar a porta aberta para em tempo conveniente se tomar alguma resolução, que pareça mais propria. E quanto ás casas, e quinta de Santa Rosalia, busquei o decoroso meio de ficar isto ao arbitrio de Sua Magestade, pela razão mencionada no sobredito artigo.

Não restando no Reino de Sundem outro algum porto depois da cessão, que o dito Rey acaba de fazer ao Estado, senão o de Ancolá, de muito pequena capacidade, era necessario permittir ao mesmo Rey a liberdade da navegação do Rio Madali pelo modo que se estipulou no artigo 11.º, ficando commum a ambas as Nações, como se praticou no tempo em que possuimos o Piro.

Fiz toda a diligencia possivel para que no artigo 12.º se estipulasse que todos os direitos de entrada e sahida do Rio

1791 Abril 19 Madali, ou parte delles se pagasse no Piro, mas os ditos Ministros se mostraram inflexiveis, allegando que seu Amo seria obrigado a pagar ao Sarcar de Punem os antigos tributos de todo o Reino de Sundem, sem embargo de haver cedido parte delle ao Estado, o que absolutamente não poderia fazer, se perdesse os referidos direitos, ou se pondo o Estado outros de novo no Piro, fizesse afugentar o commercio daquelle rio.

Os seguintes artigos do presente Tratado não pedem maior reflexão para se conhecer a causa, e motivo delles. He porém digno de attenção o artigo secreto, que vai junto ao dito Tratado, porque na primeira parte se obriga o Rey Sunda a que não sahirá do Estado sem beneplacito de Sua Magestade, cuja estipulação pareceu mais propria neste lugar, do que no corpo do mesmo Tratado; e pela segunda parte me obrigo a interceder com Sua Magestade, a fim de que sejam restituidas ao dito Rey as provincias de Pondá e Zambaulim logo que elle estiver em termos de as defender. Esta estipulação he semelhante a outra que se fez no artigo secreto do Tratado ultimamente firmado com o Bounsuló, e confirmado por Sua Magestade, sem que a dita estipulação, e outras semelhantes, que se encontram em varios Tratados do Estado, lhe trouxessem até agora prejuizo algum; porém, sem embargo destas considerações, não assenti á dita estipulação senão no ultimo aperto desta negociação.

Por quanto havendo o Rey Sunda rejeitado abertamente o 1.° e 2.° artigos do dito projecto do meu predecessor, em que se contém a mencionada cessão, oppondo a ella a Carta Regia do 1.° de Abril de 1768, dizia agora pelos seus Ministros: que a Provincia de Pondá, com as suas annexas, fôra tirada da mão dos Marathas pelo Estado, não para o mesmo Estado as possuir, mas sim para serem reintegradas, e adjudicadas ao Reino de Sundem pelo modo declarado no dito artigo secreto de 17 de Setembro de 1764, o que déra causa á sobredita Carta Regia; que as jurisdicções de Canacona, e Cabo da Rama, as depositára seu pae no Estado de tal fórma, que ainda as disfructou depois de morar nelle; e que finalmente a cessão, em que o Sar Dessay Goindá Naique fallará ao Desembargador Secretario do Estado, era de algumas aldeias, e não das ditas Provincias. Posto que se deram a estas affirmativas as respostas, que pareceram mais proprias para as destruir, foi a sobredita estipulação o unico meio de aplanar esta difficuldade. 1791 Abril 19

Ficaram por este modo fóra do dito Tratado os artigos 3.°, 5.°, e parte do 6.° e 8.° do mencionado projecto delineado pelo meu predecessor, os quaes são em parte prejudiciaes, ou perigosos ao Estado, e em parte alheios da presente situação das cousas. Tenho por prejudicial, e perigoso o 3.° artigo, porque de arvorarmos a bandeira da nossa Nação nas Praças de armas do Reino de Sundem, se segue a obrigação de as defendermos. Dou igualmente por perigoso o 5.° artigo, porque he excessivo, seria intoleravel aos Reys de Sundem, e daria logo causa a immensas contestações entre o Estado e o dito Rey. He alheio da presente situação das cousas parte do 6.° artigo, em que se pretende que o mencionado Rey pague um laque de rupias de feudo ao Estado, porque isto só podia ter lugar quando o mesmo Estado o desobrigasse de pagar aos Marathas o feudo proprio daquelle Reino, o que bem vê V. Ex.ª que não seria facil conseguir-se presentemente. E he finalmente perigoso o ultimo artigo pelo motivo que declaro acima na reflexão que faço ao 7.° artigo do referido Tratado.

Deus guarde a V. Ex.ª Goa, 19 de Abril de 1791.—Rubrica do Governador.

Carta do Governador ao Secretario de Estado Martinho de Mello e Castro

(Arch. da India, livro das Monções, n.° 172, fol. 219.)

Illmo e Exmo Sr.—Depois da acquisição da Praça do Pirò, de que dei parte a V. Ex.ª em carta de 18 de Abril do anno proximo passado, continuou o nosso Emissario em Punem, Vital Ráo Gorqui, a persuadir o primeiro Ministro Naná Fodnis da justa razão, que o Estado teve para semelhante 1792 Abril 20

1792 Abril 20 procedimento, e das falsidades das partes, que os dois Cabos Marathas Rabú Ráo Saloc, e Sacó Ramachandra, e o Subedar de Griem Gangadar Panta tinham dado áquella Côrte.

O dito primeiro Ministro não se dando por contente com semelhantes razões, expediu a Prabacar Panta por Emissario do Dominante a Goa com o fim de repetir a Praça do Piro, e tudo quanto estava dentro della na occasião da sua conquista, alem das terras adjacentes occupadas pelas tropas do Estado.

Este Emissario depois de haver hido a Griem para receber as instrucções de Gangadar Panta, e de se avistar em Varim com o Bounsuló, que desejava algum rompimento entre o Estado e aquella Côrte para recuperar ao mesmo tempo as Provincias que cedeu ao Estado pelo Tratado de 29 de Janeiro de 1788, e fazer as mais hostilidades, e roubos que podesse, chegou finalmente a Goa em Setembro do dito anno, cheio de arrogancia e de vaidade.

Depois que deu os primeiros passos do estylo, lhe assignei o dia 25 de Outubro para me entregar as credenciaès na audiencia publica, que me pediu, porém aconteceu que no dia antecedente adoeci perigosissimamente, e sem embargo de ser a minha molestia tão grave, e tão publica quanto podia ser, como ella se dilatou muito, chegou a demora da audiencia a causar nova desconfiança em Punem, parecendo áquella Côrte que de proposito lha dilatava para espaçar este negocio, e de tal sorte se capacitou disto que fez declarar ao nosso Emissario a resolução em que estava de o mandar sahir dos seus dominios no caso de eu não dar a sobredita audiencia publica ao Emissario Maratha, por cuja razão me vi obrigado a dar-lha no dia 24 de Dezembro do anno proximo passado, quando mal me podia suster em pé de que se originou ter nova recahida, a que se seguiram depois outras.

Nomeei-lhe para Ministro conferente o Desembargador Secretario do Estado, que o tem entretido sem decisão alguma até agora, em que parece que esta negociação cahe de si mesma, por ficar a costa do Canará, e o Reino de Sundem pelos artigos preliminares de paz na divisão pertencente a Tipú, o que por via do nosso Emissario Vital Ráo Gorqui sei que Naná Fodnis manejou para que não ficasse na parte respectiva á sua Côrte hum terreno questionado. 1792 Abril 20

O Tenente Coronel Manuel Antonio Diniz de Ayala, que ficou commandando a Praça do Piro desde a sua acquisição, soube em execução das minhas ordens aproveitar-se habilmente da discordia dos Cabos Marathas, já negociando com hum a titulo de o patrocinar contra outro, e já valendo-se de algum descuido delles, adiantou as nossas conquistas ás Provincias de Sivanssar, e Cadrem, que unicamente podem ser uteis ao Estado pela defensa, que lhe fica fazendo o Rio Madaly.

He necessario nos termos actuaes voltar os olhos a Tipú, e ver qual he o precedimento, que o Estado deve ter com elle, cuja questão espero resolvida por Sua Magestade na futura monção, para poder obrar seguro conforme as ordens da mesma Senhora, que não deixará de me ministrar meios necessarios á sua execução.

Como a invernada está proxima, espero que até a vinda da nau de viagem da dita futura monção poderei conservar as cousas em taes termos, que não mostre dubiedade na resolução que hei de tomar, a fim que pareça que sempre tive aquella mesma que Sua Magestade me mandar seguir.

Deus guarde a V. Ex.ª Goa, 20 de Abril de 1792. — Rubrica do Governador.

Carta do Governador ao Secretario de Estado Martinho de Mello e Castro

Illmo e Exmo Sr. — Na carta da copia inclusa datada de 30 de Setembro do anno proximo passado dei parte a V. Ex.ª dos progressos, que haviam feito os Inglezes, e seus alliados contra Tipú Sultan até áquelle tempo: agora referirei em summa o que se tem passado até o presente.

Logo que a suspensão das aguas da invernada deram lugar ás novas operações militares, fizeram os Inglezes conquista de algumas fortalezas, que lhes facilitavam o ataque

1792 Abril 20 de Seringapatana, a que principalmente se dirigiam, e depois de varias marchas, e contramarchas feitas até ajuntarem mantimentos e petrechos necessarios para o sobredito ataque, se avizinharam daquella Praça unidos ao exercito de Nizama Ali, e ao corpo de cavallaria Maratha, Commandado por Hari Panta, porque Parisrama Bau se moveu sempre com tanto vagar, que se não chegou a unir aos outros corpos, senão depois de concluida a acção.

Feito isto, e sabendo os Inglezes que Tipú estava postado junto á sua capital, cobrindo-a com hum campo intrincheirado, o surprehenderam com huma marcha forçada na noite de 5 para 6 de Fevereiro proximo passado, obrigando-o a retroceder para dentro da cidade com grande perca sua, e alguma dos ditos Inglezes.

Nem o exercito de Nizama Aly, nem o dos Marathas entraram nesta acção, contentando-se de ser simples espectadores della, porque he bem natural que Nizama Aly tenha os mesmos intentos, que teve sempre a Côrte de Punem, a qual certamente não expediu Hari Panta com o corpo de cavallaria do seu commando a outro fim senão a suspender a total ruina de Tipú, que não quer extincto com augmento consideravel das forças Inglezas.

Certo nisto o referido Nababo teve sempre intelligencias com Hari Panta, pelo que vendo a desvantagem, que tivera contra os Inglezes, e perdendo a constancia, ou parecendolhe que de qualquer modo lhe he conveniente a paz, porque o tempo lhe ministrará facilmente occasiões de recuperar quanto agora perde, instou por via do dito Hari Panta pela conclusão da mesma paz, tentando o animo deste General, e da sua Côrte com grossas dadivas particulares.

Então Hari Panta, que já temia os maiores progressos dos Inglezes, assentiu á pretensão de Tipú, e o Lord Cornwallis, ou porque tivesse alguma ordem particular da sua Côrte para findar esta guerra com qualquer paz decorosa, como dizem aqui alguns officiaes Inglezes, ou porque já fosse impossivel á Companhia continuar com as avultadissimas despezas, que tem feito, ou por qualquer outra razão,

conveiu facilmente em que se tratasse da paz, suspendendo 1792
por este modo o ultimo golpe, que estava em termos de dar Abril
a este inimigo da sua Nação. 20

Com pouca difficuldade se estipularam os preliminares da dita paz referidos na copia inclusa, e já ós Marathas entram a evacuar as terras da costa do Canará, que ficam pertencendo a Tipú desde Mangalor inclusivamente até ás vizinhanças do Estado, dizendo-se que brevemente descerão tropas do mesmo Tipú a occupal-as.

Posto que a perca de Tipú não seja pequena, he certo que que a paz nada foi vantajosa aos Inglezes, se considerarmos as despezas, que lhes custou a guerra, e os meios, que tinham de extirpar da Asia esta semente de discordia, que facilmente tornará a brotar contra a sua Nação, por não ser possivel que ella conserve nas suas novas acquisições forças promptas para resistir a Tipú, que assim mesmo vencido conserva o seu exercito, e os seus thesouros sem diminuição consideravel.

Parece por ora que todo o lucro foi dos Marathas, pois aquelle Ministerio recebeu dos Inglezes avultadissimas dadivas para entrar nesta liga, e as suas tropas buscando sempre emprezas faceis, e deixando consumir as Inglezas com as mais arriscadas, se enriqueceram dos roubos, que fizeram nas terras de Tipú, a quem conseguiram enfraquecer á custa alheia.

He bem natural que os Inglezes conheçam esta politica, e o ciume que causam a Punem, o qual já anda pela bocca do povo, que antes da conclusão da paz dava por certo que o Dominante não consentiria na total ruina de Tipú, como varias vezes certificou Prabacar Panta, Emissario de Punem, ao Desembargador Secretario do Estado.

Deus guarde a V. Ex.ª Goa, 20 de Abril de 1792. — Rubrica do Governador.

Extracto da intelligencia de Madrasta, quinta feira 1 de Março de 1792

(Arch. da India, livro das Monções, n.º 173, fol. 222.)

1792 Março 1 A importante intelligencia da paz concluida com Tipú foi ao publico annunciada com descarga de vinte e hum tiros, paz que ao mesmo tempo que restitue a desejada tranquillidade ás nossas possessões na India, contribue ao Britannico Imperio as mais honraveis vantagens.

Os seguintes termos se dizem formar os preliminares artigos. Tipú cede aos Alliados huma metade dos seus dominios, deixando nelles a escolha, que será feita daquellas partes, que estão contiguas aos territorios dos respectivos Alliados, e todas as outras terras abaixo dos Gates, assim por esta parte da Peninsula (Madrasta), como para a costa Malabar, serão empossessadas *(sic)* pela Companhia Ingleza.

Tipú se obriga a pagar aos Alliados em satisfação dos gastos da guerra tres milhões e trinta laques de rupias, e libertar sem reserva todos os prisioneiros sujeitos á Gram Bretanha de qualquer descripção.

Os dois filhos de Tipú serão refens, ou seja o estarem em Garanha *(sic)*, ou Carnatic para devida observancia da paz.

Na carta *(sic)* dos 24 de Fevereiro os Principes chegaram ao campo, segundo os preliminares artigos do Tratado, foram conduzidos ao lugar apontado para sua recepção, e ficam em cargo do Capitão Welsh.

Carta do Governador ao Secretario d'Estado Martinho de Mello e Castro

(Arch. da India, livro das Monções, n.º 173, fol. 435.)

1792 Setembro 30 Illmo e Exmo Sr. — Como este navio por causa da perigosa tormenta, que experimentou neste porto, não poude segundo intentava seguir viagem no fim da monção passada, tenho occasião de participar a V. Ex.ª o que de mais tem acontecido tanto a respeito da paz firmada pelos Inglezes, e seus Alliados, com Tipú Sultan, como a respeito da Praça do Piro. 1792 Setembro 30

Quanto ha dita paz tratam os Inglezes de guarnecer as suas novas possessões, para o que se fazem diarios aprestos em Bombaim, dizendo-se que o Governador daquella Ilha partirá para Talacheira a pôr as cousas em ordem. Trabalha-se em que Tipú satisfaça inteiramente a estipulação dos Preliminares, mas diz-se que este, apezar de ter dois filhos em Madrasta, usa de quantas tergiversações póde para lhes demorar, ou illudir o complemento, podendo-o fazer com mais facilidade, tanto porque os ditos Inglezes desfizeram o seu exercito com demasiada presteza, quanto porque sabe que os Bragmanes do Ministerio de Punem lhe são affectos em razão das avultadissimas dadivas, com que os faz propicios, pelo que parece que haverá bastantes difficuldades de parte a parte antes da inteira satisfação dos ditos artigos, dando esta paz, como ordinariamente succede, principio, ou occasião a nova guerra.

Quanto ao Piro, poucos passos se tem dado de novo, porque posto que conformando-me com os pareceres juntos á minha carta de 25 de Maio proximo passado, declarei a Xeque Ismal que devia apresentar poderes de seu Amo para tratar da pretendida restituição, e outros para se firmar hum Tratado de commercio util a ambas as partes, não tenho recebido até o presente mais resposta do que haver declarado o mencionado Cabo ao Tenente Coronel Manuel Antonio Diniz de Ayala, Commandante do Piro, que havia dado parte a seu Amo da minha resolução, e assim se conserva tudo em tranquillidade com alguma correspondencia de parte a parte, sem que a tropa que está junta naquellas fronteiras, possa por ora causar cuidado.

Se da acquisição do Piro se seguir hum Tratado de commercio entre o Estado e o referido Tipú de fórma que fiquem francos os seus portos ás nossas embarcações, será esta a maior vantagem, que se poderia desejar, porque de elles serem vedados ao nosso commercio não só nasce a difficulda-

1792 Setembro 30 de, que experimenta a carga dos navios da Europa, mas tambem a summa carestia de mantimentos, que põe este povo na maior consternação, e a mim nos maiores cuidados.

Deus guarde a V. Ex.ª Nazareth, 30 de Setembro de 1792. — Rubrica do Governador.

Carta do Governador a Xeque Ismal

(Arch. da India, livro de Reis visinhos, fol. 126 v.)

1792 Maio 27 Recebi a carta que V. M.cê me dirigiu em data de 22 do corrente pedindo-me da parte de seu Amo a restituição da Praça do Piro. Quando nos annos de 1768 e 1783 se quiz o Magestoso Estado apoderar dessa Praça debaixo do pretexto de que não tinha nisso outro fim mais do que evitar que ella cahisse em mão dos inimigos do muito Illustre Nababo Aydar Aly Kan, e do muito Illustre Rey Tipú Sultan, obrigando-se a restituil-a logo que se findassem as guerras, que houve nos mencionados tempos, pareceu esta generosidade do Magestoso Estado excessiva, e até suspeitosa, nascendo daqui em grande parte a desconfiança, que tem havido da parte do muito Illustre Rey Tipú Sultan até o presente.

Agora que o Magestoso Estado vendo seu Amo accommettido de tão poderosos inimigos, tratou de segurar a dita Praça para lha entregar logo que findasse a guerra, mostra por modo innegavel a generosidade desta acção, e que o intento que teve nas guerras passadas, e nesta, de se apoderar do Piro, não foi outro senão o querer obsequiar seu Amo, e preferir a sua vizinhança á de qualquer de seus inimigos, que se apoderasse dessa Praça.

Nestes termos nenhuma duvida tenho na pretendida entrega, mas para ella se fazer pelo modo devido, he necessario que V. M.cê, ou me dirija carta de seu Amo, ou se auctorise com poderes especiaes para esta recepção, sendo bem de esperar da grandeza de animo do muito Illustre Rey Tipú Sultan que os ditos poderes se não limitem só á sobredita recepção, mas sim ao restabelecimento de huma amizade reciproca, e de hum commercio livre em todos os portos, tanto do Magestoso Estado, como do muito Illustre Rey, findando-se huma desconfiança, que se mostra agora visivelmente mal fundada. 1792 Maio 27

Logo que V. M.[cê] me certificar que tem os ditos poderes, ou ha pessoa auctorisada com elles da parte de seu Amo, mandarei aos limites dos dominios do Magestoso Estado pessoa igualmente auctorisada para concluir sem mais demora esta negociação.

Quanto aos tributos, que por parte do Magestoso Estado se tem cobrado das aldeias da Provincia de Cadrem, e Sivançar, desde que foi possivel livrar este miseravel povo dos mais crueis roubos, e insolencias, que padeceu, está feita huma arrecadação authentica e clara, que he muito inferior á despeza, que o Magestoso Estado tem tido com a conservação das palas, sustento dos elephantes, concertos da Praça, e guarnição della, executado tudo em obsequio a seu Amo.

Deus allumie a V. M.[cê] em sua Divina graça. Goa, 27 de Maio de 1792. — Francisco da Cunha e Menezes.

Carta do Governador ao Secretario d'Estado Martinho de Mello e Castro

(Arch. da India, livro das Monções, n.º 173, fol. 371.)

Illmo e Exmo Sr. — Na carta que dirigi a V. Ex.ª em data de 20 de Abril proximo passado, respectiva á acquisição do Piro, e aos factos que se tinham seguido até áquelle tempo, concluo dizendo que a vizinhança da invernada me daria occasião de conservar as cousas no estado, em que estavam até receber na futura monção as ordens positivas de Sua Magestade, e os soccorros competentes para a execução dellas: porém como os exercitos alliados se desfizeram com incrivel presteza, teve Tipú occasião de se adiantar a tomar posse pelos seus Cabos dos territorios, que lhe ficam pertencendo; e assim a 14 do corrente appareceu ao sul do Rio Mandali o 1792 Maio 25

1792 Maio 25 Cabo Xeque Ismal, que depois de se haver apoderado de toda a costa do Reino do Canará, dirigiu ao Tenente Coronel Manuel Antonio Diniz de Ayala, Commandante do Piro, a carta da copia n.º 1 pedindo-lhe a restituição daquella Praça.

Sendo portanto necessario tomar sobre esta grave materia prudente deliberação em tempo competente, formalisei a proposta da copia n.º 2 para ouvir sobre ella os dois Conselheiros do Estado, o Marechal de Campo Francisco Antonio da Veiga Cabral, e o Chanceller José da Rocha Dantas e Mendonça, que tenho sempre consultado a este respeito, e ambos de commum accordo assentam que se não deve expor o Estado a huma guerra com o mencionado Tipú, estando ligado com a promessa que o dito Marechal de Campo Francisco Antonio da Veiga Cabral havia feito aos Quiladares da sobredita Praça de a receber o Estado em deposito, como consta do documento n.º 24 junto á carta, que dirigi a V. Ex.ª em data de 18 de Abril do anno proximo passado, cujos pareceres constantes do n.º 3 parece que concordam com as primeiras vistas que tive, quando pela concorrencia das circumstancias me vi obrigado a apoderar-me do Piro para o unir ao Estado pelo mesmo modo que lhe uni a Provincia de Pernem, sem intento de provocar o dito Nababo, e de o excitar a mover contra o mesmo Estado huma guerra, que certamente seria dispendiosa, e talvez arriscada, se Sua Magestade não quizesse empregar nella as forças do Reino, muito principalmente quando estas tropas estão desarmadas, como varias vezes tenho representado a Sua Magestade, sem que os rendimentos da Real Fazenda possam supprir esta falta, nem ainda no tempo da paz, quanto mais no da guerra, em que se diminue a receita, e se augmenta a despeza.

Entro portanto a ver qual he a melhor vantagem, que posso tirar a favor do Estado da restituição da sobredita Praça, e das Provincias adjacentes.

Deus guarde a V. Ex.ª Goa, 25 de Maio de 1792.— Francisco da Cunha e Menezes.

N.º 1

Traducção da carta de Xeque Ismal, que diz ser encarregado dos dominios de Ancolá, Sadassivagodo e seus annexos, escripta ao Tenente Coronel Manuel Antonio Diniz de Ayala, Commandante do Piro.

(Arch. da India, livro das Monções, n.º 173, fol. 373.)

Aos 22 do mez Bahari do anno Sabar (14 de Setembro de 1792). 1792 Setembro 14

Na conformidade das ordens do meu Sarcar, acompanhado da sua tropa, hei de dar providencias nas terras desde Cuxalpur (Candapur) até Sadassivagodo (Piro), e entrei a castigar os ladrões, segurar os povos, e restabelecer o socego nestas terras; no referido dia cheguei com tropa para Ancolá, e daqui brevemente hei de passar ao Piro, em que V. M.cê tem guarnição sua, por cujo motivo lhe escrevo esta para que V. M.cê a tire, e se recolha ao seu Paiz sem dilação de hum quarto de hora; e me dê sempre as suas boas novas. Esta he a carta. — Firma.

P. S. — Em hum papelinho separado, em que diz o seguinte:

«Mando huma pessoa estimavel, que he Xeque Ibraimo Can, o qual lhe fallará verbalmente.»

Traducção da carta do cabo Xamaz Can, escripta ao dito Tenente Coronel Commandante do Piro

Vitogi Naique, Enogi Metri, Mal Naique, e outras pessoas deste Sarcar com alguns Bragmanes, e povos se ausentaram na noite do dia de hontem para essa banda, as quaes V. M.cê conservará seguras, e quando ellas se ausentarem, V. M.cê será responsavel ao Sarcar, e este avizo lhe faço por haver amizade entre os nossos respectivos Sarcares. Esta he a carta. Hoje 25 do mez Bahari (17 de Maio). 1792 Maio 17

1792 Maio 17 Traduzidas a 19 de Maio de 1792. (S. E.)—Rouguná Camotim Vaga, Ajudante do Lingua do Estado.

Os originaes Marathas estão juntos.

Carta do Secretario do Estado ao Tenente Coronel Manuel Antonio Diniz de Ayala, Commandante da praça do Piro

(Arch. da India, livro de Cartas e ordens, fol. 206 v.)

1792 Maio 19 Foi presente ao Illmo e Exmo Sr. Governador e Capitão General a carta, que V. M.^cê^ me dirigiu em data de 16 do corrente, e vendo S. Ex.ª traduzidas as duas gentilicas, que a acompanharam, me manda dizer-lhe que ponha V. M.^cê^ em escuro a materia da que lhe escreveu o Cabo Xamaz Kan, sem lhe dar resposta alguma.

E quanto ha do Cabo Xeque Ismal, de cuja traducção lhe remetto a copia inclusa, ordena S. Ex.ª que V. M.^cê^ assigne, e lhe dirija a resposta que vae formalizada, e se em consequencia della elle mandar apresentar a V. M.^cê^ os poderes de seu Amo, dará V. M.^cê^ no mesmo instante parte para esta Secretaria do Estado para executar o que S. Ex.ª for servido resolver a este respeito, seguindo no mais o que lhe está determinado pelas Instrucções, que lhe foram remettidas.

Deus guarde a V. M.^cê^ Secretaria, 19 de Maio de 1792.—Sebastião José Ferreira Barroco.

Carta do Tenente Coronel Manuel Antonio Diniz de Ayala para Xeque Ismal

1792 Maio 20 Ao conservador da amizade, Sr. Xeque Ismal, que sempre esteja na graça de Deus.

Eu Manuel Antonio Diniz d'Ayala, Tenente Coronel de Infanteria, e Commandante da Praça do Piro.

Envio esta com cortezia de salamo, desejando ter boas noticias de V. M.^cê^

Recebi a carta de V. M.^cê^, e dando della parte ao Illmo e

Exmo Sr. Governador e Capitão General, acabo agora de receber a resposta de S. Ex.ª, em que me ordena que trate aos subditos do Magnifico Nababo com aquella mesma amizade, e boa harmonia que o Magestoso Estado teve sempre com elle. E quanto ha negociação, em que V. M.^{cê} me falla, he preciso que V. M.^{cê} ou pessoa della encarregada, apresente os poderes que tiver de seu Amo, a fim de se poder concluir logo o referido negocio. 1792 Maio 20

Deus guarde a V. M.^{cê} muitos annos. Piro, 20 de Maio de 1792.

N.º 2

Carta do Governador ao Marechal de Campo Francisco Antonio da Veiga Cabral

(Arch. da India, livro de Cartas e ordens, fol. 207 v.)

Sabe V. S.ª que a resolução, que o Estado tomou de soccorrer o Sunda, e adquirir particularmente a Praça do Piro, se não firmou em fundamentos solidos, que dessem por justa, conveniente, e sem risco semelhante resolução, mas sim em probabilidade, que só o exito da presente guerra podia verificar.

Quando se tomou a dita resolução tudo promettia, que os Inglezes acabariam esta vez de arruinar Tipú, já que tanto de antemão se tinham preparado para esta guerra com tantas forças, tantos meios, e tantos alliados. Viu-se, porém, repentinamente, e quando menos se esperava, que estando os Inglezes em termos de dar em Tipú hum grande golpe, tomando-lhe a sua capital, fizeram com elle acceleradamente a paz com muito menos vantagens do que se esperava, porque posto que Tipú se obrigou a dar 33 milhões em dinheiro, e metade das suas terras para serem divididas pelos alliados, ficou-lhe intacto o seu exercito, e sem consideravel diminuição o seu thesouro.

Como entre as terras, que ficaram pertencendo ao dito Tipú, entra todo o Reino do Canará, e o de Sundem, porque Naná Fodnis especialmente advirtiu a Hary Panta, que não

1792 Maio 20 incluisse na parte respectiva ao seu Sarcar a Praça do Piro, e as Provincias possuidas pelo Estado, apparece ao Sul do rio Madaly hum Cabo do dito Tipú chamado Xeque Ismal, que depois de haver tomado posse por parte de seu Amo das terras do Canará occupadas pelos Marathas, escreveu proximamente ao Tenente Coronel Manuel Antonio Diniz de Ayala, Commandante do Piro, requerendo-lhe a entrega daquella praça, e das Provincias possuidas pelo Estado.

Pelo que sendo necessario tomar sobre esta grave materia huma deliberação competente, e proporcionada ás forças militares do Estado, ás da Real Fazenda, á justiça desta acquisição, e ás forças do mesmo Tipú formo o seguinte

Quesito

Se será decente, e conveniente nas circumstancias actuaes entregar-se a Tipú a Praça do Piro, e as Provincias de Sivançar e Cadrem na fórma que lhe foi promettido, trabalhando por firmar com elle hum Tratado de amizade, e livre commercio dos seus portos, attendendo a que lhe ficam os de arroz, que he o principal objecto da subsistencia destes povos; ou se devemos defender a todo o risco do Estado a sobredita Praça e Provincias.

Deus guarde a V. S.ª Pangim, 20 de Maio de 1792. — Francisco da Cunha e Menezes.

N.º 3

Resposta do Marechal de Campo

(Arch. da India, livro das Monções, n.º 173, fol. 380.

1792 Maio 21 Ill.mo e Ex.mo Sr. — He V. Ex.ª servido que sobre a plena instrucção, que eu tenho dos motivos, e formalidade, com que nos apossamos da Praça do Piro, e suas dependencias, interponha agora o meu parecer quando o Cabo de Tipú encarregado de recobrar as terras do Malabar invadidas na guerra, que improvisamente terminou a sagacidade de seu Amo, pede a restituição da dita Praça, que lhe foi promettida. 1792 Maio 21

Parece-me que ainda sem considerar a situação, em que nos achamos de forças e meios para sustentar huma guerra com o dito Tipú, que acaba de se mostrar invencivel á união dos maiores exercitos, que podia ajuntar na Asia, o empenho, e a despeza, bastaria a satisfação da palavra para preferir a qualquer outro intento; seguindo-se desta virtude moral a utilidade de conciliar a amizade, e o commercio de hum visinho semelhante, como V. Ex.ª pondera, e eu julgo summamente acertada; persuadindo-me que para isto mesmo se conseguir com as vantagens e decencia competente, he preciso que hum corpo de tropas na Provincia de Canacona faça a negociação respeitavel, e evite a pratica das depredações, de que tantas vezes tem dado exemplo o genio de Tipú, e a conducta de seus Commissarios.

V. Ex.ª sobretudo determinará o que julgar mais acertado.

A Ill.ma e Ex.ma Pessoa de V. Ex.ª guarde Deus muitos annos. Pangim, 21 de Maio de 1792. — Ill.mo e Ex.mo Sr. Francisco da Cunha e Menezes. — Francisco Antonio da Veiga Cabral.

Resposta do Chancelier

(Arch. da India, livro das Monções, n.º 173, fol. 382.)

Ill.mo e Ex.mo Sr. — Tendo Xeque Ismal, Cabo de Tipú, que se acha ao sul do rio Madaly, requerido proximamente ao Tenente Coronel Commandante do Piro a entrega desta Praça, e das duas Provincias possuidas pelo Estado, quer V. Ex.ª sobre esta grave materia tomar huma deliberação competente, e proporcionada ás forças militares do Estado, ás da Fazenda Real, á justiça desta acquisição, e ás forças do mesmo Tipú, ordenando-me declare o meu voto sobre o seguinte

Quesito

1793 Maio 21 «Se será decente, e conveniente nas circumstancias actuaes entregar-se a Tipú a Praça do Piro, e as Provincias de Sivançar e Cadrem na fórma que lhe foi promettido, trabalhando por firmar com elle hum Tratado de amizade, e livre commercio dos seus portos, attendendo a que lhe ficam os de arroz, que he o principal objecto da subsistencia destes povos, ou se devemos defender a todo risco do Estado a sobredita Praça e Provincias.»

Devo confessar que não fica sendo muito decente aos olhos do publico a entrega desta Praça sem alguma negociação, que a faça cohonestar; por estas indecencias, porém, tem passado, e passam muito grandes potencias, quando a superioridade das forças do seu inimigo lhes faz ver o maior prejuizo e ruina, que lhe resultam de sustentar semelhantes caprichos. Com maior razão devo tambem confessar que não ha cousa mais seria, e mais decente que o cumprimento de huma promessa, verificado o caso em todas as suas essenciaes circumstancias, em que foi concebida.

A falta do cumprimento da sobredita promessa fará renovar no animo de Tipú aquelle mau conceito, má vontade, e escandalos, que de muitos annos o fizeram desgostar da amizade do Estado, e do nome portuguez, e o provocará a fazer-nos huma guerra violenta, e trabalhosa pela superioridade das suas forças, e pela consternação, em que ficará todo este povo, e até o nosso pé de exercito, faltando-lhe o soccorro de arroz, principal alimento deste Estado, guerra, cujo successo muito provavelmente virá a ser funestissimo a todo o Estado.

Devo tambem lembrar-me que augmentará a nossa consternação os falsos amigos, de que nos achamos cercados pela parte do norte, porque estou informado que o Bounsuló confederado com outros Dessays não ha muitos mezes intentava recuperar as Provincias Pernem, Bicholim, e Sanquelim, logo que a Praça do Piro fosse atacada pelos Marathas, de que V. Ex.ª terá melhores provas.

Contemplando as forças militares do Estado, persuado-me que não são sufficientes para defender a dita Praça, e suas provincias contra o poder do Tipú, e quanto ás forças da Real Fazenda, sei que não são sufficientes para sustentar outra alguma guerra, ainda de menor circumstancia, considerando como certo que qualquer inquietação faz logo diminuir a sua receita, que apenas he competente para as despezas no tempo de paz. 1792 Maio 21

Estas razões comtudo não devem servir de regra geral para as terras e possessões do Estado, quando a justiça da nossa causa e defeza for justificada conforme os direitos publicos das gentes, e da guerra; porque em semelhantes casos o deveremos fazer a todo o risco do Estado. Estes direitos, porém, não militam a respeito da acquisição, e conservação da Praça do Piro, visto como no mesmo quesito se declara que foi promettida a Tipú a sua entrega, porque á vista desta promessa ficam cessando quaesquer direitos, em que podessemos fundar a justiça da sua conservação, e da guerra, em que entraremos.

Nestas circumstancias parece-me que nem devemos defender a todo risco do Estado a sobredita Praça e Provincias, nem ainda duvidarmos a sua entrega, procurando mais antes com esta justa e necessitada bizarria, e por outras negociações politicas firmar com Tipú algum Tratado de amizade, e livre commercio dos seus portos, e sendo possivel a concessão de alguma feitoria no porto de Mangalor, ou algum outro do sul, de que possamos livre do monopolio de alguns gentios conseguir o arroz necessario para subsistencia dos habitantes do Estado em preço commodo, e proporcionado á miseria, e pobreza delles.

Deus guarde a V. Ex.ª Malna, 21 de Maio de 1792. — Illmo e Exmo Sr. Francisco da Cunha e Menezes. — O Chanceller do Estado, José da Rocha Dantas e Mendonça.

Carta do Governador ao Secretario d'Estado Martinho de Mello e Castro

(Arch. da India, livro das Monções, n.º 174, fol. 7.)

1793 Fevereiro 20

Illmo e Exmo Sr.—Visto que o navio por invocação *Princeza de Portugal*, pertencente á Sociedade de Ribeiro, Hubens, e Companhia, sahe deste porto antes da nau de viagem, devo adiantar a V. Ex.ª por elle a noticia de que o Estado fica em paz com todos os vizinhos, sem receio por ora de alteração alguma, e que pelo que diz respeito ao Piro, sendo encarregado por Tipú Sultan do governo do Reino do Canará, e do de Sundem o Nababo Mahamad Rosá, primo do mesmo Regulo, me dirigiu huma carta por hum Cabo de Gardins, na qual me pedia a restituição da dita Praça, quasi com os mesmos fundamentos, com que o fizera Xeque Ismal, segundo participei a V. Ex.ª em carta de 25 de Maio do anno proximo passado pelo navio *S. Luiz e Santa Maria Magdalena*, e assim continuando a conformar-me com os pareceres dos Conselheiros do Estado, que dirigi a V. Ex.ª juntos á sobredita carta, respondi ao dito Nababo, e lhe dirigi hum Bragmane bastantemente habil, para o certificar das boas intenções do Estado, e lhe declarar que a pretendida restituição não podia ter effeito sem que elle apresentasse poderes de seu Amo para a recepção da mencionada Praça, insinuando-lhe ao mesmo tempo que hum acto de tanta generosidade como este, pedia que cessassem por huma vez todas as antigas, e mal fundadas desconfianças, firmando-se hum Tratado, ou ajuste de parte a parte, que abrindo mutuamente os portos ao commercio, segurasse a futura amizade entre o Estado e o dito Tipú.

O dito Nababo respondeu a isto que a maior prova de amizade, que desde logo podia dar ao Estado, era a franqueza dos portos da sua jurisdição para todo o commercio, que nelles quizessemos fazer, e com effeito entraram desde então as embarcações deste porto a extrahir de Mangalor grande quantidade de arroz, com que se tem evitado a fome, que parecia neste anno mais irremediavel do que nos passados.

Quanto aos poderes de seu Amo queria illudir a apresentação delles mostrando por huma carta de Tipú a jurisdição, que lhe foi dada do sobredito territorio, em que se incluia a Praça do Piro, e as Provincias de Sivançar e Cadrem. E quanto finalmente ao sobredito Tratado, ou ajuste respondeu que não tinha duvida de o assignar, e declarar que o fazia por ordem de seu Amo, posto que isto, dizia elle, tornava menos generosa a acção do Estado, porque parecia não ser gratuita a restituição do Piro. 1793 Fevereiro 20

Recebendo estas respostas mostrei não me contentar com ellas, e que era impraticavel entregar a dita Praça sem que elle dito Nababo satisfizesse ás minhas pertenções. Pelo que se viu obrigado a dirigir-me Camuldin Kan, aquelle mesmo que veio ao Estado no anno de 1789, como declarei a V. Ex.ª em carta de 23 de Fevereiro de 1790, com huma carta do dito Tipú, cheia de attenção, e protestos de amisade, e união para o futuro; e instando eu ainda então pelo mencionado ajuste, me fez responder o dito Nababo pelo referido Camuldin que elle estivera prompto para o assignar em nome de seu Amo emquanto não recebera a carta que me dirigira, mas que depois disto achava indecente prometter aquillo mesmo que seu Amo já havia promettido, isto he, amisade, e união para o futuro, e me remetteu outra nova carta de Tipú quasi semelhante á primeira.

Estes são os termos, em que estão as cousas até o dia de hoje, e o dito Camuldin falla em estabelecer seu Amo huma casa de commercio em Goa, para extrahir deste porto os generos da Europa, que lhe forem necessarios, o que trará comsigo huma grande especialidade para os vassallos do Estado nos portos do Canará; mas como se se effectuar a dita casa de commercio, he bem certo que os generos e effeitos da Europa, que o sobredito Tipú quererá extrahir em maior numero deste Estado, consistirão em petrechos de guerra, necessito saber se será da intenção de Sua Magestade que a dita casa se estabeleça, ou se devo disfarçar, ainda que o não poderei fazer airosamente, semelhante pertenção pelo ciume que causará aos Inglezes.

1793 Fevereiro 20 He isto o que em summa se me offerece dizer a V. Ex.ª sobre esta materia, e pela nau de viagem escreverei a V. Ex.ª com mais extensão, e responderei ás cartas, que por ella recebi, tanto quanto o permittir a debilidade das minhas forças, e a continuação da molestia, que ainda padeço.

Deus guarde a V. Ex.ª Goa, 20 de Fevereiro de 1793. — Rubrica do Governador.

Carta do Secretario d'Estado Martinho de Mello e Castro ao Governador

(Arch. da India, livro das Monções, n.º 174, fol. 68.)

1792 Fevereiro 26 1. Pelo navio *Princeza do Brazil* recebi a carta de V. S.ª com data de 18 de Abril do anno proximo passado de 1791, com a collecção dos documentos, que decorrem desde o n.º 1 até ao n.º 46, tendo já recebido pelo navio *Princeza de Portugal* as cartas de V. S.ª de 30 de Novembro, e de 4 de Dezembro do anno de 1790, acompanhada esta ultima de nove documentos, que com os quarenta e seis, que vieram com a citada carta de 18 de Abril de 1791, fazem ao todo o numero de cincoenta e cinco documentos.

2. Contém as duas referidas cartas de 30 de Novembro, e de 4 de Dezembro, a exposição do progresso da guerra, que os Inglezes e Marathas tinham declarado, e que proseguiam contra Tipú Sultan, a explanação dos meios que V. S.ª meditava empregar para se apoderar da Praça do Piro, prevenindo qualquer intento, que os Inglezes podessem formar para a acquisição daquella Praça; e nas mesmas cartas finalmente refere V. S.ª as esperanças que tinha concebido do Rey Sunda, de que mediante as actuaes circumstancias da guerra, podesse recuperar os Estados que Aydar Aly Kan havia usurpado a seu pai, e as negociações, em que o dito Rey Sunda tinha entrado, e que proseguia na supposição de conseguir e realisar aquella imaginaria e illusoria pretensão.

3. Pela carta de 18 de Abril de 1791, que serve de continuação ás duas citadas de 30 de Novembro, e 4 de Dezembro, dá V. S.ª conta do progresso, e successo dos meios que

V. S.ª entendeu dever pôr em pratica para conseguir a acquisição do Piro, tentando primeiramente o expediente das negociações, que abriu com o Quiladar, ou Governador daquella Fortaleza, para lha entregar; e das que tratou com a Côrte e Ministerio Maratha, e semelhantemente com o Rey Sunda, para o determinar a ceder por hum Tratado a dita Fortaleza do Piro, que no tempo da mesma negociação se achava em poder, e no dominio de Tipú Sultan, até que convencido V. S.ª do nenhum effeito, que resultava destas complicadas negociações, e tendo noticia da marcha das tropas Marathas, que se encaminhavam a formar o bloqueio do Piro, e resolvendo-se finalmente a servir-se do unico decoroso recurso, qual era o das armas, e o de huma justa conquista, para recuperar aquella Praça na fórma que se effeituou, e V. S.ª refere na sua citada carta de 18 de Abril do anno proximo passado; e como a circumstanciada relação, e os documentos a ella juntos contém substancialmente quanto se refere com maior extensão nas duas cartas de 30 de Novembro, e 4 de Dezembro, e relata com o maior detalhe as negociações, e successos, que precederam á tomada do Piro, como tambem os que depois aconteceram, e que dão bem a conhecer a difficil e embaraçosa situação em que se acha a dita Praça, e esse Estado depois da acquisição della, pelos extraordinarios meios, que se praticaram para a conseguir; sobre esta relação sómente, e sobre os principaes factos nella conteúdos, farei a V. S.ª as observações que se offerecem, e que resultam da combinação de tantos, e tão complicados successos, para que V. S.ª possa comprehender, assim como aqui se comprehende, não sem grande admiração, que a causa da perigosa e critica situação em que presentemente se acha esse Estado, provem immediatamente da pouca reflexão com que se imaginou aquella conquista, e das estranhas e inauditas medidas, que se empregaram para a conseguir. 1792 Fevereiro 26

4. Entrando pois no exame da referida carta, se conhece em primeiro lugar, que tendo V. S.ª observado, e seguido attenta e cuidadosamente os progressos da guerra, em que se achava envolvido Tipú Sultan com os Inglezes e Marathas,

1792 Fevereiro 26 e reconhecendo ser esta conjunctura muito opportuna, como na realidade o era, para intentar a tomada do Piro, cuja posição sempre se considerou como a mais valiosa para a segurança e defeza desse Estado, resolvêra pôr em execução aquelle intento, procurando persuadir ao Quiladar, ou Governador do Piro, a que lhe désse auxilio a guarnição portugueza para defender aquella Praça, e para a preservar de que cahisse nas mãos dos inimigos de seu Amo.

5. Para este effeito fez V. S.ª escrever em seu nome ao dito Quiladar as tres cartas, que V. S.ª remette por copia debaixo do n.º 7 dos documentos á carta de 30 de Dezembro de 1790, que V. S.ª me dirigio. Pela primeira das tres referidas cartas faz V. S.ª participar ao sobredito Quiladar os preparativos dos Inglezes em Bombaim, significando-lhe que lhe consta com toda a certeza serem destinados para atacar o Piro, recommendando-lhe que na conformidade deste aviso informasse elle Governador a Tipú Sultan seu Amo, a fim de que mandasse reforçar a guarnição daquella Praça, e procurando persuadir o mesmo Governador do Piro que o Estado tinha maior interesse em que ella se conservasse no dominio de Tipú Sultan, do que passasse para o poder dos Inglezes. Pela segunda das referidas cartas faz V. S.ª repetir o que tinha feito escrever pela primeira, participando ao mesmo Quiladar, ou Governador, as ulteriores noticias dos preparativos dos Inglezes em Bombaim, e das forças com que se propunham atacar o Piro, e trazendo á memoria do referido Governador, debaixo das apparencias da mais sincera cordialidade, o dissimulado offerecimento de soccorros, e guarnição portugueza, que em outra semelhante occasião fez o Governador, e Capitão General D. João José de Mello ao Governador do Piro, antecessor do actual, com o cavilloso, e reprovado intento de se apoderar por este modo da referida Praça. Pela terceira carta em fim faz V. S.ª representar ao sobredito Quiladar, ou Governador, com maiores, e mais vivas instancias, o perigo em que se achava aquella praça, tanto pelo bloqueio, em que a tinham posto os inimigos do Tipú Sultan, como pela pouca fidelidade da

guarnição disposta a sublevar-se; repetindo-lhe por esta occasião os offerecimentos, que remota e indirectamente lhe tinha feito de soccorrer, e defender a referida Praça com guarnição portugueza. 1792 Fevereiro 26

6. Não se faria certamente crivel que occorresse a V. S.ª hum semelhante expediente, se as copias das tres referidas cartas, que V. S.ª remette, o não authenticasse plenamente, devendo V. S.ª lembrar-se que tendo os Inglezes no anno de 1768 entrado por Mangalor com consentimento do Feitor da feitoria portugueza para atacar os Estados de Aydar Aly Kan, e particularmente a Fortaleza do Piro, mandára aquelle Potentado hum Emissario a Goa, que então governava D. João José de Mello, para pedir ao Estado hum soccorro contra os Inglezes, com o motivo de haverem estes violado o nosso territorio, entrando violentamente por Mangalor; e respondendo o dito D. João José de Mello ao referido Emissario que a alliança, que subsistia entre a Corôa de Portugal e a Gran-Bretanha lhe defendia conceder os soccorros, que se lhe pediam, se servio desta conjunctura para se querer apoderar da Praça do Piro, offerecendo com a maior dissimulação ao dito Emissario hum soccorro de tropas portuguezas para guarnecer e defender aquella Praça; reconhecendo porém o sobredito Emissario os occultos fins deste offerecimento, e receiando que se o recusasse, o maltratassem, e attentassem contra a sua liberdade, prometteu resolver o Governador do Piro a admittir naquella Fortaleza guarnição portugueza; e nesta confiança o deixou partir o Estado, e passar ao Piro, aonde depois de ter dado conta do que havia observado em Goa, relatando o aleivoso projecto que alli se havia formado contra o Piro, fez com que se tomassem as medidas necessarias para defender aquella Praça do intento que contra ella projectavamos. Omitto a narração do vergonhoso successo, que teve a expedição, que se mandou de Goa com ordem de occupar a referida Praça, e sómente farei observar a V. S.ª a indignação e horror, que esta Côrte justamente concebeu, quando soube que a reputação das armas portuguezas na India se tinha sacrificado, e prostituido a

1792 Fevereiro 26 hum semelhante ponto, e que o nome portuguez devia excitar hum geral desprezo, e aborrecimento pela perfidia e aleivosia, com que nos conduziamos com aquelles Potentados.

7. Na certeza pois de que se não podia ignorar nesse Estado a justa indignação, com que esta Côrte reprovava semelhantes machinações, contrarias á boa fé, e reputação das nações civilisadas, não era certamente para esperar que se vissem renovar os enganos reprehendidos, e desapprovados por tantas, e tão repetidas vezes; e pelo successo que teve esta nova tentativa, observaria V. S.ª que ainda estavam muito presentes na lembrança de Tipú Sultan os enganos, que praticámos com seu pai, principalmente a respeito do Piro, pela repugnancia, e desprezo, que V. S.ª encontrou no Governador daquella Praça, não querendo acceitar as cartas, que se lhe dirigiram em nome de V. S.ª, declarando o mesmo Governador que tinha ordens, que lhe defendiam toda a correspondencia com esse Estado; e não obstante esta repulsa injuriosa, se repetio segunda e terceira carta, que igualmente ficaram sem resposta, até que persuadido V. S.ª da inutilidade desta indecorosa, e repudiada negociação, se determinou a consultar os Conselheiros do Estado sobre os meios que se deveriam adoptar para emprehender a conquista do Piro, e para prover a segurança do Sunda; e sendo o Chanceller e Conselheiro do Estado José da Rocha Dantas e Mendonça, de parecer que se não devia proseguir o carteio com o Governador do Piro, por ser desairoso ao Estado continual-o, não se tendo recebido resposta a nenhuma das cartas, que se haviam escripto ao dito Governador, acrescentando que se não devia tambem tomar o Piro á força de armas, nem em nome do Estado, nem do Sunda, e que finalmente se não devia permittir que este Rey se retirasse desse Estado a tratar do seu restabelecimento, combinou V. S.ª este parecer com o do Marechal Francisco Antonio da Veiga Cabral, que concordava com o primeiro na parte que respeita a embaraçar a sahida do Sunda desse Estado na fórma das claras, e positivas ordens de Sua Magestade, e que se separava quanto na parte que respeitava ao Piro,

sendo a acertada opinião do referido Marechal, que esta empreza se devia regular segundo os progressos, ou abatimento de Tipú. 1792 Fevereiro 26

8. Á vista dos referidos pareceres, que V. S.ª considerou como mais proprios para se escreverem, do que para se executarem, se determinou ainda assim a tentar segunda vez os meios das negociações, abrindo huma com a Côrte de Punem, e encarregando della a hum Cabo de partido dos Sipaes desse Estado, que munio com as Instrucções, que vem por copia debaixo do n.º 3 dos documentos, que acompanharam a sua carta de 18 de Abril do anno proximo passado de 1791.

9. Examinando-se as sobreditas Instrucções, se fez muito remarcavel o § 8.º, pelo qual recommenda V. S.ª ao referido Emissario: «Que nas occasiões opportunas, e particulares, que tiver com o Ministerio Maratha, encareça o demasiado poder dos Inglezes na Asia, e o como se tem sabido valer das conjuncturas favoraveis para adiantarem os seus dominios, e commercio, que querem fazer inteiramente seu, para sem concorrentes poderem vender e comprar pelos preços que quizerem, com a soberba e arrogancia, que faz o caracter daquella Nação, sendo natural que este demasiado poder, astucia, e monopolio, venha a ser prejudicial á Nação Maratha, e ao seu commercio, e que nesta certeza obrando o Dominante de Punem com acerto em castigar a soberba de Tipú Sultan, devia estar attento a huma Nação Europêa, cuja riqueza, poder, e industria, lha póde fazer mais prejudicial com a sua visinhança, do que lhe he a de Tipú actualmente».

10. Nenhum procedimento da parte desse Estado, qualquer que elle fosse, poderia caracterisar mais hum acto de huma decisiva hostilidade contra a Nação Britannica, do que a recommendação que se entendeu fazer ao seu Emissario na Côrte de Punem, não podendo ella ser encaminhada a outro fim no caso de produzir o effeito, que se pretendia, do que o de romper a alliança, que subsistia entre os Inglezes e os Marathas, ou pelo menos a pôr os primeiros em huma tal desconfiança, e ciume contra os segundos, que embara-

1792 Fevereiro 26 çasse todo e qualquer concerto de operações, que se formasse contra o inimigo commum.

11. Hum procedimento desta natureza, sendo muito reprehensivel, e podendo ser muito funesto a huma Potencia neutra obrigada a observar huma conducta igual, e imparcial relativamente a ambas as Nações belligerantes, para poder conservar a sua neutralidade; se faz ainda muito mais estranho, e muito mais para temer, quando he praticado por huma Potencia neutra, e juntamente alliada de huma das belligerantes, e achando-se a Côrte de Portugal nestas precisas e identicas relações com a Nação Britannica, e sendo do commum interesse de ambas as Nações o abatimento do poder, e prepotencia de Tipú Sultan, inimigo commum de huma e outra, não era para suppor, nem para imaginar que com manifesta violação dos principios da neutralidade, e dos Tratados de alliança subsistentes entre ambas as Nações, e do essencialissimo interesse que nos devia resultar do abatimento do nosso mais temivel, e irreconciliavel inimigo, se procurasse hostilisar tão abertamente hum nosso alliado, separando-lhe as forças, e embaraçando-lhe os meios de destruir o seu, e nosso inimigo, quando pelo contrario pediria a nossa conservação, e segurança na India que não fossemos unicamente simplices, e imparciaes espectadores dos successos da guerra contra Tipú Sultan, mas que cooperassemos para a sua destruição, já que a desproporção das nossas forças nos não permitte contel-o nos limites de moderação, que conviria para a segurança desse Estado.

12. Á vista deste incomprehensivel procedimento não me admiraria que constando aos Inglezes o que contra elles praticâmos nesse Estado, e que vindo ao seu conhecimento que não só servimos para o avisarmos de todos os movimentos, e preparativos, que contra elle fazem os mesmos Inglezes em Bombaim; mas que até chegámos a commetter contra elles a hostilidade de lhes alienar, e afugentar os proprios alliados, como temos intentado fazer, indispondo contra elles os Marathas mediante as suggestões, que constam do § 8.º das Instrucções de V. S.ª; não me admiraria, digo, que os

mesmos Inglezes á vista de hum tão extraordinario comportamento, considerando-nos como inimigos tão manifestos como o mesmo Tipú Sultan, nos viessem formalmente atacar quando menos o esperassemos. 1792 Fevereiro 26

13. Pela combinação de todos estes factos, e pela conducta, que ahi temos observado relativamente ás Potencias belligerantes, resulta que por huma incomprehensivel mudança de systema se consideram presentemente nesse Estado os Inglezes como os mais perigosos inimigos, que nos podem avizinhar, e Tipú Sultan, pelo contrario como o vizinho, cujo poder nos convem indispensavelmente conservar illeso, não obstante ter esse Potentado herdado, e nutrido o odio e rancor, que seu pae tinha concebido contra o Estado pelos motivos, que V. S.ª não ignora, e de que já nos teria feito sentir todos os effeitos, se as continuas guerras, em que se tem achado envolvido, o não tivessem embaraçado de voltar as suas armas contra o Estado, fazendo-nos entretanto todas as hostilidades que lhe são possiveis, fechando-nos os seus portos, e particularmente os do Canará, donde este Estado se provia dos generos necessarios para a subsistencia dos seus habitantes, e expondo-nos por este barbaro comportamento ao continuo perigo de huma fome, como V. S.ª reconhece, e refere pela sua carta de 27 de Abril de 1791.

14. Pelas mesmas Instrucções, com que V. S.ª munia ao seu Emissario enviado á Côrte de Punem, lhe recommendava V. S.ª que averiguasse se o estado das negociações, que o Sunda entretinha n'aquella Côrte com o objecto de recuperar os Estados, que lhe havia usurpado Aydar Aly Kan, e que os Marathas na presente guerra haviam reconquistado, e receiando V. S.ª que o mesmo Sunda preoccupado destas esperanças se determinasse a fugir do Estado para procurar a protecção dos Inglezes, ou dos Marathas, consultou novamente os Conselheiros do Estado para que estes dessem o seu parecer sobre se convinha ou não permittir ao Sunda entrar em negociação com o Maratha para a recuperação dos seus Estados, se se devia assistir ao mesmo Sunda com soccorros para conseguir aquelle intento; e finalmente se devia

1792 Fevereiro 26 V. S.ª abraçar a proposição que lhe foi feita por parte do mesmo Sunda, de ceder por hum Tratado as Provincias de Pondá, Zambaulim, Canacona, a jurisdicção e Fortaleza do Cabo da Rama, e a Praça do Piro, no caso que o Estado o auxiliasse para recuperar os seus Estados, resultando do parecer dos ditos Conselheiros terem convindo affirmativamente nos tres referidos quesitos, com a declaração porém, em quanto aos soccorros, que deviam ser occultos, mas não publicos; clausula bem difficil de executar, suppostas as circumstancias a todos conhecidas, em que se acha o Sunda, que lhe não podem fazer esperar outros soccorros que não sejam os do Estado.

15. A multiplicidade e a diversidade de objectos, que se offerecem á vista deste succinto resumo, que faço a V. S.ª e que deduzo de huma parte da sua referida carta, requeria huma larga, e circumstanciada resposta sobre cada hum delles, se a falta de tempo, que só permitte fixar a attenção de V. S.ª sobre materias mais remarcaveis, e importantes, me não embaraçasse entrar em maior, e mais detalhado exame; não posso porém deixar de fazer observar a V. S.ª o quanto se faz reparavel que nesse Estado se ignorassem por tanto tempo as intelligencias e negociações, que o Sunda entretinha com o Bounsuló, com os Marathas, e com os Chefes do seu exercito, principalmente na occasião, em que se fazia mais necessaria toda a cautella, e vigilancia em indagar e observar todos os seus passos, como tantas, e tão repetidas vezes se tem recommendado desta Côrte, e não parece menos extraordinario o receio, que ahi se concebeu de que o Sunda fugisse desse Estado para procurar a protecção dos Inglezes, ou Marathas, sendo faceis os meios de prevenir, e de acautellar a sua evasão, muito mais achando-se V. S.ª instruido em consequencia das Reaes Ordens de Sua Magestade, participadas por carta escripta ao seu predecessor Dom Frederico Guilherme de Sousa, em data de 23 de Fevereiro de 1782, que principia pelas palavras «Na carta que acabo de escrever a V. S.ª» que no caso de não bastarem os meios de persuasão, e de não serem sufficientes todas as mais pre-

cauções, que for possivel praticarem-se a fim de embaraçar que o Rey Sunda se retire desse Estado, se deveriam empregar até os da coacção. 1792 Fevereiro 26

16. Emquanto ao soccorro occulto, e não manifesto, com que se deveria auxiliar o Sunda, e ao Tratado de cessão, que com elle se concluiu, direi sómente a V. S.ª que parecendo huma verdadeira ficção tudo quanto a V. S.ª communicou o Sunda sobre os offerecimentos dos Marathas para lhe restituir os dominios do Reino de Sunda, e que observando-se huma manifesta contradicção quando se combina a promessa desta restituição com o supposto Tratado celebrado entre os Inglezes, os Marathas, e o Nababo Aly sobre a divisão das conquistas que se fizessem contra o inimigo Tipú Sultan, facilmente se podia fazer conhecer ao mesmo Sunda quanto eram vãs, e mal fundadas as suas esperanças, e declinando-se por este modo a requisição que pedia, e despresando-se a conclusão de hum Tratado, que se o mesmo Sunda viesse hum dia a achar-se em estado de o dever executar, o poderia declarar nullo, e de nenhum vigor, allegando ter-lhe sido extorquido com violencia e constrangimento, ainda quando assim não fosse; e como o direito porque a Côrte de Portugal possue as provincias cedidas pelo referido Tratado, he fundado em huma justa, e legitima conquista, feita pelas armas Portuguezas sobre os Marathas, que então possuiam as referidas Provincias, se fazia desnecessario outro qualquer titulo para convalidar os direitos incontestaveis desta Corôa relativamente aos sobreditos dominios: suspenderam-se em fim estas complicadas negociações com a noticia que V. S.ª recebeu de se terem divisado no ilhote de Xampim humas pallas com bandeiras, que se duvidava se eram Inglezas ou Marathas, e suspeitando algum intento da parte de huma ou outra destas duas Nações de se apoderarem do Piro, entendeu V. S.ª não dever perder mais tempo; e reconhecendo a importancia de prevenir os projectos que se manifestavam contra aquella Praça, nomeou V. S.ª para este effeito ao Marechal de Campo Francisco Antonio da Veiga Cabral, confiando-lhe o commando de hum corpo de 800 homens, que

1792 Fevereiro 26 se achava acampado em Polem, que V. S.ª mandou reforçar com mais 350 homens, e conferindo lhe os mais amplos poderes na escolha dos meios, que lhe parecessem mais proprios para conseguir o intento de conquistar o Piro. Marchou o dito Marechal com este corpo de tropas de 1:150 homens, e tendo feito alto a meia legua distante daquella Praça observou que ella se achava bloqueada, e tendo participado a V. S.ª esta novidade, lhe respondeu V. S.ª por carta que vem por copia n.º 22 entre os documentos, que acompanham a que V. S.ª me escreveu a 18 de Abril do anno proximo passado, dizendo «que no caso que o Governador do Piro se não resolvesse a entregar aquella Praça pelos meios da persuasão, e que por este motivo se fizesse mais difficil a expugnação da referida Praça, deveria elle Marechal considerar que o não se tomar o Piro na presente occasião, seria causa de terriveis, pessimas, e embaraçadissimas consequencias; e que se nos reduzissemos a hostilizar simplesmente aquella Praça, seria cousa a que só poderia competir o nome de desgraça, e desgraça de primeira ordem», acrescentando V. S.ª que, «se para consumar a referida conquista necessitasse, elle Marechal, algum, ou alguns dos Officiaes, que se achassem naquelle Estado, ao menor aviso que fizesse a V. S.ª os faria logo marchar; e que se para tentar algum golpe de mão precisasse de maior numero de forças militares do Estado, poderia contar com ellas até áquelle ultimo ponto, que elle Marechal sabia que V. S.ª o poderia fazer pelo conhecimento que elle tinha das que havia deixado no Estado».

17. Com esta firme e decisiva resolução, digna dos sentimentos de huma pessoa da qualidade de V. S.ª e tão necessaria quando se trata dos interesses, e gloria do Estado, se poz o dito Marechal em marcha, conseguindo apoderar-se da referida Praça com o feliz successo que consta pelo jornal, e relação do mesmo Marechal, que V. S.ª me remetteu por copia debaixo do n.º 14.

18. Entretanto porém que o referido Commandante effectuava com tanta felicidade, accordo, e desembaraço a empreza, de que V. S.ª o tinha encarregado, e para a prompta

execução da qual o havia V. S.ª pouco antes excitado com as mais acertadas considerações, e com os mais decorosos estimulos, succedeu receber V. S.ª dois protestos dos Cabos Marathas, pelos quaes requeriam V. S.ª que fizesse retirar as tropas do Estado, e abandonasse o intento da conquista do Piro, com o pretexto de se achar esta Praça bloqueada pelas tropas Marathas. 1792 Fevereiro 26

19. Estes dois protestos, que V. S.ª deveria ter desprezado, e que por nenhum motivo, qualquer que elle fosse, deveria alterar as acertadas, e vigorosas medidas, e a firme resolução que V. S.ª tinha tomado de emprehender, e consumar a todo o custo a tomada daquella Praça, em cujo successo se tinha compromettido o decoro, e reputação do Estado; produziram no animo de V. S.ª hum effeito tão contrario áquelle que se deveria esperar, que o determinaram a escrever ao dito Marechal a carta de 31 de Janeiro de 1791, pela qual representando-lhe V. S.ª a perplexidade, cuidado, e embaraço, em que se achava com a noticia da sua marcha contra o Piro, ao mesmo tempo que havia recebido os dois mencionados protestos dos Commandantes da esquadra, e exercito dos Marathas, lhe ordena que por qualquer modo que seja evite, e suspenda a resolução da conquista do Piro, visto não poder effectuar-se sem justo escandalo não só de Tipú Sultan, mas até dos Marathas, e dos Inglezes; que entretanto esperava com a maior ancia a resposta delle Marechal, e lhe recommendava com encarecimento o agasalho, com que devia tratar os Commandantes Marathas, achando-se as cousas em termos de haver com elles alguma negociação.

20. Com igual perturbação, e não menos extraordinaria, e incomprehensivel variedade de sentimentos, respondeu V. S.ª aos sobreditos Commandantes Marathas, declarando-lhes por escripto que as tropas portuguezas tinham marchado em auxilio do Sunda em contemplação de huma licença concedida ao mesmo Sundá por Parisrama Panta, General dos Marathas, pela qual lhe permittia que podesse conquistar os dominios, de que tinha sido despojado; e que nestes termos entendera V. S.ª que qualquer auxilio, que désse ao

1792 Fevereiro 26 dito Sunda na conformidade da dita licença, seria agradavel ao Felicissimo (que he o Soberano dos Marathas) [1], e que não tendo jamais sido do intento de V. S.ª que se commettesse hostilidade alguma contra os Marathas, expedia ordens as mais expressas ao Commandante das tropas portuguezas para que em obsequio do Felicissimo, não désse passo algum na conquista do Piro; recommendando-lhe que amigavelmente, e como se devia esperar tratasse com elles Commandantes Marathas os pontos essenciaes desta materia, para tudo se acabar sem discordia.

21. Succedeu por huma não esperada felicidade que a carta que V. S.ª escreveu ao Marechal de Campo, em que lhe ordenava suspendesse a conquista do Piro, não chegasse ás mãos daquelle Commandante, senão depois de haver marchado em presença dos Marathas, com todo o desembaraço, e regularidade até se aproximar da dita Praça, e de se haver apoderado della durante a noite, sem que as tropas dos ditos Marathas se atrevessem a fazer a menor opposição; mas ainda que se conseguiu por este modo, e pela prompta, e determinada actividade do Marechal em executar as ordens de V. S.ª salvarem-se as armas portuguezas do desagradavel, e injurioso desar, que lhes resultaria se abandonassem aquella empreza, deixando-a á disposição dos Marathas; nos ficou comtudo hum testemunho da nossa humilhação, e do terror, que temos concebido daquellas Nações, que em outro tempo tinhamos submettido e conquistado, na condescendencia com que nos prestâmos a obedecer aos seus arrogantes, e imperiosos dictames.

22. Não bastando para tranquillisar o animo de V. S.ª a inteira resignação, com que se prestou a satisfazer ás insultantes queixas dos chefes Marathas pela fórma, que resulta das respostas de V. S.ª aos dois protestos dos referidos Chefes, entendeu V. S.ª que devia repetir e fazer conhecer directamente a Tipú Sultan o terror e abatimento, em que nos

[1] Soberano de facto; mas sempre sob a ficção legal de ser Ministro, ou *Peixuá* do verdadeiro Soberano; e Rajá de Sattará.

achavamos, na carta que V. S.ª escreveu a Mirzan Caibe, Governador do Piro, assignada por V. S.ª, que vem por copia debaixo do n.º 30; e como o seu contheudo se faz digno de maior estranheza pela singular justificação, que V. S.ª nella faz, da conducta, e dos fins, com que presentemente se emprehendeu a tomada daquella Praça, transcreverei os artigos, que merecem serem observados. 1792 Fevereiro 26

23. Principia V. S.ª a referida carta com a narração da expedição, que no anno de 1768 se tentou contra o Piro, declarando que o intento, com que as tropas do Estado tinham então marchado para se apoderar daquella Praça, fôra para prevenir que ella não cahisse nas mãos dos inimigos de Aydar Aly (isto he, dos Inglezes, que eram os inimigos do dito Aydar Aly), e com o unico intento de não terem por visinhos do Estado outrem que não fosse este Potentado; mas reconhecendo V. S.ª a difficuldade de combinar este chamado serviço voluntario, e amigavel, com as vias de facto, e procedimentos hostis, que se praticaram contra a mesma Praça logo que o Governador della recusou a entrega, procura V. S.ª salvar esta manifesta contradicção, asseverando que as hostilidades que naquelle tempo commetteram as tropas do Estado, foram contra o Governador da Praça, e não contra o illustre Aydar Aly Kan.

24. Com os mesmos especiosos pretextos procura V. S.ª cohonestar as tentativas que se praticaram no anno de 1783 com o fim de determinar o Governador da referida Praça a receber nella a guarnição portugueza, que se lhe offerecia com a simulada promessa de a defender contra os inimigos do mesmo Potentado, que tambem eram os Inglezes, e não obstante conhecer V. S.ª que o sobredito Governador e Tipú Sultan, a quem V. S.ª desejava que a sua carta fosse presente, não podiam ignorar, nem terem-se esquecido dos enganos com que naquellas duas occasiões procurámos surprender os Governadores do Piro, refere V. S.ª comtudo aquelles dois successos, e os dessimulados fins que nelles nos propunhamos, como huma manifesta demonstração das sinceras e amigaveis intenções do Estado para com Aydar

1792 Fevereiro 26 Aly Kan; e na supposição de que o dito Governador houvesse de acreditar estes protestos, lhe declara V. S.ª que devendo-lhe ser já conhecido pelos dois citados factos, que o Estado não tinha ambição alguma a respeito do Piro, mas só sim o desejo de apartar de si qualquer outro vizinho, que não fosse Tipú Sultan, se tinha V. S.ª determinado a insinuar a elle Governador, por via do Dessay de Advota, estas amigaveis intenções, e participar-lhe todas aquellas noticias verdadeiras sobre os preparativos e disposições dos Inglezes, que elle Governador desejaria saber para tomar a resolução que lhe fosse mais conveniente; mas que não tendo elle querido assentir ás proposições de V. S.ª (que consistiam em acceitar guarnição portugueza na Praça do Piro com o pretexto de a defender contra os inimigos de Tipú) declarando que tinha forças para se defender, lhe fizera V. S.ª novamente significar que não tinha pertenção alguma sobre aquella Praça, e que os seus unicos desejos consistiam em não querer que ella cahisse nas mãos dos inimigos do Tipú Sultan, que eram os Inglezes, e os Marathas; porém, que observando V. S.ª que as cousas chegavam ao ultimo aperto, achando-se os Marathas batendo a referida Praça, e tratando com a guarnição a entrega della, mandára V. S.ª ao Marechal de Campo Francisco Antonio da Veiga Cabral, que se adiantasse com hum corpo de tropas portuguezas, e que repetindo a elle Governador os offerecimentos, que já se lhe tinham feito, se abstivesse de toda e qualquer hostilidade contra a dita Praça, e procurasse sómente impedir que della se apoderassem os inimigos de Tipù; mas que no caso que estes tentassem aquella conquista, os prevenisse, empregando os meios de a occupar amigavelmente; e que vendo o dito Marechal que a guarnição da referida Praça se dispunha entregal-a aos Marathas, se determinára a apoderar-se della sem commetter hostilidade alguma; que nesta certeza desejava V. S.ª que elle Governador pozesse na presença de Tipú Sultan as circumstancias do presente comportamento do Estado, e que esperava que aquelle Potentado o consideraria como hum acto de generosidade, conhecendo que o Estado não tinha obrado com outro fim diverso daquelle que teve nas duas antecedentes guerras, e que para encobrir aos inimigos delle Tipú estes favoraveis intentos do Estado, se tinha mandado arvorar bandeira do Sunda na referida Praça, posto que se tivesse guarnecido com tropa portugueza. 1792 Fevereiro 26

25. Esta carta, e participação que V. S.ª considera como o unico systema politico que se devia seguir nas criticas circumstancias em que V. S.ª representa esse Estado depois da conquista do Piro, e como o expediente mais seguro para acautellar o escandalo de Tipú Sultan, e as futuras consequencias, que delle se podem originar contra o Estado, bem longe de se poder contemplar no ponto de vista, em que V. S.ª expõe, se deve pelo contrario considerar como hum dos passos mais avessos e perigosos de todos os que se tem dado durante esta intrincada, e incomprehensivel serie de acontecimentos; e difficilmente se poderia excogitar expediente algum, qualquer que elle fosse, que expozesse mais esse Estado á funesta posição em que se acha.

26. Pela referida carta assignada por V. S.ª reconhece V. S.ª e declara ter auctorisado a correspondencia, que por sua ordem entreteve o Dessay de Advota com o Governador do Piro; e manifestando se pela mesma correspondencia a dissimulada aversão, que nesse Estado se tem concebido contra os Inglezes, e a formal hostilidade, que contra elles praticámos, communicando ao dito Governador para que o participasse a seu amo Tipú Sultan, as noticias de todos os preparativos de guerra, que os Inglezes faziam em Bombaim, e que destinavam contra o mesmo Tipú, constituindo-nos por esta fórma, com grande injuria nossa, espias deste Regulo, nosso capital inimigo, contra os ditos Inglezes, nossos naturaes alliados; e á vista deste inaudito comportamento póde V. S.ª muito bem comprehender o perigo a que expomos a reputação do nome Portuguez, o decoro na Nação, a segurança do Estado, e a conservação da amisade e alliança, que subsiste entre esta Côrte e a Gran Bretanha, se por infelicidade se descobre a falta de boa fé, com que alli nos com-

1792 Fevereiro 26 portámos contra aquella Nação, e a guerra, que occultamente lhe fazemos.

27. Este evidente perigo, e as consequencias, que delle podem resultar, bem longe de se poderem considerar como distantes e remotas, se devem pelo contrario temer como muito proximas e imminentes, porque sendo constante por huma não interrompida serie de factos o odio, e animosidade que Aydar Aly Kan, emquanto viveu, sempre conservou a esse Estado, e que transmittiu em seu filho Tipú Sultan, o qual a conserva cada vez mais viva, desde o momento em que succedeu a seu pae; achando-se presentemente resentido e irritado pelo que contra elle acabamos de praticar, se faz muito para receiar que queira satisfazer a sua vingança, principiando por descobrir aos Inglezes a correspondencia, que por ordem de V. S.ª se entreteve com o Governador do Piro, e os sentimentos que por ella mostramos ter contra a Nação Britannica, na certeza de que este desleal comportamento para com huma Potencia amiga e alliada vindo a manifestar-se, haja de provocar contra nós o resentimento, e inimizade daquella Nação, e pôr em maior contingencia a nossa existencia na India pela acquisição de hum inimigo tão poderoso.

28. Mas ainda que por este modo se não venha a descubrir a referida correspondencia, como he possivel que ella deixe de se manifestar logo que as Potencias belligerantes hajam de depor as armas, e se disponham a ouvir as proposições de paz, porque devendo tratar-se no congresso das mesmas Potencias, ou dos seus representantes, das conquistas que se fizeram durante a guerra, e determinar-se por hum Tratado as que devem ficar pertencendo ás Potencias victoriosas, e as que se hão de restituir ao inimigo vencido, deve necessariamente lembrar o Piro, e entrar-se no exame da razão, e motivos que tivemos para romper a neutralidade, em que nos achavamos, e para que de simples e indifferentes expectadores da guerra nos transformassemos repentinamente em conquistadores, sem que tivessemos tido huma prealavel intelligencia, nem concertado plano algum de ope-

rações com alguma das Potencias belligerantes, que podesse justificar o nosso extemporaneo rompimento. 1792 Fevereiro 23

29. Esta discussão, que indispensavelmente se ha de agitar naquelle congresso, deve necessariamente obrigar a Tipú Sultan a declarar que a conquista da Praça do Piro, que fizeram as armas portuguezas, fôra com intento de prevenir que aquella Praça cahisse nas mãos dos seus inimigos, e com a firme e expressa promessa de a restituir a elle Tipú Sultan logo que se concluisse a paz; e para comprovar plenamente que este fôra o unico intento, com que nos apoderámos daquella Praça, não he possivel que deixe de produzir a carta de V. S.ª de 21 de Fevereiro de 1791, escripta ao Governador do Piro, que assim o declara, e semelhantemente as outras tres, que por ordem de V. S.ª escreveu o Dessay de Advota ao mesmo Governador; nem tambem he menos para esperar, que pretendendo os Marathas, como hão de pretender, que se lhes entregue o Piro com o motivo que as suas tropas o tinham bloqueado quando as armas portuguezas se apoderaram delle, produzam os mesmos Marathas as cartas, que V. S.ª escreveu aos seus Chefes em resposta aos Protestos que lhe fizeram, pelas quaes declara V. S.ª que tomára a referida Praça para o Rey Sunda, na supposição que este procedimento seria do agrado dos mesmos Marathas, segundo a licença que o dito Sunda tinha obtido da Côrte de Punem para recuperar os Estados que Tipú Sultan possuia presentemente; e no proseguimento desta triste discussão he muito natural que lembre, e que se patenteie a negociação que o Emissario de V. S.ª abriu, e proseguiu com o Ministerio Maratha, e que pelos discursos do dito Emissario se descubram as Instrucções, com que V. S.ª o munio, a fim de indispor aquella Côrte contra os Inglezes, ordenando V. S.ª ao dito Emissario que em todas as occasiões, que se offerecesse de tratar com o referido Ministerio, exagerasse o demasiado poder dos ditos Inglezes na Asia, a soberba, arrogancia, e astucia, que formavam o caracter da Nação Britanica, e que tanto por esta consideração, como pelo seu grande poder e industria, viria a sua visinhança a ser mais

1793 Fevereiro 26 prejudicial e temivel para a Nação Marathа do que o era a de Tipú Sultan.

30. Á vista de huma semelhante exposição póde V. S.ª muito bem comprehender qual deverá ser a indignação não só de Tipú Sultan, e dos Marathas contra esse Estado, mas muito particularmente a dos Inglezes, e não menos qual poderá ser o embaraço e perplexidade em que se verá esta Côrte quando a de Londres pedir, como he muito natural que faça, huma explicação do comportamento hostil, que com ella praticámos na India.

31. Emfim o que conseguimos por esta desconcertadissima complicação de negociações foi o adquirirmos tres inimigos na Asia, em lugar de hum só, que antecedentemente tinhamos, em Tipú Sultan, o qual sendo natural que fique destroçado e abatido depois de huma tão prolongada guerra, teriamos indubitavelmente melhorado a nossa posição, se em vez das odiosas negociações acima indicadas, com que inutil e indecorosamente perdemos o tempo, o tivessemos aproveitado adoptando a unica resolução decorosa de atacar o Piro á cara descoberta, e de o conquistarmos á força de armas, expedindo depois de feita esta conquista hum Emissario a Bombaim, ou ao Commandante do exercito Inglez participando-lhe com a lizura, que convem entre Potencias alliadas, a resolução que tinhamos tomado de occuparmos aquella Praça, expondo os direitos que a ella tinhamos, que V. S.ª não ignora, e fazendo-lhe conhecer que esta resolução se tomára tambem em vista de fazer huma hostilidade a Tipú Sultan, inimigo commum de ambas as Nações, e com ella huma vantajosa diversão em favor das armas Britannicas, e conciliando nós por este modo a benevolencia das Potencias alliadas contra Tipú, teriamos conseguido sermos contemplados na paz geral, e teriamos consequentemente obtido que se nos conservasse e garantisse aquella conquista.

32. Porém, como em lugar de adoptarmos este plano tão conforme á boa fé, que sempre deve servir de base ao comportamento das Nações civilisadas, seguimos hum caminho

tão diametralmente opposto, com que segundo todas as apparencias temos revoltado contra nós as Potencias belligerantes. V. S.ª só depois de conhecer a triste situação, em que nos achâmos, he que recorre a esta Côrte para que daqui se lhe diga o que ha de fazer, se *Tipú Sultan, ou os Marathas lhe requererem a entrega e restituição da conquista que fizemos:* ao que devo dizer a V. S.ª que, ignorando-se aqui a situação, em que ficaram as cousas da India pelos successos da ultima campanha, que deverá ter terminado a guerra, e restabelecido a paz, não he possivel que nesta distancia se possa tomar huma resolução, que para ser acertada deveria ser combinada com as noticias do ultimo estado, em que as cousas ficaram; e como o tempo não permitte que estas possam aqui constar, devendo porém ser presentes a V. S.ª que se acha tão proximo do theatro da guerra, e das negociações de paz, por ellas poderá V. S.ª decidir-se a tomar a resolução, que lhe parecer mais opportuna, e mais propria para conservar illesa a segurança desse Estado, e a reputação do nome Portuguez; na certeza que as Praças, que se conquistam, a que como a do Piro temos hum incontestavel direito, e de que depende a segurança do mesmo Estado, não se adquirem para frouxamente se entregarem, mas sim para se defenderem até o ultimo extremo; se a constancia e firmeza nesse Estado podem fazer esperar que não arrisquemos por huma irresoluta e timida defeza os restos das possessões, e da gloria, que adquirimos nesse vasto continente. Em todo o caso porém, em que V. S.ª precise de conselho em negocio tão importante, attenda ao voto, e ao conselho do Marechal de Campo Francisco Antonio da Veiga Cabral, com preferencia ao do Chanceller, e dos outros Desembargadores, que são tão habeis e determinados nas decisões do que respeita ao fôro e á Relação, quanto irresolutos, inconsequentes, e timidos em negocios pertencentes ao Governo, e ao Estado, principalmente nas circumstancias complicadas, difficeis, e perigosas, em que esse presentemente se acha, e de que V. S.ª he responsavel a Sua Magestade.

1792 Fevereiro 26

Deus guarde a V. S.ª Palacio de Lisboa, em 26 de Feve-

1792 Fevereiro 26 reiro de 1792. — Martinho de Mello e Castro. — Sr. Francisco da Cunha e Menezes.

Resposta do Governador

(Arch. da India, livro das Monções, n.º 174, fol. 80.)

1. Ill.mo e Ex.mo Sr. — Facilmente poderá V. Ex.ª comprehender o quanto me seria sensivel ver na carta, que recebi de V. Ex.ª em data de 26 de Fevereiro do anno proximo passado, que apezar das minhas boas intenções, errei o caminho politico, que devia seguir na espinhosa situação, em que me vi, tanto pelo que toca ao Sunda, como ao Piro.

1793 Março 3

2. O respeito com que recebo as Instrucções de V. Ex.ª e as ordens de Sua Magestade, faria que nada mais accrescentasse ao que deixo dito, se não tivesse por necessario ao bem do serviço da dita Senhora explicar mais alguns factos, que foram resumidos na minha carta de 18 de Abril de 1791, e mostrar as ordens Reaes, que deram motivo a parte dos meus erros, talvez por mal entendidas, para que á vista de tudo possa o meu successor ter a felicidade, no caso de se ver em semelhantes embaraços, de estar munido de novas ordens, ou das mesmas que ha no Estado ampliadas, ou restringidas de sorte que os ditos meus erros lhe sirvam de lição para fugir delles, e para conhecer melhor os interesses do Estado.

3. Como não posso cumprir com esta dura necessidade, a que me vejo reduzido, sem extrahir proposições da dita luminosa carta de V. Ex.ª em que datalhadamente se mostram os meus desacertos, permitta-me V. Ex.ª que assim o pratique na certeza de que não póde ser do meu animo confutal-as, nem ainda em defensa propria; mas só sim, como deixo dito, aclarar o meu procedimento a respeito de humas, e mostrar quanto ás outras as razões, e ordens Reaes, em que me fundei.

4. Depois de V. Ex.ª haver recopilado até o fim do § 5.º da dita carta de 26 de Fevereiro do anno proximo passado a minha de 18 de Abril de 1791, me diz em summa nos §§ 6.º

e 7.º: Que devendo-se saber neste Estado o horror, e indignação, que causou a essa Côrte o procedimento do Governador e Capitão General D. João José de Mello, quando em 1768 se quiz apoderar da Praça do Piro com o falso pretexto de a guarnecer em beneficio de Aydar Aly Kan, não era de esperar que se vissem renovar nelle enganos reprehendidos, e reprovados por tantas e tão repetidas vezes. 1793 Março 2

5. Posto que o facto respectivo ao dito D. João José de Mello consta nesta secretaria por modo tão differente, que lhe tira todo o horror, como depois declararei a V. Ex.ª, me parece que de qualquer sorte que seja, nunca o meu procedimento poderia trazer comsigo horror ou indignação a Sua Magestade, porque não declarei á dita Senhora, nem a V. Ex.ª que quando fiz escrever por hum desconhecido, e insignificante Dessay de Canacona ao Quiladar do Piro para que deixasse guarnecer aquella Praça pelas tropas do Estado, tivesse intento de falsear qualquer palavra, que desse, ou houvesse de dar ao mesmo Quiladar. Contentava-me de segurar o Piro, e de evitar o grandissimo risco, que correrá sempre o Estado todas as vezes que esta Praça for possuida pelos Inglezes, como V. Ex.ª demonstrou com os mais profundos conhecimentos ao meu predecessor em carta de 18 de Março de 1784, desde o § 5.º, e como hoje experimentam os Hollandezes com o que lhes succede em Cochim, tornando-se-lhes inutil aquelle estabelecimento com a vizinhança dos mesmos Inglezes; alem de que era bem de esperar que com o fim da guerra se podessem reduzir as cousas a termos de conservar o Estado a posse do Piro, sem faltar á boa fé, ou ficando Tipú sem o Reino de Sundem, e a costa do Canará, como consta que esteve em termos de acontecer, cedendo-a aos Inglezes em vez da do Malabar, ou sendo inteiramente arruinado, como era bem de suppor que o fosse, á vista de tantas forças combinadas.

6. Se porém eu tivesse intento de me apoderar simuladamente do Piro com o falso pretexto de guarnecer aquella Praça contra os Inglezes, ainda assim me parece que esta acção seria licita, em attenção á legitima e indispensavel ne-

1793 Março 2 cessidade do Estado, porquanto vejo que nas Instrucções, que por ordem do Senhor Rey D. José, que está em gloria, trouxe ao Estado o Governador e Capitão General D. José Pedro da Camara em 1774, considerando se a utilidade, que o Estado teria em cobrir as suas fronteiras com as Provincias de Bicholim, Manerim, e Sanquelim, pertencentes então ao Bounsuló, se ordena que no caso de se não adquirirem por meio de algum Tratado feito com aquelle Regulo, se occupem na primeira occasião que se offerecer de lhe dar soccorro contra os Marathas, e que se não evacuem, legitimando esta acção no § 49.º da 5.ª Instrucção, pelo modo seguinte:

7. «Esta simulação, que em quaesquer outras circumstancias seria incompativel com a boa fé, que sempre tem por base as ordens de El-Rey meu Senhor, se fará no figurado caso justa e necessaria: por huma parte em razão da habitual perfidia desse Regulo, contra cujas repetidas infidelidades não póde haver outra segurança, que não seja a da referida precaução: e por outra parte tambem a faz licita a legitima e indispensavel necessidade da defeza do Estado, não podendo ter este outra segurança contra as invasões dos Marathas, que não seja a de conservar guarnecidas, e sustentadas com as suas tropas aquellas tres Provincias.»

8. Parecia-me que esta Instrucção era terminante para o caso, de que se tratava, e que ainda havia no tempo da proxima guerra mais razão para julgar necessaria á indispensavel defensa do Estado a acquisição do Piro, do que em 1774 a de Bicholim, Manerim, e Sanquelim; pelo que com o mesmo fim acima dito de tirar ao meu successor, por mais illuminado que o deva julgar, todos os motivos de se illudir com o sobredito paragrapho, determinará Sua Magestade se a razão delle deve subsistir, declarar-se, ou reformar-se.

9. No fim do dito § 7.º me diz V. Ex.ª que era acertada a opinião do Tenente General[1] de que esta empreza se devia regular segundo os progressos, e abatimento do Tipú.

[1] Francisco Antonio da Veiga Cabral, promovido a este posto como consta da seguinte carta do Secretario de Estado Martinho de Mello e Castro ao Governador Francisco da Cunha e Menezes:

10. Permitta-me V. Ex.ª de lhe dizer a isto que semelhante opinião occorria aqui facilmente, e que bem se conhecia que para tomar huma acertada resolução nesta materia, seria necessario ver, ou adivinhar o fim da guerra, mas he certo que se se quizesse observar em inacção os progressos da dita guerra, e as vantagens, ou abatimento do Tipú, só se poderia vir no conhecimento disto quando não houvesse tempo de obrar cousa alguma contra a Praça, o que em parte assim aconteceu, porque em razão de semelhantes observações he que o procedimento do Estado foi feito em tempo, em que a dita Praça estava já de algum modo investida pelos Marathas, sendo certo que, se mais se esperasse, estaria tomada, ou pelos ditos Marathas, ou pelos Inglezes. 1793 Março 2

11. No § 8.º me diz V. Ex.ª, que sem embargo de eu considerar que os pareceres do Chanceller e do Tenente General eram mais proprios para se escreverem, do que para se executarem, me determinei ainda assim a tentar segunda vez os meios das negociações, abrindo huma com a Côrte de Punem por meio de hum Cabo do Estado, que lhe dirigi.

«Sua Magestade tendo consideração aos distinctos serviços, que o Marechal de Campo Francisco Antonio da Veiga Cabral lhe tem feito nesse Estado, obrados desde o anno de 1782, em que chegou a elle, atacando e derrotando as tropas do Bonsuló em dezembro do dito anno, e soccorrendo a Fortaleza de Sanquelim, que se achava bloqueada pelo dito Regulo: entrando no Paiz do mesmo Regulo em Abril de 1783, tomando lhe Alorna, arrazando a Fortaleza immediata da Montanha, e apoderando-se de outras terras, que hoje formam huma boa parte da nossa barreira; o que obrigou ao dito Bounsuló a recorrer ao Maratha, pedindo-lhe a sua mediação para obter a paz do predecessor de V. S.ª que ultimamente conseguiu por hum Tratado celebrado com V. S.ª e pelas cessões nelle feitas dos dominios, que o dito Marechal conquistou, mediante as quaes foi o dito Bounsuló soccorrido por ordem de V. S.ª contra o Rajá de Collapur, que tinha devastados e continuava a devastar e destruir os dominios do referido Bounsuló, ameaçando a sua capital, e encarregando V. S.ª do dito soccorro ao Marechal de Campo Francisco Antonio da Veiga Cabral, marchou elle com a maior promptidão á testa de 3:000 homens, entrando com elles nas terras do mesmo Bounsuló, e ao primeiro encontro das suas tropas ligeiras com o Rajá de Collapur, abandonou elle aquelles districtos fugindo precipitadamente até os eva-

1793 Março 2 12. Sendo o principal fim, a que mandei o Cabo Vital Ráo Gorqui a Punem, o examinar o estado das negociações do Rey Sunda, e as noticias e progressos da guerra dos Alliados contra Tipú Sultan, conformando-me nesta parte com o parecer do Chanceller José da Rocha Dantas e Mendonça, que debaixo do n.º 2 remetti a V. Ex.ª com a minha de 18 de Abril de 1791, me parecia que não só não havia sido imprudente, mas sim util nas circumstancias, em que estava o Estado, a expedição do dito Cabo, muito principalmente quando V. Ex.ª veria pelas Instrucções, que lhe dei, e que dirigi a V. Ex.ª por copia debaixo do n.º 3 com a dita minha carta de 18 de Abril de 1791, que collorei a hida delle com o pretexto de huma romaria, e lhe não mandei por então tratar directamente negociação alguma, mas sim observar, e informar. A experiencia mostrou que esta minha antecipação foi util, porque quando o Estado se apoderou da Praça do Piro com escandalo dos Marathas, que a estavam de algum modo

cuar de todo: ultimamente determinando-se V. S.ª a restaurar a Praça do Piro, que se achava em poder de Tipú Sultan, e a fazer a dita conquista em circumstancias tão difficeis, e escabrosas, como eram as de se achar a dita Praça bloqueada pelas tropas do Maratha, o que não obstante, encarregando V. S.ª este importante serviço ao sobredito Marechal de Campo, marchou este á testa de hum corpo de 1:200 homens, pouco mais ou menos, e approximando-se da referida Praça, que encontrou effectivamente bloqueada, se avançou com a maior intrepidez, e dentro de poucos dias se apoderou della, sem que os ditos Marathas se atrevessem a disputar-lhe, ou embaraçar-lhe o passo, nem a entrada na mesma Praça: e tendo os sobreditos serviços, e a importancia delles merecido a Real approvação, em demonstração della houve Sua Magestade por bem nomear ao referido Marechal de Campo Tenente General dos seus exercitos, com o mesmo commando das tropas desse Estado, debaixo das ordens de V. S.ª: e igualmente foi a mesma Senhora servida confirmar ao sargento mór José Tristão Vaz da Veiga Cabral no posto de Tenente Coronel de Cavallaria, em que V. S.ª o nomeou, com o mesmo exercicio de Ajudante de Ordens do sobredito Tenente General.

«Deus guarde a V. S.ª Lisboa, 29 de Fevereiro de 1792.—Martinho de Mello e Castro.—Sr. Francisco da Cunha e Menezes.

(Arch. da India, livro das Monções, n.º 174, fol. 32.)

atacando, tive em Punem quem mostrasse a razão do procedimento do mesmo Estado, e désse por falsas as informações dos Cabos Marathas. 1798 Março 2

13. No § 9.º e seguinte me mostra V. Ex.ª a imprudencia, que tive em dizer ao sobredito Cabo Vital Ráo Gorqui no § 8.º das suas Instrucções: «Que em occasiões opportunas, e particulares, que tivesse com algumas pessoas do Ministerio Maratha, encarecesse o demasiado poder, com que os Inglezes estão na Asia, e como se têem sabido valer das conjuncturas favoraveis para avançarem os seus dominios e commercio, o qual bem se mostra que querem fazer inteiramente seu, para sem concorrentes poderem vender e comprar pelos preços, que quizerem, com a soberba e arrogancia, que faz o caracter daquella Nação, sendo natural que este desmedido poder, astucia, e monopolio venha a ser prejudicial á Nação Maratha, e ao seu commercio, pelo que o Dominante de Punem, *que obra com acerto em castigar a soberba de Tipú Sultan,* deve estar attento a huma Nação Européa, cuja riqueza, poder, e industria lha podem fazer mais prejudicial com a sua vizinhança do que lhe he a de Tipú Sultan.»

14. Se eu mostrar que o sobredito paragrapho foi fundado em ordens Reaes, que ha neste Estado, parece-me que deixará de ser attribuido a imprudencia minha.

15. Podia citar a este respeito a Carta, que por essa Secretaria de Estado foi escripta ao Vice-Rey Conde de Sandomil em data de 14 de Abril de 1739, em que da parte de Sua Magestade se diz: «A Companhia Ingleza da Asia nos não merece attenção alguma, e que antes a insolencia do seu procedimento (falla do auxilio que deu aos Marathas para nos expulsarem da Ilha de Salcete) pode por huma justa retribuição que em qualquer occasião, que se apresente para o futuro de embaraçar os seus interesses, e abater o seu poder e orgulho, não poupe o Estado este inimigo occulto». Porém como esta ordem parecerá muito antiga, servir-mehei de outras mais modernas, e que verdadeiramente me levaram a dar ao dito Cabo a mencionada Instrucção.

1793 Março 2 16. Seja a primeira a que se lê no § 7.º das Instrucções dadas pelo Senhor Rey D. José I, que está em gloria, ao Vice-Rey Conde de Louzã em data de 9 de Abril de 1765, que diz assim:

17. «Para cumprires com aquella urgencia (refere-se á necessidade que ha de obstar aos Inglezes, tratados nos paragraphos antecedentes pelos mais infestos e prejudiciaes inimigos do Estado) procurareis por huma parte empregar *toda a desteridade, e todo o artificio em desunires, e alienares os sobreditos Potentados da India da amizade dos Inglezes,* como estes o tem praticado até agora em prejuizo dos meus dominios, usando comtudo nestas negociações de terceiras pessoas, e de cautelas taes, que ou se conserve o segredo, ou não haja nellas facto, que os referidos Inglezes nos possam imputar.»

18. E seja a segunda a que se lê no § 8.º da Instrucção 6.ª dada ao Governador e Capitão General D. José Pedro da Camara com approvação do dito Senhor Rey D. José I, onde quasi pelas mesmas palavras se diz o seguinte:

19. «Por huma parte procurará V. S.ª *fazer todo o bom uso do rancor de Aydar Aly Kan contra os ditos Inglezes, e empregar toda a desteridade, e todo o artificio em alienar delles os outros Regulos da costa do Malabar, Surrate, e Diu,* da mesma sorte que elles o tem praticado contra nós. Empregará porém V. S.ª terceiras pessoas confidentes, ou interessadas nestas negociações, e usará nellas de precauções tão disfarçadas que o segredo dellas se conserve, ou pelo menos não haja nellas prova alguma dos factos, que os referidos Inglezes quizerem imputar-lhe.»

20. Nestes termos me parece que sendo o fim politico do mencionado § 8.º da minhas instrucções dadas ao Cabo Vital Ráo Gorqui o mesmo que se contém nas Regias Instrucções acima referidas, nada tenho que me justificar a este respeito, e que não posso ser notado de imprudencia, muito principalmente quando não faltei ás cautellas recommendadas nellas, por quanto a dita minha Instrucção foi escripta em cifra, e confiada de hum Cabo do Estado, que tem dado provas da

sua fidelidade em varios negocios politicos, que manejou no tempo de meus predecessores, levando a expressa clausula de não tratar da referida materia senão *em occasiões opportunas e particulares*, o que ainda lhe recommendei mais especial e circumstanciadamente no § 20.º das outras Instrucções, que lhe dirigi a Punem em data de 3 de Fevereiro de 1791, e que remetti a V. Ex.ª com a dita minha carta de 18 de Abril do dito anno debaixo do n.º 31, onde se lê o seguinte: «que fará (a dita declaração) sempre com toda a cautella, se vir que não ha receio de que ella chegue aos ouvidos do Ministro Inglez, que se acha em Punem», por cuja razão havendo o dito Vital Ráo tocado levemente nesta materia a Bairó Panta, por quem são apresentados ao Ministerio Maratha os negocios estrangeiros, ou ao menos os dos Europeus, e persuadindo-o este a que fallasse sem rebuço, receou o sobredito Cabo de o fazer sem ordem positiva minha, o que me deu occasião a mandar-lhe que nada mais dissesse, porque via que o Ministerio Maratha estava com tanta desconfiança dos Inglezes, quanta referi a V. Ex.ª em carta de 20 de Abril do anno proximo passado, pelo que me não era necessario augmentar-lha. 1793 Março 2

21. Conheço que os interesses do Estado devem ceder aos do Reino, a quem he util, e talvez indispensavel a alliança da Nação Britannica; mas se aqui se deve ver em profundo silencio, e inteira inacção, sem que directa ou indirectamente se obste á especie de cerco, e inutilidade, em que os Inglezes vão pondo este estabelecimento Portuguez, pelo modo que V. Ex.ª com as maiores luzes, e conhecimentos demonstra na illuminadissima carta, que dirigiu ao meu predecessor em data de 16 de Marco de 1781; e se estamos na dura necessidade de perdermos Goa, assim como os Hollandezes estão em vesperas de perder Cochim, julgo necessario que Sua Magestade declare isto ao successor que espero, derogando as ditas mencionadas ordens, por onde me regi.

22. No § 11.º me diz V. Ex.ª tambem em summa que a materia do dito § 8.º da minha Instrucção era muito imprudente, visto que se movia a guerra contra o mais temivel, e

1793 Março 2 irreconciliavel inimigo do Estado, para cuja destruição pedia a nossa conservação, e segurança da India que cooperassemos.

23. Torno a repetir a V. Ex.ª o respeito, e alta consideração, com que recebo as Instrucções, que V. Ex.ª me dá sobre os interesses do Estado, porque devo sinceramente confessar que sim lhe julgava util o abatimento de Tipú, por cuja razão no dito reprovado § 8.º das minhas mencionadas Instrucções ordenei a Vital Ráo Gorqui que dissesse que o Dominante de Punem obrava *com acerto em castigar a soberba do dito Regulo*, mas que não me parecia lhe fosse conveniente o seu inteiro abatimento, quando delle resultasse consideravel grandeza aos Marathas, e principalmente aos Inglezes. Tinha o Tipú por hum Regulo, que conservava aversão ao Estado, mas que era bem natural que considerasse lhe seria muito e muito difficultoso, e provavelmente impraticavel o expulsar-nos da Ilha de Goa, e das duas importantes Praças de Aguada e Mormugão, emquanto nellas tivessemos mantimentos, dado que invadisse as Provincias, como declarei a V. Ex.ª em carta de 4 de Março de 1790, sendo em qualquer acontecimento livre a Sua Magestade o soccorrer o Estado, e empregar contra Tipú as forças da Nação, sem comprometter os interesses particulares do Reino: e considerava os Inglezes como se contemplam nas ditas Instrucções dadas ao Vice-Rey Conde de Sandomil, e ao Governador e Capitão General D. José Pedro da Camara, pelos maiores inimigos do Estado dentre as Nações Europeas estabelecidas na Asia, tendo por difficil o obstar-lhe em razão da antiga e estreita alliança, que ha na Europa. Por estas razões me parecia consistir a conveniencia do Estado em que huns e outros se cançassem com a presente guerra, sem que fosse consideravel o augmento de poder, que o exito della trouxesse a qualquer delles. Os Marathas assim o consideraram, porque logo que viram assoladas, e devastadas as terras do Tipú, rendidas muitas das suas Praças, e em termos de ser tomada Seringapatana, ordenaram absolutamente, por assim o dizer, de accordo com o General de Nizama Aly ao Lord Cornwalis

que fizessem a paz, e que suspendessem o ultimo golpe, que estavam em termos de dar áquelle Regulo. 1793 Março 2

24. No § 12.º me diz V. Ex.ª em summa que se não admiraria de que os Inglezes nos atacassem repentinamente, sabendo que não só commetteramos contra elles a hostilidade de lhes alienar, e afugentar os proprios alliados, indispondo o animo dos Marathas, mediante as suggestões, que constam do dito § 8.º mas que até servimos de espias a Tipú Sultan para o avisarmos de todos os movimentos, e preparativos, que contra elle faziam os Inglezes em Bombaim.

25. Como deixo mostrado que o dito § 8.º das minhas mencionadas Instrucções se fundou nas ordens Reaes, que achei no Estado, devo só explicar a V. Ex.ª as cautellas, de que usei, nas tres cartas, que em meu nome foram dirigidas ao Quiladar do Piro noticiando-lhe os preparativos, que os Inglezes faziam em Bombaim, porque creio que em razão destas tres cartas he que V. Ex.ª diz que servimos de espias a Tipú Sultan.

26. Quando o meu predecessor no anno de 1783 viu o Piro ameaçado pelos Inglezes, e que seria bem perigoso ao Estado tentar publicamente a conquista daquella Praça pelo risco a que se expunha de voltar Tipú as armas contra o mesmo Estado, logo que se desembaraçasse da guerra, em que estava envolvido, tentou de persuadir o respectivo Quiladar a que lha entregasse, como referiu a V. Ex.ª em carta de 8 de Março de 1785, e para este fim se valeu de hum insignificante morador de Canacona, que, posto que tem o nome de Dessay, não passa de ser hum miseravel vargeiro, nascendo a razão da sua escolha de ter o dito Dessay alguns parentes na jurisdicção da sobredita Praça. Seguindo portanto estas idéas, que não via reprovadas por Sua Magestade, julgando que haviam sido do seu Real agrado, e conhecendo que não devia dirigir ao dito Quiladar cartas authenticas, que fizessem alguma prova contra o Estado, escolhi o mesmo Dessay para escrever as ditas tres cartas, que a todo o tempo se podiam, e podem dar por apocriphas, e por forjadas pelo proprio Tipú. A mesma cautella tive com a carta

1793 Março 2 que escrevi ao primeiro Quiladar do Piro logo que foi tomada aquella Praça, como depois declararei melhor a V. Ex.ª em logar proprio, de sorte que só he authentica a carta que o Tenente General escreveu ao Quiladar em data de 27 de Janeiro de 1791, que remetti a V. Ex.ª por copia debaixo do n.º 24 com a dita minha de 18 de Abril do mesmo anno, onde V. Ex.ª verá debaixo do n.º 20 huma carta minha da mesma data, com que eu queria acautellar a declaração feita na do dito Tenente General.

27. No § 13.º deduz V. Ex.ª da combinação dos factos, e da conducta, que houve no Estado relativa ás Potencias belligerantes, que por huma incomprehensivel mudança de systema se consideram presentemente no Estado os Inglezes como os mais perigosos inimigos, que nos podem avisinhar, e Tipú Sultan, pelo contrario, como vizinho, cujo poder nos convem conservar illeso, não obstante ter este Potentado herdado, e nutrido o odio e rancor, que seu pae tinha concebido contra o Estado, mostrando isto em nos fechar os portos do Canará, emquanto as guerras, em que estava envolvido lhe não deixavam voltar as armas contra o mesmo Estado.

28. Tendo já acima declarado a V. Ex.ª o juizo, que fazia dos Inglezes, e do Tipú a respeito do Estado, e que considerando a ambos por inimigos delle, tinha os Inglezes por mais perigosos; só me acresce aqui dizer a V. Ex.ª que este identico juizo se tem feito no Estado desde que elles tomaram posse de Bombaim: sendo o primeiro que prognosticou a perca do Norte o mesmo Vice-Rey Antonio de Mello e Castro, que bem a seu pezar se viu obrigado a entregar-lhe aquella Ilha, o que parece concorda com o que o dito Senhor Rey Dom José, que está em gloria, declára no § 4.º e principalmente no 5.º das mencionadas Instrucções dadas ao Vice-Rey Conde da Louzã, que principia pelas palavras «Entre as mesmas Nações Europeas deveis ter entendido que a Ingleza, sendo minha alliada, he que tem sido mais infesta, e mais prejudicial aos meus dominios» de que não differe a referida Instrucção 6.ª dada ao Governador e Capitão General D. José

Pedro da Camara, por quanto declarando-se no § 2.º della: «Que os mais entranhaveis emulos, e os maiores inimigos do Estado não são os Asiaticos; mas sim os Europeus» se diz no § 4.º seguinte que «sendo a côrte de Inglaterra a unica, e mais util alliada de Portugal na Europa, e sendo por isso a que Sua Magestade mais contempla, e deve contemplar, são apezar de tudo isto os Inglezes summamente infestos, e prejudiciaes aos dominios do dito Senhor, depois que com errada politica lhes cedeu esta Côrte a Ilha e porto de Bombaim pelo Tratado matrimonial de El-Rey Carlos II com a Serenissima Senhora Infanta D. Catharina». Parecendo que estas mesmas considerações deram motivo ás quatro cautellas, que V. Ex.ª insinuou a respeito dos mesmos Inglezes ao meu predecessor na magistral, e nunca assaz louvada carta de 18 de Março de 1784. 1793 Março 2

29. Permitta a Divina Providencia favorecer a causa do Estado, e que não seja mais nocivo a este nosso Estabelecimento o augmento do poder e dominio, em que ficaram os Inglezes com o fim desta guerra, do que era o de Tipú antes della. O que por ora se vê he que se elles nos não obstam já á extracção do arroz dos portos do Canará, como V. Ex.ª receava no § 12.º da sobredita carta de 18 de Março de 1784, porque não ficaram possuindo os portos daquelle Reino, já nos não obstam á extracção da pimenta, como V. Ex.ª tambem receava no dito paragrapho, daquelles portos, que ficaram senhoriando, e dos do Reino de Travancor, derrubando em Calicut a nossa Feitoria, sem embargo dos protestos, que lhe fez o Vigario daquelle porto Gabriel Gonçalves, como elle me refere em carta de 6 de Dezembro do anno proximo passado, indignados provavelmente de que Tipú a houvesse deixado illesa, quando desceu a Calicut no anno de 1790 pelo modo que declarei a V. Ex.ª em carta de 23 de Fevereiro do dito anno.

30. No § 14.º me diz V. Ex.ª que eram bem difficeis de executar os soccorros occultos, e não publicos, que os Conselheiros votaram se deviam dar ao Sunda, porque elle só do Estado podia esperar estes soccorros.

1793 Março 2

31. Confesso a V. Ex.ª que conheço esta difficuldade, porque como os Conselheiros não hão de pôr em execução os seus pareceres, não cuidam muitas vezes de os ajustar á possibilidade della, e por isso no § 4.º da dita minha carta de 18 de Abril de 1791 disse a V. Ex.ª que elles eram mais proprios para se escreverem, do que para se executarem. Como porém posto que achava a sua execução difficil, não a tinha por impossivel, movido do exemplo e felicidade, com que no tempo do governo do Vice-Rey Conde da Ega se principiou a tratar a conquista de Pondá por meio do Sar Dessay Narbá Naique, attribuindo-a publicamente ao Sunda, e do bom exito da defensa, que durante o mesmo governo fez o Estado da Praça do Cabo da Rama por meio de hum Cabo gentio Rogú Saunto, e de hum Official João Marinho de Moura, que tem hoje o posto de Tenente Coronel, e que ainda que era filho de Goa, se podia dar por estranho em razão de ter andado no serviço dos Francezes, sem que jámais se arvorasse na dita Praça outra bandeira, que não fosse a do Sunda, e sem que deste manejo se seguisse prejuizo, mas sim reputação ao Estado. Portanto depois que firmei com o dito Sunda o Tratado do 1.º de Janeiro de 1791, não tive intento de que as nossas tropas se avançassem ao menos sem algum disfarce das fronteiras do Estado, porque sabendo de certo que o sobredito Sunda tinha intelligencias dentro da Praça, e que de quatro Cabos que havia nella, alem dos Quiladares, eram tres Canarás, que foram vassallos de seu pae, e lhe estavam tão affectos e entregues, que haviam persuadido o outro Cabo Mouro a não pegar em armas contra elle, julguei que nada mais era necessario do que apparecer nas visinhanças do Piro hum cunhado, e hum Ministro do Sunda, para que unindo-se-lhe o povo, ou alguns sipaes, lhe fosse entregue pelos referidos Cabos, cuja entrega com effeito se verificou por este mesmo motivo, pois que do Diario do Tenente General junto por copia debaixo do n.º 4 á dita minha carta de 18 de Abril de 1791, bem vê V. Ex.ª que aquella Praça não foi tomada á força de armas, nem por intelligencias, que a poder de dadivas tivesse o Estado dentro della, mas sim pelas mesmas que

havia a favor do Sunda, e que deixo acima referidas, como bem claramente se mostra tambem nos §§ 1.º e ultimo da carta do Tenente General em data de 29 de Janeiro de 1791, e que foi com a dita minha de 18 de Abril do dito anno por copia debaixo do n.º 20. 1793 Março 2

32. Do § 15.º da dita carta de V. Ex.ª devo deduzir as duas proposições seguintes: 1.ª que se faz reparavel que neste Estado se ignorassem por tanto tempo as intelligencias, e negociações, que o Sunda entretinha com o Bounsuló, com os Marathas, e com os chefes dos seus exercitos, principalmente na occasião, em que se fazia necessaria toda a cautella e vigilancia; e 2.ª que não parece menos extraordinario o receio, que se concebeu aqui de que o Sunda fugisse deste Estado, sendo tão faceis os meios de prevenir, e de acautellar a sua evasão, muito mais estando instruido em consequencia das Reaes ordens de Sua Magestade participadas por carta escripta ao meu predecessor em data de 23 de Fevereiro de 1782, que no caso de não bastarem os meios de persuasão, e de não serem sufficientes as mais precauções, que for possivel praticarem-se a fim de embaraçar que o dito Sunda se retire deste Estado se deveriam empregar até os de coacção.

33. Quanto á primeira proposição devo declarar a V. Ex.ª que não sei os meios certos, e evidentes, de que possa usar para não cahir na censura de ignorar por muito, ou por pouco tempo, ou talvez sempre as negociações, que o dito Rey Sunda tem fóra do Estado, quando Sua Magestade na hospedagem, que lhe dá, o manda tratar com tal delicadeza, que só para que não pareça que está preso, o não fez residir dentro da Praça de Mormugão. Estando elle na sua habitação de Santa Rosalia, em que Sua Magestade o manda andar livre, não lhe sendo absolutamente prohibido o fallar ou escrever, e tendo fóra do Estado pessoas, que foram vassallos de seu pae, que de lá mesmo abrem negociações, ou para ver se melhoram de fortuna com o restabelecimento deste Rey, ou para conseguirem delle dinheiro a bem das mesmas negociações, não póde haver vigilancia, nem despezas, e

1793 Março 2 peitas, que bastem para se descobrir semelhantes segredos; eu ao menos não tenho achado meio efficaz para isso, posto que busquei até agora todos os que me ministrou a minha tal ou qual prudencia, sendo hum delles o mandar Vital Ráo Gorqui a Punem, como deixo dito.

34. Quanto á segunda das ditas proposições affirmo a V. Ex.ª que não só era justo o receio, que tinha de que o Sunda fugisse do Estado, senão que elle fugirá cada vez que quizer, sem embargo da guarda que tem, e da vigilancia, que póde haver, estando nos termos, em que o manda estar Sua Magestade. No § 18.º da dita minha carta de 18 de Abril de 1791 recopilei todas as precauções, e coacções, de que me servi na critica situação, em que me via; posto que, para fallar a V. Ex.ª com toda a ingenuidade, não estava quieta a minha consciencia a respeito de alguns dos meus procedimentos. A dita carta de 23 de Fevereiro de 1782, em que Sua Magestade manda usar de coacção contra o dito Sunda, foi remettida por mim aos Conselheiros do Estado, quando lhes formalisei a primeira Proposta, que dirigi a V. Ex.ª por copia com a minha de 4 de Dezembro de 1790, e nenhum delles se atreveu a votar, ainda á vista della, que eu devia encarcerar o dito Rey, illudindo ambos o Quesito, que lhes fiz a este respeito, como V. Ex.ª terá visto nas suas respostas, que foram debaixo dos n.os 1.º e 2.º juntas por copia á dita minha carta de 18 de Abril de 1791. E na verdade sendo o dito Rey Sunda huma personagem, a quem Sua Magestade dá voluntaria hospedagem, mandando no § 66.º da Instrucção 5.ª dada ao Governador e Capitão General D. José Pedro da Camara, que seja tratado *com toda a attenção devida ao seu caracter soberano,* não me será possivel capacitar que a palavra *coacção* da sobredita carta de V. Ex.ª se deve estender a mais do que aquillo que puz em execução, e que incluisse ordem expressa de encarcerar o sobredito Rey, só porque me pedia licença para expedir duas pessoas, que tratassem da recuperação do seu Reino, e porque poderia talvez querer tratar della em pessoa, cousa que se lhe não declarou até agora por

prohibida, senão em tempo, em que não tinha idade para se deliberar. 1793 Março 2

35. Se sou notado de obrar com má fé na acquisição do Piro, e de renovar hum facto, que causou horror, e indignação nessa Côrte, sem embargo de ser praticado contra hum inimigo do mesmo Estado, e de concorrerem as circumstancias que deixo ditas; quanta mais razão teria, e tenho de crer sem duvida alguma que Sua Magestade e V. Ex.ª olhariam com horror e indignação qualquer acção, que obrasse contra o Sunda, pela qual violasse o direito das gentes, e profanasse a alta protecção de Sua Magestade, e a honra do Nome Portuguez. Nesse caso, que não era de esperar de mim, veria eu a reprovação da minha acção na Carta Regia, que o Senhor Rey D. José escreveu ao pae do dito Sunda em data do 1.º de Abril de 1768, e que foi por copia a V. Ex.ª debaixo do n.º 9 com a minha de 18 de Abril de 1791, onde se lêem com gosto e com respeito as seguintes palavras: «devendo contemplar na vossa pessoa o sagrado asylo da Minha Real Protecção á vossa soberania, a immunidade que lhe era devida, e o direito da hospitalidade.»

36. As seguintes Proposições são deduzidas do § 16.º da dita carta de V. Ex.ª: 1.ª que parece huma verdadeira ficção tudo quanto o Sunda me communicou sobre os offerecimentos, que lhe faziam os Marathas, de lhe restituirem o Reino, quando se combinam com o Tratado celebrado entre os Inglezes, e seus alliados a respeito das conquistas, que fizessem contra o Tipú; 2.ª que facilmente se podia fazer conhecer ao Sunda quanto eram vãs, e mal fundadas as suas esperanças; 3.ª que se o dito Sunda chegasse algum dia a termos de ver executado o Tratado de 17 de Janeiro de 1791, o poderia declarar nullo, e de nenhum vigor, allegando ter-lhe sido extorquido com violencia e constrangimento; e 4.ª que o direito por que a Côrte de Portugal possue as Provincias cedidas pelo referido Tratado, he fundado em huma justa e legitima conquista.

37. Quanto á primeira Proposição, o que posso certificar a V. Ex.ª he que o Ministerio de Punem nunca se atreveu a

1793 Março 2 dar por falso que Parisrama Bau houvesse permittido a Revaiá conquistar o Reino de Sundem a favor do mesmo Rey, posto que tivesse interesse em o negar, e que he constante e publico que o dito Revaiá tomou em nome do Sunda os fortes de Huddvem, Sambrane, e varios outros, arvorandolhe a bandeira do mesmo Sunda na vizinhança do dito General, e do seu exercito, não implicando isto segundo os estylos da Asia ao Tratado, que se dizia feito entre os alliados, porque tanto o Sunda, como os mais Regulos, a que Parisrama Bau offereceu a investidura dos seus dominios, ficava pagando á Côrte de Punem os mesmos tributos, que de tempo antigo lhe são devidos pelas respectivas terras, e que o mesmo Tipú lhe pagava quando as occupou, ou outros de nova convenção; e o que acaba de provar a certeza do sobredito facto, he que o Dessay de Quitur está de posse do seu Dessayado por virtude de outra permissão semelhante á que foi dada ao Sunda na pessoa de Revaiá, sem que o dito Tratado lhe obste.

38. Quanto á segunda Proposição, me parece que as razões, com que se tratava de desanimar o Sunda das suas esperanças, eram as unicas que occorriam, ou ao menos a mim, e aos Conselheiros do Estado não lembraram outras, e se na dita minha carta de 18 de Abril de 1791 não vão todas recopiladas, he porque seria impraticavel e fastidioso hirem nella por extenso tantos dialogos, quantas foram as conferencias, que houve sobre esta materia. O Sunda não he tão ignorante dos interesses do Estado, que não conhecesse o fim, com que era despersuadido de tratar da recuperação do seu Reino, e por isso diz o Chanceller José da Rocha Dantas e Mendonça no primeiro parecer que elle desconfia mais do Estado do que dos Marathas; provava a solidez das suas esperanças com os factos acima referidos, e se se lhe duvidava dellas, respondia claramente que taes quaes eram, lhe era util aproveital-as; e que Sua Magestade tanto lhe não tinha prohibido isto, que antes o animara sempre com o seu restabelecimento, o que comprovava com as duas Cartas Regias do 1.º de Abril de 1768, e 23 de Fevereiro de 1782,

que foram por copia debaixo dos n.os 5 e 9 com a dita minha carta de 18 de Abril de 1791. 1793 Março 2

39. Quanto á terceira Proposição, he certo que o dito Rey depois de restabelecido no seu Reino poderia quebrar o Tratado, que tinha feito com o Estado, mas isto só seria de receiar quando tivesse mais forças do que o mesmo Estado, e nestes termos me parece que estão todos os mais Tratados na Asia, onde não ha garantias de humas Potencias por outras; acrescendo que se a futura ingratidão do Sunda podia vir a ser de algum perigo, muito maior o devia eu considerar, ficando o dito Reino em poder, ou do Tipú, ou dos Marathas, ou dos Inglezes.

40. E quanto, finalmente, á quarta Proposição, não me compete duvidar, e menos impugnar o direito, com que a Côrte de Portugal possue as Provincias de Pondá, e Canacona, e a jurisdição do Cabo da Rama, cedidas pelo dito Tratado de 17 de Janeiro de 1791; não posso, porém, deixar de reparar em que de huma conquista justa e legitima, e certamente em tal caso gloriosa e util, se occultassem os factos, que deviam estar bem claros e patentes na Secretaria do Estado, o que succede tanto pelo contrario, que contra as ordens, e contra o estylo se não ajuntaram ao livro da *Monção* de 1763 a conta, que se deu a Sua Magestade da sobredita conquista, nem ainda a resposta dessa Côrte, occultando-se pelo mesmo modo o registo das primeiras Portarias, que se passaram para as cobranças dos foros daquellas Provincias. Isto, e o que ouço aqui a officiaes antigos e veridicos, me faz capacitar que essa Côrte não teve cabal informação dos manejos, que houve a este respeito, ommittindo-se talvez a narração de alguns factos, e dando-se apparente, e simulada côr a outros, contra o que pratico nas detalhadas e exactissimas contas, que dou a Sua Magestade, pôsto que a distancia deste governo, e os repetidos exemplos, muitas vezes felizes, me poderiam persuadir a fazer o contrario [1].

[1] Estão em seguida no registo riscadas estas palavras:
«Porém, de qualquer sorte que seja este direito, me parece que elle

1793 Março 2 41. Depois de V. Ex.ª haver transcripto no fim do dito § 16.º a carta, que dirigi ao Tenente General em data de 28 de Janeiro de 1791, declarando-lhe em summa que se não podesse entrar no Piro por meio de persuasão, era necessario que entrasse por força, nota V. Ex.ª a inconstancia de meu animo nos seguintes §§ 19.º, 20.º e 21.º, logo que recebi os Protestos dos Marathas, que deviam ser despresados, e que por nenhum modo deviam alterar as acertadas e vigorosas medidas, e firme resolução antecedente.

42. Para justificar esta inconstancia devo dizer a V. Ex.ª que quando escrevi a minha dita carta ao Tenente General, via transtornado o meu systema, que acima deixo referido, que consistia em soccorrer o Sunda occulta e indirectamente, sem que figurassem em publico as tropas do Estado, por não attrahir contra o mesmo Estado huma guerra do Tipú, de que em tal caso eu seria responsavel; pelo que como isto se não verificava, e as ditas tropas já haviam sahido publicamente das fronteiras do mesmo Estado, era inevitavel o escandalo do Tipú, e as consequencias delle, no caso de sahir da guerra com forças, e com animo de tomar satisfação do sobredito facto, em cujos termos já a seu respeito se não augmentava o risco em lhe tomar a mencionada Praça, e se se augmentava algum, não era comparavel ao dezar, que resultaria de se mostrarem os nossos intentos, e de se dizer que os não podiamos executar contra huma Praça arruinada, e mal guarnecida. Quando, porém, foram apresentados os Protestos dos Marathas, vi que as cousas mudavam em grande parte de semblante. Declaravam-me que tinham investido aquella Praça primeiro do que as tropas do Estado marchassem contra ella, e posto que neguei á Côrte de Punem semelhante facto, não ha duvida que elles haviam feito antes huma tal ou qual baiaria contra o Piro, e que estavam senhores da campanha quando marchou a nossa tropa, como

não póde ser mais justo, e mais legitimo do que aquelle, que o Estado tinha nas Provincias de Bicholim e Sanquelim, conquistadas pelo meu predecessor no Bounsuló.»

consta das mesmas cartas do Tenente General, em cujos termos he certo que huma Potencia, que na Europa obrasse como neste caso obrou o Estado, daria motivo a lhe declarar guerra a que estivesse nos termos, em que estavam os Marathas, e estando estes com as armas na mão com hum exercito sobre os Gates daquellas Provincias tão abundantes de gente, de dinheiro, e de tudo o mais que he necessario para a guerra em tanta desproporção do que ha em Goa, e seguros alem disto com tão fortes alliados, nenhuma difficuldade havia de voltar as armas logo contra o Estado, e de me ver eu nos embaraços, que V. Ex.ª póde facilmente considerar, antes de receber soccorro algum de Sua Magestade. 1793 Março 2

43. Alem disto quando respondi aos ditos Protestos conheci que nada obstava aos progressos do Tenente General; por quanto este me havia declarado por carta de 29 de Janeiro de 1791, que foi por copia a V. Ex.ª a n.º 26 com a minha de 18 de Abril do dito anno, que ficava em marcha para entrar naquella mesma noute no Piro em virtude do aviso, que a elle, e a Devayá, cunhado do Sunda, fizeram os quatro Cabos da guarnição da mesma Praça, cuja carta me foi entregue no dia 31 do mesmo mez; e os Protestos dos Cabos Marathas, que tambem foram por copia a n.º 27 com a dita minha de 18 de Abril de 1791, são escriptos a 24 do dito mez, e chegaram com elles a Goa os portadores no mesmo dia 31 de manhã, gastando no caminho sete ou oito dias; pelo que fazendo-os, como fiz, demorar todo o dia sem resposta, e sendo natural que gastassem com pouca differença outro tanto tempo para chegarem com ella ao Piro, bem vê V. Ex.ª que achariam a Praça entrada muitos dias antes, ou por bem, ou por mal, e que as mencionadas respostas só serviriam para facilitar as negociações, que esperava ter em Punem, com cuja Côrte não queria romper pelas razões acima ditas, por me não encarregar daquella responsabilidade, em que V. Ex.ª me põe no fim da carta, a que esta serve de resposta.

44. No mesmo § 21.º me diz V. Ex.ª que nas respostas, que dei aos mencionados Protestos, ficou hum testemunho

1793 Março 2 da nossa humiliação, e do terror que temos concebido daquellas Nações, que em outro tempo tinhamos submettido e conquistado, na condescendencia com que nos prestâmos a obedecer aos seus arrogantes, e imperiosos dictames.

45. Permitta-me V. Ex.ª dizer-lhe: primeiro, que me pareceu que com as ditas minhas respostas dava só testemunho da boa fé do Estado, tão recommendada por Sua Magestade, e que não era o meu intento romper as tropas Marathas, que se achavam de qualquer modo que fosse bloqueando o Piro; segundo, que me não pareceu que os mencionados Protestos continham arrogantes, e imperiosos dictames; mas sim hum daquelles meios, que o direito das gentes tem estabelecido em semelhantes casos entre as Nações mais civilisadas da Europa. E finalmente, que o tempo que V. Ex.ª me traz á memoria, passou ha muitos annos, não tanto pelo lapso delle, como pelas novas circumstancias que occorrem. Os Inglezes nesta proxima guerra entenderam que para atacar a Tipú necessitavam ter forças maiores do que elle, e por isso he que a peso de oiro, e com alguns movimentos, a que verdadeiramente se podia dar o nome de baixeza, buscando a alliança dos Marathas, de Nizamaly, do Rey de Travancor, e do Rajá de Corga, o que não fariam, se as Potencias desta Peninsula tivessem ainda a mesma differença de armas, e disciplina militar, com que as achámos quando pela primeira vez apparecemos na Asia.

46. Os §§ 22.º, 23.º e 24.º da sobredita carta de V. Ex.ª são respectivos á que escrevi ao primeiro Quiladar do Piro logo depois da tomada daquella Praça, e me diz V. Ex.ª em summa: primeiro, que o seu conteúdo se faz digno de maior estranheza pela singular justificação, que faço da conducta, e dos fins, com que emprehendi a tomada daquella Praça; e segundo, que os motivos que dou ás hostilidades praticadas contra ella em 1768, e ás negociações do meu predecessor em 1783, são falsos e especiosos.

47. Antes de responder em particular a cada hum destes pontos, devo declarar a V. Ex.ª que o Estado se via então em tal situação, que ou este povo havia de morrer á fome in-

teiramente, como aconteceu ao de Surrate, ou era necessario vencer a grandissima difficuldade de extrahir arroz dos portos do mesmo Tipú, difficuldade, que na Europa seria huma temeridade emprehendel-a, mas não na Asia, onde o que diz o Vice-Rey Marquez de Alorna em huma das suas cartas escriptas a Sua Magestade, o unico systema que ha nas Côrtes della he o não haver systema algum, e este foi o principal motivo porque intentei abrandar o animo do dito Quiladar, animal-o de alguma fórma com a dita carta, e mandal-o em huma das fragatas do Estado ao porto de Barcur, onde havia a maior porção daquelle genero, como consegui que isto assim se verificasse, dizendo elle mil bens da Nação Portugueza, parecia-me que o bom exito da mencionada carta me livraria da nota de imprudente. 1793 Março 2

48. Por isto me parece quanto ao primeiro ponto que justificar eu a conducta do Estado, e os fins com que me havia apoderado então do Piro, era huma cousa util, e decorosa ao mesmo Estado: e quanto ao segundo ponto, que os fundamentos de que usei, os tive por verdadeiros, e não por falsos e especiosos: porquanto o Governador e Capitão General D. João José de Mello na conta que deu a Sua Magestade em data de 4 de Fevereiro de 1769 relativa ás operações, que fez contra a Praça do Piro, diz «que Xaha Nurla Pradan, Emissario de Aydar Aly, conferira com o Secretario do Estado os meios, com que se podia evitar a inevitavel perda das Praças do Piro, Ximpim, Ancolá, da costa do Reino do Sunda, e assentára em que guarnecidas pelas tropas do Estado, entregues ao mesmo por hum secreto pacto da sua restituição em melhor fortuna, lhe davamos a vantagem de se poderem applicar as milicias, com que as guarneciam, contra os progressos dos seus inimigos». E no § 9.º seguinte diz: «No transito para Polem recebeu este (dito Secretario) huma carta do mencionado Enviado, e nella o desprazer de lhe segurar que o Cabo do Piro, a quem estavam sujeitas as Praças de Sivançar, Ximpim, e Ancolá, estava com intenções muito alheias daquellas que elle tinha communicado, e conferido, e que podia o Estado obrar livremente o que lhe pa-

1793 Março 2 recesse». Pelo que he o primeiro paragrapho da dita minha carta bem conforme á referida conta, de que foi deduzido, e nada ha de especioso, ou de falso, ao menos da minha parte, em dizer que as hostilidades, que então fez a tropa do Estado ao Piro, eram sómente feitas ao Quiladar delle, e não a Tipú. Quanto ás negociações praticadas pelo meu predecessor em 1783, me parece não ser estranho attribuir-lhe então os mesmos intentos, que eu tive agora na acquisição do Piro. Levar a boa fé a ponto tal que se não possa colorar hum facto em beneficio proprio, devo-o suppor possivel, e praticado nas negociações das Côrtes da Europa, mas permittame V. Ex.ª que eu lhe diga que desejaria ver de longe as consequencias desta boa fé praticada no Estado com vizinhos que usam pouco della.

49. Nos §§ 25.º, 26.º e 27.º me mostra V. Ex.ª que he evidente o perigo, que se póde seguir ao Estado da sobredita carta, que escrevi ao primeiro Quiladar do Piro assignada por mim, e das tres que lhe fiz dirigir pelo Dessay de Advota.

50. Quanto a estas tres cartas deixo dito o nenhum risco que ha nellas, e que tive por certo que Sua Magestade não reprovava semelhante manejo, porque o não reprovou ao meu predecessor, havendo dado parte a V. Ex.ª de outro igual em carta de 8 de Março de 1785. E quanto á referida carta, que escrevi ao Quiladar do Piro, me pareceu que no § 42.º da dita minha de 18 de Abril de 1791 havia explicado a V. Ex.ª bastantemente a cautela, de que usei para lhe tirar toda a auctoridade, se fosse ter á mão dos Inglezes, ou dos Marathas; mas como vejo que me não expliquei bem, agora o farei em poucas palavras, declarando a V. Ex.ª que he de estylo deste Governo, quando se escreve a qualquer Regulo, ou Cabo Asiatico dirigir-se-lhe huma carta em Portuguez, assignada pelo Governador, e em alguns casos pelo Secretario do Estado, a que acompanha a traducção da mesma carta em Maratha ou Industão, que não leva a firma de quem a escreveu em Portuguez; em cujos termos considerando eu o mesmo que V. Ex.ª me faz considerar, isto he,

que seria perigoso confiar do dito primeiro Quiladar, ou do Tipú hum papel authentico assignado por mim, que elle podesse mostrar aos Marathas, ou Inglezes, não mandei ao dito primeiro Quiladar mais do que hum escripto em Industão sem a minha firma, nem sêllo, a que consequentemente se não poderá jamais dar auctoridade alguma, e se V. Ex.ª vê com a dita minha carta de 18 de Abril assignada por mim a copia do mesmo papel a n.º 30, he porque foi assim assignada para se lançar no registo, donde se extrahiu a dita copia. 1793 Março 2

51. Continua V. Ex.ª nos §§ 28.º, 29.º e 30.º a mostrar o sobredito perigo, e a fazer-me considerar que nas conferencias, que se fizessem para a conclusão da paz, viriam a conhecer os Marathas, o Tipú, e os Inglezes, que contra todos elles se obrou com má fé.

52. Das declarações que acima deixo expendidas me parece que V. Ex.ª virá agora a conhecer que aquelle perigo se não podia verificar, como com effeito se não verificou, porquanto os Marathas nunca teriam que se queixar de semelhante má fé, porque sempre se lhe disse que o Estado auxiliára o Sunda, marchando em seu soccorro; e isto he verdade, pois que o Tratado feito com o mesmo Sunda, he que veiu a dar por fim causa ao movimento das tropas do dito Estado, não me parecendo que devesse chegar a sinceridade a tal ponto que fosse obrigado a declarar ao Dominante de Punem quaes eram as vantagens, que intentava tirar deste soccorro, muito principalmente quando mo não perguntaram. O Tipú só poderia dizer que se lhe faltou á boa fé quando se lhe não restituisse o Piro, e como esta restituição nunca podia ter lugar quando elle perdesse o resto do Reino de Sunda, nada implicava semelhante resolução e promessa com o sobredito Tratado. Os Inglezes finalmente em nada me podiam notar de má fé com provas sufficientes, porque obrei conforme as Reaes ordens acima indicadas sobre a prudencia e cautela, com que se manda que este Governo obre occulta e indirectamente até o ponto de lhe alienar os seus Alliados.

1793 Março 2 53. No § 31.º me diz V. Ex.ª que com a minha desconcertadissima complicação de negociações adquirimos tres inimigos na Asia em lugar de hum só, que antecedentemente tinhamos em Tipú Sultan: que a unica resolução decorosa que se devia tomar era a de atacar o Piro á cara descoberta, e de o conquistarmos á força de armas, expedindo depois de feita esta conquista hum Emissario a Bombaim; ou ao Commandante do exercito Inglez, participando-lhe com a lisura que convem entre Potencias Alliadas, a resolução que tinha tomado de occuparmos aquella Praça, expondo os direitos que a ella tinhamos, como não ignoro, e fazendo-lhes conhecer que esta resolução se tomára tambem em vista de fazer huma hostilidade a Tipú Sultan, inimigo commum de ambas as Nações, e com ella huma vantajosa diversão a favor das armas Britannicas, por cujo modo conciliando a benevolencia das Potencias Alliadas contra Tipú, teriamos conseguido sermos contemplados na paz geral, e teriamos conseguintemente obtido que se nos conservasse, e garantisse aquella conquista.

54. Sobre tudo isto devo responder a V. Ex.ª: primeiro, que sempre considerei o perigo, que havia em me implicar na conquista do Piro com o Tipú, e com os seus inimigos, e que esta mesma consideração deu occasião a parte dos meus manejos, que julgava então prudentes, sendo hum delles a resposta dada aos Protestos dos Cabos Marathas, em que hoje conheço pelas Instrucções de V. Ex.ª que fui frouxo, e demasiadamente timido, posto que o exemplo da mesma timidez, que eu honrava com o nome de prudencia, veja em todos os meus predecessores ha mais de hum seculo a esta parte, sem exceptuar o mesmo Marquez de Alorna, que havendo recebido dessa Côrte desde 1744 até 1748 em dinheiro e effeitos 493:309$895 réis, alem de varias addições, que não trazem o seu valor declarado, não se sentiu com forças de desaggravar o Estado senão das injurias feitas pelo Bounsuló, e não de outras muito mais consideraveis, que experimentára dos Marathas o Estado no calamitoso governo do Vice-Rey Conde de Sandomil; segundo, que se os Ingle-

zes primeiros moveis da guerra feita a Tipú, quizessem a alliança do Estado, haviam tido muito tempo nos annos que gastaram em se preparar para ella, de abrir alguma negociação a este respeito, ou nessa Côrte, ou neste mesmo Estado; parecendo-me que deixaram de o fazer pela razão de inimizade que lhe tem, e que faz que o não desejem entrado em negociações, de que lhe possa resultar augmento de dominio, ou de commercio; pelo que seria rejeitada qualquer proposição, que eu fizesse sobre a dita alliança, ou em Bombaim, ou ao Commandante Inglez; terceiro, que tive igualmente por certo que os Marathas não queriam a alliança do Estado, porque sabendo elles que Tipú, para não ser batido em detalhe, não dividira as suas forças em guarnecer Praças, e que exceptuando a de Darvadda todas as mais fariam fraca resistencia, de sorte que as tropas Marathas poderiam a seu salvo invadir, e roubar as Provincias, a que marchassem, teriam por superfluo deixar-nos gosar parte daquelles despojos e riquezas, que nellas achassem, o que bem se verificou quando lhe fiz declarar em Punem por Vital Ráo Gorqui o soccorro, que o Estado havia dado ao Sunda, e o que estava prompto a dar-lhe para a recuperação do seu Reino seguindo as intenções daquella Côrte manifestadas pelo seu General Parisrama Bau, pois que sendo isto verdadeiramente hum offerecimento de alliança, foi rejeitado, como V. Ex.ª veria pelas copias juntas á dita minha carta de 18 de Abril de 1791; quarto, que o exito da guerra era ainda muito duvidoso quando o Estado se apoderou do Piro de sorte que não havia segurança alguma em se alliar o mesmo Estado com os Inglezes e Marathas; quinto e ultimo, que dado se conseguisse semelhante alliança, faria o Estado huma bem indecorosa representação, faltando-lhe desde logo o dinheiro para a continuação da guerra, alem do insignificante numero de gente que poderia ajuntar, e essa em grande parte desarmada, para fazer as hostilidades, que me fossem requeridas por parte dos alliados. 1793 Março 2

55. No ultimo paragrapho da dita carta me diz V. Ex.ª em summa: que depois de eu conhecer a triste situação, em que

1793 Março 2 nos achâmos, he que recorri a essa Côrte, para que della se me dissesse o que havia de fazer *se Tipú Sultan, ou os Marathas me requeressem a entrega, ou restituição da conquista que fizemos*, mas que ignorando-se nessa Côrte a situação, em que ficaram as cousas na India pelo successo da ultima campanha, que deverá ter terminado a guerra, e restabelecido a paz, não he possivel que de tanta distancia se possa tomar huma resolução, que para ser acertada, deve ser combinada com as noticias do ultimo estado, em que as cousas ficaram; pelo que sou encarregado de tomar a resolução que me parecer mais opportuna, e mais propria para conservar illesa a segurança do Estado, e reputação do nome Portuguez, attendendo com preferencia ao voto e conselho do Tenente General Francisco Antonio da Veiga Cabral, e ficando certo de que sou responsavel a Sua Magestade das circumstancias complicadas, difficeis, e perigosas, em que se acha o Estado.

56. Como as pretensões dos Marathas a respeito do Piro cessaram logo que pela paz ficou conservado ao Tipú o Reino do Canará, e o de Sundem, pelo modo que declarei a V. Ex.ª em carta de 20 de Abril do anno proximo passado: e como em cartas de 25 de Maio, e de 30 de Setembro do dito anno, e de 20 de Fevereiro deste tenho declarado a V. Ex.ª a resolução que tomei de entregar o Piro ao Tipú, segundo o voto do Tenente General, sobre o que tambem escrevo agora separadamente, só me restaria tratar da responsabilidade, em que V. Ex.ª me considera, e com que eu contei sempre desde os primeiros embaraços, em que me vi a respeito do Piro, e do Sunda, como declarei a V. Ex.ª com a sinceridade, de que uso, no ultimo paragrapho da carta de 30 de novembro de 1790.

57. Poderia dizer muito a este respeito, porque parece que se nessa Côrte se conheceu que sem se saber o exito da guerra, se me não podia dar huma resolução justa e acertada sobre o comportamento, que eu devia ter com os Marathas ou Tipú a respeito do Piro, se conhece tambem que não podia eu tomar aqui huma resolução justa, acertada, e livre

de erro sobre aquella Praça, quando me vi obrigado a deliberar-me sem saber qual seria a fortuna das armas das Potencias belligerantes, mas como as cousas se têem posto em termos que me julgo livre da dita responsabilidade, a qual sempre tive ante os olhos no mesmo errado caminho politico que segui; e como esta dilatada resposta só tem por fim mostrar a bem do Real serviço a origem dos meus desacertos, para Sua Magestade os precaver para o futuro com as suas Reaes ordens pelo que deixo dito no principio della, omitto portanto tudo que mais poderia dizer neste ponto. 1793 Março 2

Deus guarde a V. Ex.ª Goa, 2 de Março de 1793.—Rubrica do Governador.

Carta do Governador ao Secretario d'Estado Martinho de Mello e Castro

(Arch. da India, livro das Monções, n.º 174, fol. 241.)

Illmo e Exmo Sr.—Pelo navio por invocação *Princeza de Portugal*, pertencente á sociedade de Ribeiro, Hubens & C.ª, que sahiu deste porto nos fins do mez proximo passado, dirigi a V. Ex.ª a carta da copia n.º 1 dando parte de tudo que tinha decorrido até áquelle tempo a respeito do Piro. 1793 Março 10

Agora remetto a V. Ex.ª por copia as cartas n.ºs 2 e 3 que Tipú Sultan me escreveu pedindo-me a restituição da mencionada Praça, com as quaes alem de mostrar que tem quebrado o arrogante systema, que fez ha annos a esta parte, de se não communicar com o Estado, e que não entra no exame de particularidades respectivas á acquisição que o mesmo Estado fez do Piro, me promette a sua amizade e união para o futuro.

Posto que as ditas cartas sanavam as difficuldades, que eu havia posto ao Nababo Mamod Rossal, referidas por mim a V. Ex.ª na dita minha antecedente, e posto que as cousas estão levadas a termos que a restituição daquella Praça he *conforme á segurança do Estado, e á honra do Nome Portuguez,* clausulas que V. Ex.ª me declara por essenciaes no ultimo paragrapho da carta de 26 de Fevereiro do anno pro-

1793 Março 10 ximo passado, porque parece que cessa todo o receio, que possa haver da inimizade daquelle Regulo, tão prejudicial ao Estado pela falta da extracção do arroz dos portos do Canará, e que nenhum dezar, antes honra, dará ao Nome Portuguez a restituição do Piro feita segundo a boa fé, tanto recommendada por Sua Magestade, da promessa dada expressamente ao primeiro Quiladar, ainda achei que devia instar por hum perdão geral a beneficio de todos os povos das Provincias de Sivanssar, e Cadrem, o qual com pequena difficuldade foi concedido.

Nestes termos respondi ao dito Tipú pelo modo que consta da copia n.º 4, e tenho assignalado o dia 15 do corrente para se retirarem as nossas tropas do Piro, e das ditas Provincias, recolhendo-se ás antigas metas do Estado, e he tal a necessidade que ha de arroz em Goa, que vendo sem hum grão os depositos, que as Camaras Geraes fazem para a invernada já proxima, pouco ou nada providos os armazens Reaes, e desprovidos absolutamente os Regimentos e Legiões, não posso disfarçar a dependencia, em que está Goa dos ditos portos do Canará, pelo que já tenho alguns ajustes daquelle genero feitos com o referido Nababo, que o promette por preço algum tanto accommodado, que sirva para sustento da tropa, a qual não póde comer arroz a 9 xerafins o fardo com aquelle mesmo soldo, que apenas lhe chegava para o comprar a 4, ou a 4 ½.

Deus guarde a V. Ex.ª Goa, 10 de Março de 1793. — Rubrica do Governador.

N.º 1

He a carta de 20 de Fevereiro de 1793.

N.º 2

Traducção da carta de Tipú Sultan

(Arch. da India, livro das Monções, n.º 172, fol. 412.)

Deus seja louvado.

Ao Ill.mo e Ex.mo possuidor de grande Estado, e felicidades, valoroso, e grandioso Governador dos portos de Goa, que sempre esteja com saude. 1792

Entre ambas as partes, a saber, entre mim e V. Ex.ª subsistindo desde antiguidade huma boa harmonia, e grande amizade, sou informado que certos subditos dessas partes, e parece sem consentimento de V. Ex.ª se introduziram na Fortaleza de Sadassivagodo (Piro), e mais terras deste Sarcar, e se conservam com ellas com a sua guarnição. Seja como for, não se falla no passado, e presentemente o que espero de V. Ex.ª he que attendendo á referida amizade, queira ordenar aos encarregados da dita Fortaleza para que façam entrega della, e das terras annexas a ella ao General daquelles dominios Mahamad Rosá, sem duvida alguma, participando-me a noticia desta entrega com brevidade, com o que ficará V. Ex.ª sendo causa do restabelecimento da nossa antiga amizade e união. Não sou mais largo.

Diz o sêllo «Tipú Sultan».

Traduzida por mim, Bouguná Camotim Vaga, Lingua do Estado, à 17 de Janeiro de 1793. (S. E.)

O original Hindustani está junto.

N.º 3

Traducção de outra carta de Tipú Sultan

Deus seja louvado.

Ao Ill.mo e Ex.mo possuidor de grande Estado, e felicidades, valoroso, e generoso Governador dos portos de Goa, que sempre esteja com saude. 1792 Dezembro 14

1792 Dezembro 14 Entre nós, a saber, entre mim e V. Ex.ª subsistindo boa harmonia, e grande amizade, sou informado que certos subditos dessas partes, e parece sem consentimento de V. Ex.ª, se introduziram na Fortaleza de Sadassivagodo (Piro), pois em saber V. Ex.ª o não consentiria por razão da referida amizade. Seja como for, não se falla no passado, e o que presentemente espero de V. Ex.ª he que em attenção a ella queira ordenar aos encarregados da dita Fortaleza que façam entrega della ao General Mahamad Rosá, que se acha naquellas partes, participando-me a noticia da dita entrega com toda a brevidade, com o que será V. Ex.ª causa do restabelecimento da nossa antiga amizade e união.

Escripta a 29 do mez Dini, anno do nascimento de Mahamad 1220 e 19 do mez Rabilacar, anno da Egira 1207, que em Portuguez vem a ser 14 de Dezembro de 1792.— Firma.

Diz o sêllo «Tipú Sultan».

Traduzida por mim, Bougunà Camotìm Vaga, Lingua do Estado, a 11 de Fevereiro de 1793. (S. E.)

O original Hindustani está junto.

N.º 4

Carta do Governador a Tipú Sultan

(Arch. da India, livro de Reis visinhos, fol. 156 v.)

1793 Março 3 Ao Magnifico, e muito generoso Rey Tipú Sultan, Senhor de grandes Reinos e Estados, cuja amizade seja perpetua.

Eu Francisco da Cunha e Menezes, do Conselho de Sua Magestade Fidelissima, Governador e Capitão General do Magestoso Estado da India e Asia Portugueza.

Recebi com summa satisfação duas cartas do Magnifico Amigo, huma sem data, e outra de 14 de Dezembro do anno proximo passado, e estimo muito ver que fiando-se o Magnifico Amigo na amizade do Magestoso Estado, me pede a entrega do Piro, e das Provincias adjacentes; e como nada desejo mais do que dar provas ao Magnifico Amigo do desinteresse e generosidade do Magestoso Estado, e das razões que ha para o restabelecimento da antiga amizade e união, que o mesmo Magnifico Amigo me segura nas suas cartas, tenho passado as ordens necessarias para a pretendida entrega, que será feita a qualquer pessoa que apresentar poderes do General Mamod Rosá, a quem fiz declarar pelo Dessay Sirpoti Ráo as ditas intenções do Magestoso Estado, que espero sejam presentes ao Magnifico Amigo com a mesma pureza, e sinceridade, com que sabem do meu animo. 1793 Março 3

Deus allumie ao Magnifico Amigo em a sua Divina graça. Goa, 3 de Março de 1793.—Francisco da Cunha e Menezes.

Carta do Governador a Mir Mamod Sadar Divan

(Arch. da India, livro dos Reis visinhos, fol. 157.)

Ao Illustre e Generoso Mir Mamod Sadaz, Divan e Presidente da Caza Assas Cacheri, cuja amizade seja perpetua.

Eu Francisco da Cunha e Menezes, do Conselho de Sua Magestade Fidelissima, Governador e Capitão General do Magestoso Estado da India, e Asia Portugueza.

Tive o gosto de receber duas cartas do Grandioso Amigo nas datas do 1.º e 16 de Agosto do anno proximo passado respectivas á Praça do Piro e Provincias adjacentes, e pela resposta que dou agora sobre esta mesma materia ao Illustre Rey Tipú Sultan, verá o Grandioso Amigo o desinteresse e generosidade do Magestoso Estado, que merece por justa retribuição aquella mesma amizade e união, que o dito Illustre Rey me segura nas ditas suas cartas, para o que espero que o Grandioso Amigo concorra com a sua prudencia.

Deus allumie ao Grandioso Amigo em a sua divina graça. Goa, 3 de Março de 1793.—Francisco da Cunha e Menezes.

Carta do Governador ao Nababo Mahamod Rozá

(Arch. da India, livro de Reis visinhos, fol. 157 v.)

1793 Março 3 Ao muito Honrado Nababo Mahamod Rosá, cuja amizade seja perpetua.

A mais cabal, e amigavel resposta, que posso dar ás tres cartas do Grandioso Amigo nas datas de 24 e 25 de Dezembro do anno proximo passado, e 30 de Janeiro do corrente, he declarar-lhe que tenho passado ordem ao Tenente Coronel Manuel Antonio Diniz de Ayala, Commandante do Piro, para que entregue aquella Praça, e Provincias de Sinvansar e Cadrem a Mir Bahar Camuldin, que tem apresentado poderes para a receber. Espero do alto discernimento do Illustre Rey Tipú Sultan que saiba dar todo o valor a esta generosidade do Magestoso Estado, e que se verifique a amizade e união que me segura nas duas cartas, que me dirigiu remettidas pelo Grandioso Amigo.

Deus allumie ao Grandioso Amigo em a sua divina graça. Goa, 3 de Março de 1793. — Francisco da Cunha e Menezes.

Carta do Secretario do Estado a Mir Mamod Sadaz, Divan

Ao Illustre e Generoso Mir Mamod Sadaz, Divan e Presidente da Caza Assas Cacheri, cuja amizade seja perpetua.

Eu Sebastião José Ferreira Barroco, Desembargador da Caza da Supplicação de Lisboa, Chanceller da Relação de Goa, e Secretario do Magestoso Estado da India, e Asia Portugueza, etc.

Nesta occasião, em que o Magestoso Estado vae mostrar ao Illustre Rey Tipú Sultan o seu desinteresse e generosidade com a restituição da Praça do Piro, e das Provincias de Sivançar e Cadrem, de que he bem de esperar que nasça a renovação da amizade e união, que por huma e outra parte subsistio por tantos annos, he justo tambem que eu busque particularmente a amizade e correspondencia do Grandioso

Amigo, já que póde concorrer tanto com a sua distincta prudencia, e com o lugar, que occupa, para se verificarem estas boas esperanças. Desejarei portanto que o Grandioso Amigo, capacitado da pureza do meu animo, me permitta a sua correspondencia, e com ella os meios de se verificarem os fins acima indicados, para o que concorrerei sempre com o maior gosto e actividade. 1793 Março 3

Deus alumie ao Grandioso Amigo em a sua Divina graça. Goa, 3 de Março de 1793. — Sebastião José Ferreira Barroco.

Carta do Secretario d'Estado Martinho de Mello e Castro ao Governador

(Arch. da India, livro das Monções, n.º 175, fol. 213.)

Levei á presença de Sua Magestade as cartas de V. S.ª que trouxeram as datas de 19 e 27 de Abril do anno proximo passado, na primeira das quaes faz V. S.ª algumas reflexões sobre o Tratado concluido com o Rey Sunda, e na segunda pede se lhe declare o que deve praticar, se o dito Rey se ajustar com o Maratha para entrar na posse do seu Reino, e pedir licença para se recolher a elle. 1792 Outubro 10

Quanto ás sobreditas reflexões sobre o Tratado, sómente direi a V. S.ª, que quaesquer que sejam as vantagens do dito Tratado concluido com o Sunda, todas ellas se desvanecem logo que elle sahir dos Dominios Portuguezes, com a simples consideração de que se o dito Rey pretender isentar-se da observancia deste Tratado, não tem mais que allegar a situação, em que elle se achava ao tempo que o celebrou, isto he, debaixo do dominio da Corôa de Portugal, e por consequencia sem aquella inteira liberdade, e independencia, que se requerem para a validade de semelhantes estipulações; e nestes termos nenhuma firmeza devemos fazer em hum Tratado, que tem contra si toda a apparencia de coacção, ainda que estou bem persuadido que a não houve.

A respeito do que V. S.ª deve praticar com o mesmo Sunda, se elle se ajustar com o Maratha, cedendo-lhe o seu Reino, e quizer sahir do Estado para tomar posse delle; no

1792 Outubro 10 meu officio de 20 de Março de 1784, de que V. S.ª se lembra, se acha demonstrado que o projecto, que naquelle tempo formou Aydar Aly Kan de attrahir o Sunda aos seus dominios, promettendo-lhe a cessão do seu Reino, não podia ter outro fim mais que apoderar-se daquelle Rey, para debaixo do seu nome nos expulsar das Provincias de Pondá, Zambaulim, Canacona, e Cabo da Rama.

Estas mesmas vistas, que então tinha Aydar Aly Kan, são as que ao presente seu filho Tipú Sultan, ou o mesmo Maratha podem ter, e ha toda a apparencia que terão, para fazer qualquer delles huma apparente cessão ao Sunda dos seus antigos dominios, a fim de conquistarem os nossos, e nesta certeza, e á vista do que largamente tenho escripto a V. S.ª sobre o dito Rey, assim na referida carta de 20 de Março de 1784, como em outras successivas, principalmente nas que levaram as datas do 1.º de Abril, e 21 de Julho de 1788, e 12 de Março de 1789, não me resta cousa alguma a acrescentar sobre este assumpto.

Deus guarde a V. S.ª Palacio de Queluz, em 10 de Outubro de 1792. — Martinho de Mello e Castro. — Sr. Francisco da Cunha e Menezes.

Em carta do Governador da India Francisco da Cunha e Menezes ao Secretario d'Estado Martinho de Mello e Castro, de 20 de dezembro de 1793

(Arch. da India, livro das Monções, n.º 175, fol. 19.)

1793 Dezembro 20 Quanto a Tipú, verificou-se a entrega do Piro pelo modo, que participei a V. Ex.ª em carta de 10 de Março do presente anno, e posto que desde então não tenha o Tipú tido communicação directa com o Estado, recebi depois disso varias cartas do Nababo Mamod Rossal, o que mostra que esse Regulo tem cedido em parte do systema, em que estava de não ter, nem consentir que Cabo algum seu tivesse correspondencia com o Estado, ao que acresce haver proximamente passado ordem para os portos de Mangalor, Barçalor, e Condapur serem francos a todos os negociantes de Goa, para delles extrahirem arroz, e todos os mais generos do seu paiz. 1793 Dezembro 20

Carta do Secretario d'Estado Martinho de Mello e Castro ao Governador Francisco Antonio da Veiga Cabral

(Arch. da India, livro das Monções, n.º 176, fol. 564.)

Illmo e Exmo Sr. — O predecessor de V. Ex.ª em cartas de 20 de Abril, 25 de Maio, e 30 de Setembro do anno proximo precedente de 1792, informa por esta Secretaria de Estado da ultima situação, em que ficava a negociação sobre a Praça do Piro, tomada pelas armas portuguezas em 30 de Janeiro de 1791; e por uma simples requisição de Tipú Sultan determinada a sua entrega áquelle Potentado por votos unanimes de V. Ex.ª e do Chanceller José da Rocha Dantas e Mendonça, com os quaes votos o dito seu predecessor se conforma. Esta resolução, porém, de se entregar huma Praça tal como a do Piro pela simples requisição de hum Potentado tal como Tipú Sultan, inimigo mortal do Nome Portuguez, como foi seu pae, que acaba de soffrer huma guerra destructiva, e summamente dispendiosa, e que por não ser destruido de todo com a perda imminente da sua capital, entrega ametade de todos os seus dominios ás Potencias vencedoras, obrigando-se alem disso a indemnisal-as das despezas da guerra, dando-lhes 30 milhões de cruzados, ou perto delles, e entregando dois de seus proprios filhos, que param em poder dos Inglezes, para segurança do exacto cumprimento das sobreditas estipulações; huma resolução tal da parte deste Estado, como a que fica acima referida, de se entregar a Praça do Piro em taes circumstancias, não poderá deixar de se caracterisar aos olhos de toda a India e Asia, senão como hum comportamento da nossa parte o mais humilhante; e o que fará que a Nação Portugueza continue a ser, como tem sido pelos desconcertos de Goa, a irrisão das outras Nações, e o desprezo dos seus inimigos; nem tenho a este respeito mais que dizer a V. Ex.ª que remetter-me ao que referi 1793 Agosto 20

1793 Agosto 20 ao seu predecessor na carta que lhe dirigi com data de 26 de Fevereiro do anno proximo precedente, de que ajunto aqui a copia, para ver se por meio della, e á vista dos estranhos factos ahi acontecidos póde haver alguma esperança de remedio, conhecendo-se os absurdos para fugir delles.

Deus guarde a V. Ex.ª Palacio de Queluz, 20 de Agosto de 1793. — Martinho de Mello e Castro. — Sr. Francisco Antonio da Veiga Cabral.

Carta do Secretario d'Estado Luiz Pinto de Sousa ao Governador Francisco Antonio da Veiga Cabral

(Arch. da India, livro das Monções, n.º 177, fol. 613.)

1795 Abril 25 Ill.mo e Ex.mo Sr. — Pelo officio, de que remetto copia a V. Ex.ª lhe será constante o que o seu predecessor avisou a esta Côrte em data de 20 de Fevereiro de 1793 ácerca da entrega da Praça de Piro; e creio que o mencionado officio não tinha sido ainda respondido pelo Sr. Martinho de Mello, porque examinando eu os registos desta Secretaria, sómente achei sobre a dita materia o extenso despacho do mesmo Ministro em data de 26 de Fevereiro de 1793, a Francisco da Cunha de Menezes, e outro remettido a V. Ex.ª datado de 20 de Agosto de 1793.

E supposto que pelo largo tempo que tem mediado, deva hoje ter por ociosa esta materia, não podendo persuadir-me que hum semelhante negocio deixe de estar actualmente decidido; comtudo, se assim não tiver acontecido, reportando-me a tudo o que se acha deduzido pelo meu antecessor, devo dizer a V. Ex.ª que, se as circumstancias forem taes, que façam indispensavel a dita entrega, o que só V. Ex.ª poderá decidir com o parecer desse Conselho do Estado, em tal caso seria conveniente que V. Ex.ª se prevalecesse da conjunctura para concluir com Tipú Sultan hum Tratado de amizade, pelo qual se abrissem mutuamente as portas do commercio, e se estabelecesse huma paz sincera entre o Estado e o mesmo Tipú.

Porém, semelhante negocio exige plenos poderes de huma e outra parte para se poder celebrar com solemnidade e permanencia, e não pelo modo particular, com que o pretendia tratar o Nababo Mahamad Roza, Governador do Reino do Canará. 1795 Abril 25

No mesmo Tratado se poderá ajustar o estabelecimento da casa de commercio em Goa, exigindo da nossa parte igual reciprocidade nos portos daquelle Principe, que parecerem a V. Ex.ª mais convenientes. Nenhuma duvida póde haver para a livre entrada, e extracção de todos os generos do porto de Goa para os Estados de Tipú Sultan em tempo de paz, sem excepção de quaesquer effeitos de guerra ou navaes; porém, como a razão da nossa alliança com a Gran Bretanha resiste de sua natureza a que se permitta semelhante commercio, e extracção em tempo de guerra entre o mesmo Tipú e a Companhia Ingleza da Asia, he preciso dizer a V. Ex.ª que semelhante commercio deve logo ficar vedado, tanto que se declarar a mesma guerra, ou se commetterem as primeiras hostilidades; o que muito expressamente se deverá declarar em hum dos artigos do dito Tratado no caso que se venha a concluir.

He tudo quanto sobre a materia me cumpre participar a V. Ex.ª por ordem de Sua Magestade em resposta do mencionado officio de 20 de Fevereiro de 1793, escripto pelo seu antecessor.

Deus guarde a V. Ex.ª Palacio de Queluz, em 25 de Abril de 1795. — Luiz Pinto de Sousa. — Sr. Francisco Antonio da Veiga Cabral.

Condições com que Gunagi Essavanta Ráo, Dessay de Donganary da provincia de Supem, promette servir ao Magestoso Estado com um partido de cem Sipaes, as quaes propoz por via do seu Bragmane Lingapá para o Illmo e Exmo Sr. Tenente General dos Exercitos de Sua Magestade e Governador da India approvar, sendo servido de o admittir ao dito serviço.

(Arch. da India, livro 2.° de Pazes, fol. 383.)

1794 Novembro 13 1.ª Que o dito Dessay sendo admittido para o dito serviço com hum partido de 100 Sipaes, promette evitar que entrem nos dominios do Magestoso Estado ratoneiros pelos Gates de Degui, e Covessy, ficando de metas nelles alguma gente deste partido, e concorrer que tambem não entrem pelos Gates de Tinem, Doncorpem, ou Cundol.

2.ª Que na presente campanha, e nas futuras promette o dito Dessay marchar ás partes onde S. Ex.ª for servido mandar, e ser intimado das suas ordens pelos Cabos, e Commandantes das tropas do Magestoso Estado.

3.ª Que o dito partido se comporá de 100 Sipaes bons, a saber, 80 de espingardas, e 20 de largas, tendo cada hum 5 rupias de paga por mez; 2 cabos inferiores, cada hum com 8 rupias de paga; 1 Bragmane com a de 8 rupias, e 25 rupias ao dito Dessay, tambem por mez.

4.ª E que, finalmente, promette dar toda a prova de fidelidade ao Magestoso Estado por si, e por seu irmão Vitogi Essavanta Ráo, que pretende substitua a sua falta, quando o dito Dessay haja de se recolher a sua casa, e por sua familia, esperando da benignidade de S. Ex.ª attenção aos seus serviços, merecendo-a.

Goa, 13 de Novembro de 1794. — Joaquim Vicente Godinho, Ajudante General — Signal maratha de Lingapá, Bragmane de Gunagi Essavanta Ráo, Dessay.

Auto de juramento de vassalagem, obediencia, fidelidade e ratificação que fazem á Rainha Nossa Senhora Sotrogi Rane, filho de Zoitobá Rane, Sacobá Rane, filho de Candobá Rane, Zancogi Rane, e Zaibá Rane, filhos do mesmo Zoitobá, Rane, e Essavanta Rane, filho de Custambá Rane, Sar Dessays da provincia de Satary.

(Arch. da India, livro 3.º de Pazes, fol. 3.)

Anno do nascimento de Nosso Senhor Jesus Christo de 1797, aos 17 do mez de Dezembro do dito anno, na villa de Pangim, no palacio da residencia do Ill.mo e Ex.mo Sr. Francisco Antonio da Veiga Cabral, do Conselho de Sua Magestade Fidelissima, Tenente General effectivo dos seus exercitos, e Governador e Capitão General da India, estando o dito Senhor debaixo do seu docel, na sala da audiencia, se apresentaram ao mesmo Senhor, Satrogi Rane, filho de Zoitobá Rane, Sacobá Rane, filho de Candobá Rane, Zancogi Rane e Zaibá Rane, filhos do mesmo Zoitobá Rane, e Essovanta Rane, filho de Custambá Rane, Sar Dessays da Provincia de Satary, verdadeiramente arrependidos, a protestar a sua sincera obediencia, total submissão, e perpetua fidelidade por si, por todos os seus dependentes, e pela sua descendencia, ratificando com o maior juramento do seu rito a vassallagem, e obediencia, que fazem á Rainha Fidelissima de Portugal Nossa Senhora, e aos seus Governadores e Capitães Generaes do Estado da India, tanto ao dito Ill.mo e Ex.mo Sr. Francisco Antonio da Veiga Cabral, que actualmente governa, como aos seus Ex.mos Successores, e querem ter a este Magestoso Estado da India da Muito Alta e Muito Poderosa Senhora Rainha de Portugal Nossa Senhora, e como vassallos de Sua Magestade ser admittidos benevolamente por S. Ex.a a viverem debaixo da sua Real protecção, e promettem, e se obrigam de sua livre, e boa vontade por si, por todos os seus dependentes, e pela sua descendencia, da mesma fórma que prometteram, e se obrigaram seus ascendentes pelos Autos,

1797 Dezembro 17

1797 Dezembro 17 que se acham lavrados no livro primeiro chamado de Pazes, a fl. 448, a cumprir, e guardar inviolavelmente todas as obrigações de leaes vassallos, a qual obrigação fazem com o maior juramento do seu rito, que he o de porem as mãos solemnemente nas suas espadas, como o fizeram com effeito ao tempo de se pronunciarem estas palavras, em fé do que cumprirão tudo o que promettem, sob pena de que as mesmas suas espadas se tornem contra elles a qualquer tempo que faltarem ao promettido, o que desejam que Deus não permitta, porque a sua tenção, e firme vontade he de cumprirem sempre pontualmente tudo o que assim promettem, e ratificaram com o dito juramente. E logo o dito Illmo e Exmo Sr. Francisco Antonio da Veiga Cabral, Governador e Capitão General do Estado, benignamente houve por bem de os receber na protecção de Sua Magestade, admittindo-os a elles, aos seus dependentes, com as suas familias, e toda a sua descendencia, a lograrem o fôro de vassallos da Corôa de Portugal, observando elles o juramento e fidelidade, que promettem; de que para perpetuo testemunho se fez este Auto, em que assignou o Illmo e Exmo Sr. Governador e Capitão General, e assignaram tambem os referidos Dessays; e eu Caetano José de Albuquerque, official da Secretaria do Estado, o escrevi. O Secretario José Caetano Pacheco Tavares, o fez escrever.—Francisco Antonio da Veiga Cabral.—Assignados marathas de Satrogi Rane, Sar Dessay da Provincia de Sanquelim—Sacobá Rane, Sar Dessay—Zanacogi Rane, Sar Dessay—Zaibá Rane, Sar Dessay—Essavanta Rane, Sar Dessay.

E serviu de interprete neste acto o Lingua do Estado Bouguna Camotim Vaga.

Auto de juramento de vassalagem, obediencia e fidelidade, que faz á Rainha Nossa Senhora o Dessay Essovanta Suriá Ráo, da provincia de Bicholim

(Arch. da India, livro 3.º de Pazes, fol. 11.)

Anno do Nascimento de Nosso Senhor Jesus Christo de 1797, aos 17 do mez de Dezembro do dito anno, na villa de Pangim, no palacio da residencia do Illmo e Exmo Sr. Francisco Antonio da Veiga Cabral, do Conselho de Sua Magestade Fidelissima, Tenente General effectivo dos seus exercitos, e Governador e Capitão General da India, estando o dito Senhor debaixo do seu docel na sala da audiencia, se apresentou ao mesmo Senhor o Dessay Essovanta Suriá Ráo, que sendo vassallo do Maratha, vinha procurar o asylo e protecção do Magestoso Estado, e promettia de hoje em diante obediencia, sujeição, vassallagem, e perpetua fidelidade para todo o sempre, por si, por todos os seus dependentes, e pela sua descendencia á Rainha Fidelissima de Portugal Nossa Renhora, e aos seus Governadores e Capitães Generaes do mesmo Magestoso Estado da India, tanto ao dito Illmo e Exmo Sr. Francisco Antonio da Veiga Cabral, que actualmente governa, como aos seus Ex.^{mos} Successores, e quer servir a este Magestoso Estado da India da Muito Alta, e Muito Poderosa Senhora Rainha de Portugal Nossa Senhora, e como vassallo de Sua Magestade ser admittido benevolamente por S. Ex.ª a viver debaixo da sua real protecção, e promette, e se obriga de sua livre, e boa vontade por si, e por todos os seus dependentes, e pela sua descendencia a cumprir, e guardar inviolavelmente todas as obrigações de leal vassallo, a qual obrigação faz com o maior juramento do seu rito, que he o de pôr as mãos solemnemente na sua espada, como o fez com effeito ao tempo de se pronunciarem estas palavras, em fé do que cumprirá tudo o que promette, sob pena de que a mesma sua espada se torne contra elle a

1797 Dezembro 17

1797 Dezembro 17 qualquer tempo que faltar ao promettido, o que deseja que Deus não permitta, porque a sua tenção, e firme vontade he cumprir sempre pontualmente tudo o que assim promette, e ratifica com o dito juramento. E logo o dito Illmo e Exmo Sr. Francisco Antonio da Veiga Cabral, Governador e Capitão General do Estado, benignamente houve por bem de o receber na protecção de Sua Magestade, admittindo-o a elle, aos seus dependentes, com a sua familia, e a toda a sua descendencia a lograr o fôro de vassallo da Corôa de Portugal, observando elle o juramento, e fidelidade que promette, de que para perpetuo testemunho se fez este Auto, em que assignou o sobredito Illmo e Exmo Sr. Governador e Capitão General, e assignou tambem o referido Dessay, e eu Caetano José de Albuquerque, official da Secretaria do Estado, o escrevi. O Secretario José Caetano Pacheco Tavares o fez escrever.—Francisco Antonio da Veiga Cabral.—Assignado maratha de Essovanta Suriá Ráo, Dessay da Provincia de Bicholim.

E serviu de interprete neste acto o Lingua do Estado Bouguna Camotim Vaga.

Officio do Dr. Francisco José de Lacerda e Almeida, Governador dos Rios de Senna ao Ministro da Marinha e Dominios Ultramarinos, com informações sobre a viagem d'ali ao Cazembe.

(Annaes maritimos, 4.ª serie, pag. 236.)

1798 Março 21 Illmo e Exmo Sr.—Sobre a importantissima diligencia que Sua Magestade me incumbiu, de ir descobrir, ou verificar a possibilidade da communicação das duas costas oriental e occidental da Africa, se me offerece participar a V. Ex.ª, para pôr na presença da Soberana, que:

Sem demora pretendo dar a mais prompta execução á determinação de Sua Magestade; e quando me via perplexo sobre o meio mais proprio de o fazer, fluctuando em considerações, porque ignorava os verdadeiros caminhos por onde deveria transitar, de fórma que os meus passos fossem acompanhados da esperança de produzirem um bom effeito, tive o gosto de ver chegar a esta villa um homem antigo destes sertões, por nome Gonçalo Caetano Pereira, que já no tempo do meu antecessor explorára o lugar ou sitio em que ficava um Rey por nome Cazembe, visinho ás terras de Angola, o qual tinha sido mandado por seu pae para conquistar algumas terras do interior de Africa, como fez, e se acha na posse das terras dos Muizas, e outras; e tendo vindo com o dito Gonçalo Caetano Pereira dois enviados visitar-me da parte do seu Rey, tive destes, e daquelles as boas noticias, que eu desejava, de que formei o depoimento que, com este, ponho na presença de V. Ex.ª 1798 Março 21

Com estas noticias tomei a deliberação de me não demorar, tanto porque me aproveito de 300 cafres Muizas que vieram em companhia de um filho do dito Gonçalo Caetano (autor de todas as noticias) sem cujo soccorro não poderia seguir viagem, pela falta que aqui ha de escravos, fallecidos e desertados por causa da fome, como em virtude das ordens apressadas de Sua Magestade, não obstante não dever fazer dos Muizas e do Cazembe a confidencia preciza.

As providencias que levo para esta diligencia são as que pude apromptar nestes rios, levando commigo 50 soldados, para o que mandei fazer algumas recrutas, e seus officiaes de tropa, para por elles mandar fazer as diligencias que levo projectadas, pela descripção que me fizeram do terreno, visto que a minha partida precipitada (como se faz preciso) não deu logar a pedir de Moçambique soccorro algum, o que eu em parte estimo; porque o Capitão General me chegou a dizer que não desejava saber, ou ouvir uma só palavra a respeito desta minha diligencia, e que prestaria os soccorros que fossem necessarios.

Até fim do mez de Maio é o tempo em que posso seguir viagem, como pertendo, de que dou parte a V. Ex.ª

Deus guarde a V. Ex.ª Tete, 21 de Março de 1798. —

Illmo e Exmo Sr. D. Rodrigo de Sousa Coutinho.—o Doutor Francisco José de Lacerda e Almeida.

Noticias dadas por Manuel Caetano Pereira, commerciante, que se entranhou pelo interior d'Africa até á povoação ou cidade do Rey Cazembe, subordinado a seu pae, cujo Rey nos fica mais proximo á costa occidental de Africa.

1798 Março 22 Antes de dar principio ao depoimento de Manuel Caetano Pereira, me parece justo fazer uma pequena digressão: ha quarenta annos que de Goa veio estabelecer-se nestes rios Gonçalo Caetano Pereira, onde vive do oiro que tira das minas e do seu commercio com os cafres dos sertões, como fazem todos os moradores destes rios. Este homem descarnado, mas de grande espirito, é amado e temido de todos os Regulos desta circumvisinhança, já pela sua liberalidade, já pelo seu valor, e por alcunha lhe chamam, e á sua imitação aos Portuguezes *Dombo dombo*, isto é, *Terror*.

Ora, negociando ha muitos tempos os cafres *Muizas* com os *Mujaos*, tiveram noticia que Gonçalo Caetano Pereira morava na *Java*, logar onde minerava, alem do *Rio Zambeze*, distante desta villa cinco dias de viagem; vieram pois ter com elle no anno de 1793 para que lhes comprasse o seu marfim, certificando-lhe que seu amo Cazembe estimaria muito a sua correspondencia, se elle o quizesse; este homem com effeito arriscou algum fato, sem outra segurança mais do que a palavra dos ditos Muizas, que o não enganaram, pois foi bem succedido no resgate ou venda delle. O mesmo Gonçalo Caetano mandou segunda vez com fato os seus *Muzambares* (cafres captivos), e teve igual fortuna e boa acceitação do Rey Cazembe.

Dezejando o mesmo Pereira ser util aos mais moradores destes rios, contra o que elles praticam, lhes declarou o descobrimento deste commercio; e alguns delles resolveram-se a mandar seus Muzambares na companhia de seu filho Manuel Caetano Pereira, o qual pela primeira vez emprendeu fazer esta viagem, e administrar o negocio que seu pae mandava para as terras do Cazembe pela terceira vez. 1798 Março 22

Em Maio de 1796 se poz em marcha do sitio da *Marenga*, distante desta villa tres dias de viagem, indo acompanhado de seus escravos e Muizas, que das suas terras tinham vindo no anno antecedente com o marfim mandado pelo Cazembe, na segunda viagem de que já fiz menção. As primeiras terras que atravessou foram dos Regulos *Maraves* chamados *Bive, Vinde, Mocanda, Mazy, Mazavamba,* os principaes a quem pagou algum fato para poder livremente atravessar seus dominios, e gastou quarenta e cinco dias até chegar ás barreiras do *Rio Aroangôa* que cáe no Zambeze junto á villa do *Zumbô;* mas pelo Zumbo ainda os Portuguezes não chegaram a este logar em que elle atravessou o Aroangôa. Não encontrou obstaculos dignos de referencia; nem os Maraves, ladrões de profissão, o inquietaram com seus *Milandos* (meios de que se servem para roubar a maior parte, ou a todos que commerceiam nas suas terras), deixando-o passar livremente com pequenos interesses, temendo o numero de captivos e Muizas que o acompanhavam. Os Maraves causam grave prejuizo aos commerciantes, roubando-lhes parte de seu fato com os milandos, como já disse. Qualquer cousa insignificante, como entrar um cão pela sua casa, correr apoz de uma galinha, passarem os Muzambares pelas suas povoações sem preceder aviso, e outras cousas de semelhante natureza, que são inevitaveis, é um crime que só se purifica com algum fato; não ha remedio senão soffrel-os, porque a debilidade das nossas forças é grande; mas se Deus permittir que eu volte da costa occidental de Africa, pertendo então castigar estes ladrões.

Por todas as terras dos Maraves por onde passou, encontrou muito milho, feijão, cannas de differentes especies, e algumas vaccas. Não viu carneiros, cabras, porcos, e sómente o Casembe tem uma porca que lhe mandou seu pae, vinda das partes de Angola, e agora manda pedir alguns casaes, porque lhe morreu o porco que tinha.

Deixando parte dos seus escravos alem do rio Aroangoa,

1798 Março 22 para tratarem com os cafres circumvisinhos, continuou sua derrota pelas terras dos Muizas, que principiam alem do referido rio, tendo atravessado em canôas, que alli estão para esse fim, por pequena paga. Demorou-se nestas terras alguns dias para refazer-se do que lhe era preciso, e caminhando quatro ou cinco horas por dia, porque ia entregue á vontade dos cafres, chegou em vinte dias de viagem ao outro rio que os Muizas chamam *Zambeze,* porém, segundo o que elles dizem atrevo-me a asseverar não é o nosso Zambeze, ou outro qualquer rio que nelle despeje suas aguas, do *Rio Xire* para cima; porque este Zambeze dos Muizas corre para a parte da mão direita, a respeito de quem o atravessa indo destas partes; e cáe, segundo a sua informação, em outros rios, de que adiante fallarei.

Os Muizas são gentes agradaveis, benignos e commerciantes; gastou na passagem de suas terras alguma porção de fato em obsequiar differentes Regulos daquelle paiz conquistado pelo Cazembe, a quem pagam tributo em fato, e o Cazembe quasi sempre lhes recompensa com marfim; ora o fato que até agora ia ter ás mãos dos Muizas, era comprado aos Mujaos, e não sei se errarei adiantando que tambem primeira ou secundariamente era comprado aos mouros de Zanzibar e daquelles portos circumvisinhos; porque o marfim, que em grande quantidade todos os annos sáe do reino de Cazembe, e dos reinos ou terras que conquistou (como agora se vê), vae ter ás mãos dos Majaos, seus visinhos, e estes não o vendem todo em Moçambique, pois é cousa notoria a differença que ha entre a qualidade de marfim que os Mujaos antigamente mettiam em Moçambique, e aquella que presentemente introduzem, em augmento do commercio que desde então fazem os povos de Zanzibar com aquelle genero.

O Cazembe presentemente não quer fato destes Regulos seus subordinados, porque lho levam cortado, e porque naturalmente lhe sahirá mais caro, mas sim o pertende haver dos Portuguezes que quizerem ir commerciar ás suas terras; levando-o inteiro, como vem de longe (assim se explicam), isto é, passar inteiro.

Seguir-se-ia a decadencia do commercio dos Mujaos, e dos Mouros, e florecerá o nosso, se introduzirmos muito fato por estes rios; e se as cousas são como se pintam, cuja verdade eu mesmo vou examinar. O Rey Casembe não recebe fazendas, como vendidas, mas sim como *saguate*, ou presente, e depois as recompensa muito bem com marfim. Achará por ventura que lhe estará mal á sua pessoa e dignidade o contratar. O certo é que estando este Rey no interior de Africa, não é tão barbaro como os geographos de vidraças costumam pintar aquelles cafres; e haverá a mesma differença que os Hespanhoes acharam nos Peruvianos e Mexicanos, os quaes emquanto a mim eram mais civilisados, e polidos que os mesmos Hespanhoes naquelle tempo. 1798 Março 22

Para alem dos rios que correm para o Zambeze principiam as terras do Cazembe conquistadas por seu pae *Muropêo*, assim como as dos Muizas pelo Cazembe; deste rio até chegar á povoação, ou cidade em que reside o mesmo Rey Cazembe, gastou trinta dias nesta travessa, passou por alguns desertos e encontrou animaes ferozes de differentes qualidades, e uma lagôa de consideravel grandeza, e pouca profundidade, pois gastou um dia inteiro em a passar com a agua pela cintura; esta lagôa, segundo dizem os cafres, despeja suas aguas por dois differentes canaes; um delles vae ter ao denominado rio Zambeze, e outro ao rio *Murusura*, em cuja margem tem seu assento o referido Rey. Este rio Murusura passa por detraz da serra *Murimbala*, que fica perto de Senna, e na margem opposta, ao qual alguns dos nossos chamam *Nanjaeja-matope*, e outros Xire, e gastam tres dias em o atravessar na referida cidade do Cazembe, pernoitando-se em ilhas. Dizem tambem que o seu Zambeze conflue neste rio muito abaixo da povoação.

Como os Muizas são commerciantes, e se tem entranhado por estas terras, a ponto de já terem chegado casualmente a Quilimane ha bem poucos tempos com o seu marfim, póde ser que fallem verdade no que dizem respeito do rio Xire, ainda que me parece haver alguma contradicção, se combinarmos a largura que tem na sua foz com aquella que se diz

1798 Março 22 ter no reino do Cazembe, posto que póde tambem ser que esta grande differença proceda de correr no reino do Cazembe por planicies immensas, que principiam no Aroangôa e na sua foz, represada entre montes. Será porventura o rio Lucuase, cuja foz está perto de Quilimane, cujas vertentes ainda se não conhecem, ou outro qualquer que saia ao mar entre Moçambique e Quilimane? Isto é o que não posso decidir; mas brevemente passo a investigar.

O Rey Cazembe deseja ardentemente (segundo as demonstrações que tem dado) a nossa correspondencia; custou muito conceder licença para Manuel Caetano Pereira sahir do seu Reino, dizendo-lhe que ficasse, que mandasse seus Mazambares com o marfim, e voltarem com mais fato; por fim sempre lha concedeu debaixo da promessa de que havia de voltar; e o Rey então lhe disse que se assim o não fizesse, trataria os Portuguezes como seus inimigos, mataria os que para lá fossem, e tomaria por perdidas todas as fazendas que levassem. Em seis mezes que alli se demorou, lhe deu uma grande terra cheia de mandioca (base fundamental do sustento daquelles povos), para elle sustentar-se a si e á sua gente, e alem disto repetidas vezes o mimoseou com outros regalos, exceptuando-os tambem dos castigos a que seus vassallos lhe estão sujeitos pelas suas leis, como mandar cortar orelhas, mãos, e as partes pudendas aos adulteros, como aqui appareceu um destes infelizes, restituir o furto com ganho da parte lesada, etc., etc.

Este Rey, nosso bom amigo, tem sua vaidade com a nossa correspondencia, pois logo depois da chegada de Manuel Caetano, mandou dizer ao pae, e a outro Rey, que assim como elles tinham seus... que quer dizer filhos, ou nascidos debaixo da agua, isto é, brancos, assim elle tambem agora os tinha por este lado. Esta sua vaidade, alem do interesse do fato, seria talvez uma das causas dos seus desejos a respeito da nossa communicação e amisade. O Rey Cazembe me enviou por Embaixador um Principe filho de um Rey dos Muizas, que elle venceu e matou; este Principe trouxe na sua companhia um grande do Reino de Cazembe por nome

Catára, e alem destes hum rapaz de dezeseis ou dezoito annos, escravo estimado do mesmo Cazembe, como espião, para dizer-lhe se o Principe Embaixador me enganava na sua Embaixada e se o vão enganar na minha resposta; veio tambem outro espião que falleceu. Este Principe e o grande Catára, dizem que o Cazembe, ou os seus ascendentes, vindo das partes de Angola, conquistou o Reino que presentemente occupa, e que do Cazembe se póde ir a Moropoé em sessenta dias; porém, os brancos em menos tempo, e finalmente que ao Reino Moropoé vem canoas de Angola, ou de suas visinhanças conduzir escravos; mas que o Reino é pequeno. Do Reino de Moropoé para o de Cazembe passam fazendas e trastes, que vem das costas occidentaes de Africa, como espelhos, aparelhos de chá, que conservam para ostentação e grandeza, pratos, copos, vellorio, missanga, caury, e fazendas de lã.

1798 Março 22

Eu vi um panno de durante encarnado que elle deu de mimo a um cafre de Manuel Caetano. Na passagem do Reino do Cazembe para o de Moropoé atravessam-se quatro rios que correm para a mão esquerda, e por consequencia vão ter á costa occidental; hum delles é tão largo que se gasta hum dia em o atravessar; será porventura o Cunene, chamado por outro nome (segundo alguns mappas) *Rio Grande*, ou grande rio? Eu agora vou tirar esta duvida, partindo desta villa em Maio, como tenho determinado.

Os escravos que o Cazembe faz, remette-os para o pae, e delle, por qualquer via que seja, vão ter a Angola, que elles pronunciam *Gora*, e em retorno vem o fato de lá, como a baeta, durante, sarafina, e o mais que acima disse.

Não querem vender escravos aos Portuguezes destes rios, nem os Portuguezes os querem comprar, porque não fazem conta, nem a huns nem a outros. O marfim faz muita conta a ambos, se for possivel achar-se a navegação para estes rios; o lucro que se deve tirar no marfim deve ser consideravel, pois o seu transporte por terra deve ser trabalhoso, e dispendioso. Eu entro já nesta especulação, como dou parte a Sua Magestade em officio particular. As terras do Cazembe

1798 Março 22 são abundantes de viveres, como mandioca, legumes de differentes especies, aboboras brancas, amendoim, jugo (especie de feijão carrapato), brancas cannas de assucar, batatas, e a fructa de que fazem o azeite, chamado dendé. Do Cazembe para o Moropoé ha muitos desertos, e faltas de mantimento. Nas terras dos Muizas o nosso viajante experimentou falta delle na sua reversão, na qual já não encontrou a referida lagôa, por trazer differente caminho. As vaccas são privativas do Rey, seus vassallos só podem crear gado vaccum.

O tratamento do Cazembe é magestoso, tem grande numero de criados para seu serviço domestico, conserva com muito recato as muitas mulheres que tem, permittindo-lhes sómente que fallem aos seus confidentes; e seu vestido ordinario consiste em hum grande panno de seda apanhado á roda da cintura com hum boldrié, formando para cima do mesmo muitas prégas, e este me parece ser o modo de trajar dos Cabindas; cobre a cabeça com hum barrete ornado com plumas encarnadas, e as pernas com differentes ornatos feitos de caury, vellorio, canutilho, que entre elles tem grande estimação, missanga, e outras massas de differentes côres.

É muito respeitado dos seus vassallos, e para conservar o respeito rarissimas vezes se deixa ver delles; nas mesmas occasiões em que dá assembléa aos grandes do Reino, offerecendo-lhes em logar de chá, café, ou chocolate, não obstante os aparelhos proprios destas bebidas, o vinho chamado *Pombe*, feito do milho, e o *Sura*, extrahido de uma palmeira brava, chamada *mediuca*, fica entre cortinas; elles não bebem quanto desejam, mas sim a porção que o Rey lhes determina, para que se não embebedem e façam desordens na sua presença; a bebedice entre elles é um crime que se castiga asperamente, e tem seu juiz privativo.

Tem grande numero de tropas, e muito bem disciplinadas; todas as noutes os chefes dellas lhe dão parte das novidades, recebem as ordens, e digamos assim, o Santo, e o distribuem á imitação das nações civilisadas; ha differentes corpos de guarda, rondas, e patrulhas, para manterem o paiz, e evitarem as desordens e bebedeiras; a sua cidade é circundada de hum vallado ou fosso profundo; nas occasiões de guerra, ou quando se receia della, manda recolher seus vassallos dentro deste circuito, que dizem ter leguas de circunferencia, para se livrarem de algum perigo, mas não consta que Principe algum lhe queira disputar a superioridade, ou igualdade das forças; as suas armas offensivas são lanças de huma braça de comprimento, e humas curtas, mas largas facas, optimamente trabalhadas, que imitam a figura de uma violla, cujo braço serve de cabo, porém, curto, só com a differença de serem pont'agudas; as defensivas consistem em hum escudo; este escudo é um paralepipedo de casca de pau muito leve de pouca espessura, e sufficiente para cobrir todo o corpo; a referida casca fica opposta ao inimigo, e a parte que fica contigua ao corpo do combatente, é de caniços muito juntos, os quaes servem não só para obrigarem a casca a conservar-se plana, como para fazer o escudo mais forte, e capaz de resistir aos botes da lança dos inimigos; antes de entrar em combate as deitam de molho, não usam de arco e flexa, mas só os Muizas pelejam com ellas, e são os primeiros que combatem na frente do exercito, hindo todos formados a tres de fundo; prescreve aos vassallos tempo proprio para seus divertimentos, para que sendo em demasia não se originem desordens, deixem suas lavouras, e os soldados fiquem frouxos; o negocio do marfim é privativo do Rey, e os grandes do Reino só vendem pequenas porções com permissão sua, daqui vem que elle é quem recebe todo o fato dos commerciantes, como presentes, como já disse, e depois recompensa cada um delles á proporção do que recebe. Nas suas terras ha minas de ferro e cobre, e presentemente traz guerra com hum Rey que tem latão no seu districto; mostrei oiro em pó a alguns cafres, nossos hospedes, elles o conheceram, e na sua lingua chamaram dinheiro; porém, disseram, que nas suas terras não havia, talvez porque o não conheçam, ou tenha valor, e prestimo entre elles. Os seus officiaes mechanicos consistem em

1798 Março 22

1798 Março 22 ferreiros e alfaiates. Que differença tão consideravel ha entre o comedimento, porte, danças, cantigas e toques dos tambores, entre estes cafres, e os dos Rios de Senna! Um Embaixador do Reino de Baroé, que eu vi em Senna, para dar um pequeno recado, fallou huma boa meia hora em alta voz, acompanhando-a de acções descomedidas; este pelo contrario fallou muito pouco tempo com muita civilidade, ao que me pareceu, e tão submissamente, que pouco se deixava ouvir. O seu interprete, que foi hum cafre de Gonçalo Caetano, antes de fallar (acommodando-se aos seus estylos) ajuntou com os dedos uma pequena porção de terra, com ella esfregou a parte superior dos braços, vulgarmente lagartos, e tambem o peito, fez a mesma ceremonia quando acabou de traduzir a Embaixada.

Os tambores dos nossos fazem huma horrenda trovoada, e os tocam bem, aquelle que mais força tem para o fazer soar mais, e alem disto tanto homens como mulheres dançam com muita deshonestidade; mas os tambores dos nossos hospedes são tocados á maneira de zabumbas com muita suavidade e brandura; com elles acompanham suas cantigas, danças honestas, e graciosas quanto se póde esperar delles. Depois o Catára, e o espião dançaram antes de subir para dar sua Embaixada, vieram cumprimental-o, abraçando huns; e outros, por serem talvez de inferior qualidade, tocando-lhes a faca, ou lança que tinham na mão, com huma varinha. O Principe não me fez a honra de mostrar suas habilidades.

Todos os Muizas tem os dentes limados pelos lados que os ajuntam, ficando elles á maneira de dentes de serra. Que difficuldade, e trabalho não terão em contrafazer esta obra da natureza, faltando-lhes limas proprias para esse fim! Elles comtudo fazem com hum ferro (que me prometteram dar), á custa do soffrimento do paciente.

Attrahiram muito a minha attenção e admiração os toucados dos cabellos dos mesmos Muizas; que cousa tão bem feita! Os proprios vassallos do Cazembe (digamos assim) não usam de toucados, por serem talvez guerreiros, e gente que se não entrega ao ocio, e tambem de dentes limados. A respeito da religião só pude saber que tem idolos concavos, dentro dos quaes deitam suas medicinas antes de as beberem. Um dos cafres destes rios, achando-se presente em huma casa desta villa, aonde alguns Muizas tinham hido dançar com interesse de alguma recompensa, observando que elles já tinham adquirido alguns pannos e vellorios, lhes disse por motivos de inveja, que elles tinham consultado os seus feiticeiros; os Muizas com indignação o empurraram, dizendo-lhes que elles não usavam disso. He de notar que os cafres, e brancos deste paiz, entendem quasi tudo que elles dizem; não usam dos negregados milandos; e na guerra quando tem fome, são antropophagos. 1798 Março 22

O Catára e outro seu escravo, ou companheiro, vendo a bussula, disseram que tinham visto aquella cousa em Gora (Angola). Perguntando-lhes eu emquanto tempo se podia ir do Cazembe para Angola, responderam com vivacidade, que me obrigou dar-lhes credito, dizendo-me que em tres mezes, e que os brancos podiam hir em menos tempo; fallaram no rio *Lucuale*, o qual conflue no rio *Quanza*, segundo alguns mappas.

Gonçalo Caetano Pereira, sabendo que eu pretendia atravessar a Africa, offereceu-se para acompanhar-me; eu de boa vontade lhe acceitei a offerta, porque é o unico homem em quem me posso fiar nesta viagem; e tanto pelo que tem trabalhado, e pela especulação contribuido para fazer-se a diligencia que Sua Magestade foi servida encarregar-me, lhe dei a Patente de Capitão Mór da *Mixonga*, isto é de uns mattos incultos, e despovoados. Elle ficou tão contente, que me deu os agradecimentos nestes termos: Se V. S.ª quer hir para Angola, não se canse em fazer perguntas, e em escrever o que lhe dizem; atravesse o Zambeze, entregue-se a mim, que eu o porei em Angola, e seria á minha custa se eu tivesse possibilidades. Quanto é grande o poder que sobre nós tem a vaidade! Que bom effeito não faz um remedio, que pouco ou nada custa, sendo applicado a tempo! Que bons serviços não fariam a Sua Magestade os povos de America,

1798 Março 22 e talvez os Africanos se seus Capitães Generaes, pelo interesse do ganho que lhes vem das vendas que tem destes e de outros postos semelhantes, não os tivessem sevandijado, e os conferissem sómente aos benemeritos!

Antes de chegar a Tete, e ter ouvido estes povos, era minha tenção atravessar a Africa partindo do Zumbo, por ser o estabelecimento que temos mais para o interior della, pois não só em Moçambique não constava nada do que se tinha passado de 93 a esta parte sobre o que tenho acabado de dizer, como tambem em Quilimane, e em Senna confusamente alguma cousa se dizia com affirmativa de uns, e negativa de outros, e por essa razão já de Moçambique não trouxe algumas cousas que me eram muito necessarias, como alguns soldados brancos (pois estes não me entendem, nem eu a elles), polvora boa, porque a má é que para aqui mandam; armamentos, etc.

Os cafres Muizas e do Cazembe são materialistas, pelas respostas que deram as questões que lhe fiz.

Tete, 22 de Março de 1798. — O Dr. Francisco José de Lacerda e Almeida.

1798 Fevereiro 27 Aos 27 dias do mez de Fevereiro de 1798 annos, nesta villa de Tete, em casa da residencia do Illmo Sr. Governador destes Rios, o Dr. Francisco José de Lacerda e Almeida, estando ahi presentes o dito Senhor com todos os moradores e habitantes da mesma villa, appareceram os Embaixadores do Rey Cazembe para visitar o dito Illmo Sr. Governador, e dizer que queria amisade com o dito Senhor, e com todos os mais moradores desta villa, e que mandassem contratar com o dito seu amo, e que se houvesse algum obstaculo pelo caminho, ou roubo de algum Regulo nosso visinho, o avisassem para elle mandar a sua gente, e nós Portuguezes tambem a nossa para alimparmos os caminhos, pois os queria desembaraçados, e que no rio Aruangoa fizessemos huma povoação, e plantassemos mandioca; que tambem queria que os moradores não mandassem os seus generos cada hum por sua vez, mas sim todos juntos. Esta proposta, sendo ouvida por todos, responderam uniformemente, que queriam a referida amisade e commercio, e que estavam por aquillo que o Illmo Sr. Governador determinasse, pois bem viam o quanto o dito Senhor se interessava no bem publico. E por assim assentarem, se assignaram neste termo commigo José Sebastião de Athaide, Escrivão do publico judicial, que o escrevi, e assignei. — José Sebastião de Athaide — Dionizio de Araujo Bragança — José Luiz de Menezes — Manuel José Cardoso — Paschoal José Rodrigues — Placido José Rebello — Joaquim José de Oliveira — João de Sousa — Victorino José Gomes de Araujo — José Francisco de Araujo — João da Cunha Pereira — Ignacio Gomes dos Santos — Sebastião Reduzinho Mascarenhas — Luiz Nunes de Andrade — José Luiz Rodrigues — Caetano Benedicto Lobo — João Joaquim de Mattos — Leandro José de Aragão — Dionizio Rebello Curvo — João Baptista Octaviano dos Reis Moreira — Manuel Antonio de Sousa — Gonçalo Caetano Pereira — Nicolau Paschoal da Cruz — Sebastião de Moraes e Almeida. 1798 Fevereiro 27

Depoimento do Bandasio do Cazembe, que se achava em casa de Dionysio Rebello Curvo, de visita, mandado pelo dito seu Mambo Cazembe

Diz o dito, que hindo por Embaixador de seu Mambo Cazembe ao Regulo Muropóe com tres mezes de viagem, e neste caminho passára quatro rios como este Zambeze. O primeiro *Roapura;* o segundo *Mufira;* o terceiro *Guarava;* e o quarto *Rofoi*. Todos se passam em alamadias pequenas; nesta distancia não ha senão quatro povoações, huma em cada rio; a comida é milho burro [1], e mandioca nas ditas povoações: a nação nesta mesma distancia é de *Varunda*. Desta povoação do Muropóe, diz o dito, que vae com um mez de viagem ao *Mueneputo* desta banda, e da outra banda Angola, a fazer negocio; diz o dito que áquelle sitio de Muene- 1798 Março 12

[1] *Rea-mais.*

1798 Março 12 puto vem os de Angola a fazer negocio, ***Muzengos*** com os seus escravos, a comprar marfim, e escravos, e que he mar largo e salgado, e que daquelle sitio levam sal para o seu *Mambo*, o qual sal he da mesma agua secca ao sol, e que da outra banda deste braço de mar apparecem embarcações grandes, e com mastros, e casas tambem grandes, como estas nossas, e que da outra banda do rio fica o Regulo *Congo*, vizinho dos Muzengos, e que do fato annual que recebe o dito Regulo Congo dos Muzengos, reparte com o dito Mueneputo, e Muropóe.

Diz o dito deponente, que recolhendo-se elle ao seu Mambo Cazembe, e vindo do Cazembe a esta villa, pernoitára o primeiro dia de viagem na povoação de *Muenepanda*, tres dias de viagem sem povoação alguma pelo caminho, e chegando á margem de um rio por nome *Ruena*, que passam em almadias, vem dormir com o segundo dia de viagem á povoação de *Caunda*, e com outro dia de viagem vem a casa de *Maruvo*, com outro dia de viagem a casa de *Capangára*, com outro dia de viagem vem dormir ao pé de um rio, ou riacho por nome *Mamuquendaxinto*, com outro dia de viagem, vem dormir a casa *Chydeira Mujepo*, e com outro dia de viagem vem dormir a casa de *Chipaco*, com outro dia de viagem, vem dormir em casa de *Chinhemeapes*, com outro dia de viagem, vem dormir á margem de um rio *Roarro grande*, e passam o dito rio em almadias; com outro dia de viagem vem dormir ao rio *Zambeze grande*, e passa-se em almadias; no outro dia de viagem vem dormir no *Mugruve*, no outro dia de viagem vem dormir na casa de *Camango*, e no outro dia de viagêm no *Xiárá*, no outro dia de viagem vem dormir a casa de *Curamuga*, no outro dia de viagem vem dormir a casa de *Macatupa*, com outro dia de viagem vem dormir á *Parusoca*, com outro dia de viagem vem dormir ao pé do rio *Ruanga*, que se passa em almadias, e em todo este caminho não ha outra comida mais que feijão de qualidades, e milho cru, e aqui se acaba a nação de *Vavisa*, e principia a nação de *Marave*, e vem dormir á casa de *Capangára*, e de ahi com outro dia de viagem vem dormir a casa de *Ruminda,* e com outro dia de viagem vem dormir a casa de *Mazamba,* e com outro dia de viagem vem dormir no matto, e com outro dia de viagem vem dormir na povoação de *Chinene,* com outro dia de viagem vem dormir a *Inharuanga,* e com outro dia de viagem vem dormir a casa de *Caperimera,* com outro dia de viagem vem dormir ao matto, com outro dia de viagem vem dormir ao pé do rio *Sansa,* com outro dia de viagem vem dormir a casa de *Mucanda,* com outro dia de viagem vem dormir a *Pasnicheiro,* com outro dia de viagem vem dormir ao riacho *Bua,* que passam em jangadas de paus, com outro dia de viagem vem dormir á povoação de *Caraore,* com outro dia de viagem vem dormir ao rio *Roveu,* que tambem se passa em paus; e dahi com outro dia de viagem vem a Java, que he do Marave, e é Bar em que unga, ou minera a nossa gente. 1798 Março 12

Villa de Tete, 12 de Março de 1798. — Dionizio Rebello Curvo.

Depoimento de um cafre Muiza, sobre os caminhos para Angola

Desta villa de Tete, até ao dito rio Arangoa os habitantes são Maraves, nossos inimigos; do dito rio para o Rey Cazembe são terras de Muizas, sujeitos ao dito Cazembe, deste para fazer viagem para onde fica o pae são dois mezes pouco mais ou menos, terra bastantemente deserta, não se encontra povoado senão á borda de quatro rios distantes uns dos outros, e se passam em canôas que ahi ha para a dita passagem, deste Marupóe (pae do Cazembé) para hir a Angola poder-se-ha gastar mez e meio até huma enseada, ou bahia, onde ficam ancorados os navios que elles dizem que são maiores que estas casas dos brancos, muito grandes; a nação Cabinda, he nação que fica mais entranhada no sertão, e faz limites com o Muropóe e Cazembe, e quando necessitam de escravos lhe dão guerra, e os mandam vender a Angola. 1798 Março 19

Tete, 10 de Março de 1798. — Sebastião de Moraes e Almeida.

1798 Março 19 E he de advertir que este cafre falle verdade; pois perguntando-lhe pelo interprete, se havia em Angola algum rio, ou perto della, e como se chamava, respondeu que havia hum rio chamado Quanza.

Tete, 19 de Março de 1798. — O Dr. Francisco José de Lacerda e Almeida.

FIM DO TOMO IX

INDICE

DOS

DOCUMENTOS CONTIDOS N'ESTE TOMO